日本版ビックバン以後の金融機関経営

金融システム改革法の影響と課題

山沖義和
茶野 努　[編著]

勁草書房

はじめに

1. 1998年金融システム改革法施行20周年を記念して

　1990年代に入り，少子高齢化・低金利など経済社会環境の激変を背景としてバブル経済が崩壊して景気が低迷し，不良債権問題がクローズアップされるなか，金融面からの日本経済再生を目指して1998年に日本版金融ビッグバンとして金融システム改革法が施行され，2018年でちょうど20年目の区切りを迎える．この間，金融当局は規制の緩和・強化・新設を繰り返しながら金融システム改革によって金融の自由化・国際化を図ってきた．この結果，他業態・外資・ネット系金融機関等の新規参入が相次ぐなど，金融機関間の競争は一層激化し，多くの金融機関が破綻するなど大規模な金融再編が起こった．この間，不良債権処理という至上命題から事業性評価への転換やバーゼルⅢなどによる国際的な規制強化に加え，近年はフィンテック（Fintech = Finance + Technology）をはじめとするICTへの対応などが求められている．

　2016年9月に武蔵大学経済学部の茶野努先生と地銀ネットワークサービス株式会社の矢野聡さんから，山沖が1998年金融システム改革法20周年を記念した出版の相談を受け，その結果，金融業界の実態をよく知っているメンバーにより共同執筆する構想が持ち上がった．

　これを受けて，2017年2月に金融監督当局や銀行・証券・生命保険・損害保険などの金融機関における実務経験を有している研究者や実務家からなる研究会（金融規制改革研究会）を立ち上げ，各人がそれぞれの専門と関心に応じて執筆を担当することとなった．これまでに研究会を11回（2か月に1回程度）開催し，メンバーがそれぞれの金融業態ごとに問題意識や検証結果を報告し，それをめぐって議論を行い，本書をとりまとめた．

2. 本書の構成

　本書では，第1章において金融システム改革法が施行された1998年以降の

金融規制改革について，規制の対象や性格等の観点から検証し，第2章以降においてメガバンク，地域銀行，証券業，生命保険業，損害保険業の各業態における金融市場の構造，金融機関の経営や効率性に与えた影響を検証している．

まず第1章では，1998年金融システム改革法が施行されて20年間が経つことから，この間に施行された主な100の規制を抽出し，4つの時期に分けたうえで，(a) 業界内・業際規制，(b) 顧客サービス関連（価格・金融商品・顧客保護など）の規制，(c) 金融インフラの環境整備を横軸に，規制緩和（緩和的な規制の創設を含む）・規制強化を縦軸にして整理したうえで，新たに規制判断DIを策定し，規制緩和から規制強化へ，業界保護から顧客保護への流れを示している．

次に，第2章から第6章では，メガバンク，地域銀行，証券業，生命保険業，損害保険業の業態ごとに業態特有の主な金融規制改革，業務の効率性に与える効果などを軸として，この20年間の動向を紹介している．

第2章ではメガバンクを取り上げ，1996～2001年の金融システム改革（いわゆる日本版金融ビッグバン）による規制緩和が，メガバンクを中心とした日本の銀行システムや銀行のビジネスモデルにどのような影響を及ぼしたかを検証している．また，2008年のリーマンショック以降，世界的な金融規制改革・強化が今日に至るまで続いているが，こうした金融規制強化が，世界・日本の金融システム・ビジネスモデルにどのような影響を与えたかも明らかにしている．また，今日，話題のフィンテックの現状や対応状況についても取り上げている．

第3章では地域銀行を取り上げ，金融システム改革の影響が地域銀行の行動にどのように及んでいるのかについて，投資信託の窓口販売を取り上げて検証している．章前半では，地域銀行を取り巻く経済環境が少子高齢化やICTの発展で大きく変化し，地域別での地域銀行の預貸動向や利鞘・収益の状況が変化してきたことを俯瞰している．また銀行の貸出タイプの広がりや地域企業への活性化支援などの紹介のほか，地域銀行の海外や他県への進出動向，再編・統合や子会社での業容拡大などについても概要を整理し，金融システム改革後の地域銀行の経営動向について明らかにしている．

第4章では証券業を取り上げている．株式売買委託手数料の自由化により証

券業の収益基盤が変化している状況や，銀行系証券やオンライン証券の台頭による産業構造の変化を整理している．また，大手証券を中心に収益構成の多様化が進む現状を，アセットマネジメント業務の観点から検証している．特に，大手証券の経営特性の変化について，効率性や規模の経済性の比較を通じて実証的に検証し，再編の影響などを考察している．あわせて，フィンテックの進展などによる証券業の将来展望を探っている．

第5章では生命保険業を取り上げ，1996年改正保険業法以降の一連の規制緩和措置が，生命保険業の市場構造や競争，および効率性にどのように変化をもたらしているのかを明らかにしている．その際に，価格規制の形態と市場競争・効率性の関係をみるために，規制が大きく異なる戦前を含む長期間を対象として検証しているところに特長がある．また，日本銀行による低金利（マイナス金利）政策が与えた影響を銀行業との対比で明らかにしながら，ソルベンシー（支払い能力）規制，統合リスク管理について考察している．

第6章では損害保険業を取り上げ，金融規制改革により損害保険業界の市場集中度と競争状態がどのように変わり，それが消費者メリットにどのように結びついたのかを考察している．また，規制改革の事例として通信販売の解禁を取り上げ，自動車保険への依存度，再保険取引の必要性を考慮しつつ，代理店型と通信販売型の損害保険会社の効率性を実証し，比較・評価している．

第7章では，この20年間における銀行業におけるセイフティネットの進展を中心にプルーデンス問題を取り上げている．日銀による特別融資・預金等全額保護制度の導入・公的資本注入・金融機関国有化・決済システム整備（日銀ネットRTGS化等）など，平成金融危機時のプルーデンス政策の効果および問題点について明らかにしたうえ，平成金融危機ピーク時（1997年11・12月）における全国的な預金取付けと危機に関するメディア報道との連関について分析している．また，システミックリスクの波及過程について，ネットワーク理論による分析を紹介している．さらに，平成金融危機の初期から「金融機関経営者の責任追及の経緯とその効果」について整理したうえで，定額保護下の破綻処理やバーゼルで検討されたG-SIFIsの破綻処理方法などについて，問題点の指摘を含め，言及している．

最後に，茶野先生のご尽力により武蔵大学より出版助成を受けたので，ここに記して心より感謝申し上げる．

　また，研究会の運営にあたっては，ご講演いただいた日本銀行理事（元金融庁総務企画局長）の池田唯一氏や一般社団法人全国地方銀行協会の梅森徹・常務理事，さらには西原政雄副会長・専務理事をはじめとした同協会・地銀ネットワークサービス株式会社の皆様に大変お世話になったので，ここに感謝の意を表したい．

　本書の出版に関しては，困難な出版事情にもかかわらず，勁草書房にお引き受けいただけることとなった．同社の取締役編集部長の宮本詳三氏には，出版をご快諾いただくとともに丁寧に編集作業を行っていただいたことに対して厚く御礼申し上げる．

2018 年 10 月
著者を代表して
山沖　義和

目　次

はじめに

第1章　金融規制の変遷：最近20年間の主な100の規制……山沖義和　3
1. はじめに　3
2. 1998～2017年の20年間の時期別の特徴　21
    (1) 時代区分に関する考え方　21
    (2) 第Ⅰ期（1998～2003年）　22
    (3) 第Ⅱ期（2004～2008年）　23
    (4) 第Ⅲ期（2009～2012年）　26
    (5) 第Ⅳ期（2013～2017年）　27
3. 規制の種類（緩和・強化・新設×対象）別の特徴　29
    (1) 1998～2017年に導入された主な100の規制　29
    (2) 規制の緩和・強化・新設（51の規制緩和，49の規制強化）　29
    (3) 規制の対象　40
    (4) まとめ　45
4. 改革とそれに関連する報告書との関係　45
    (1) 各種報告書と制度改革の関係　45
    (2) 検討の場と報告書　62
    (3) その他金融に関する諸課題への対応　66
    (4) まとめ　67

第2章　メガバンク：日本版金融ビッグバン後の経営動向……廉　　了　69
1. はじめに　69
2. 規制緩和や制度改正がメガバンクの業績にどう影響しているか　71
    (1) 銀行単体の業績の推移　71

（2）メガバンクの業績　74
　　（3）メガバンクの業容拡大に貢献した金融持株会社の解禁　75
　　（4）持株会社体制におけるコーポレートガバナンス改革　76
　　（5）日本版金融ビッグバンの規制緩和はメガバンクにおいて一定の成果あり　78
　3.日本版金融ビッグバン後の新たな変化：リーマンショック　78
　　（1）リーマンショックのきっかけはサブプライム問題の発生　78
　　（2）サブプライム問題とは　79
　　（3）証券化商品にサブプライムローンを組み込んだことで問題が広く伝播　80
　　（4）リーマンショックの教訓とは：日本の金融危機との比較　80
　　（5）リーマンショック時の日本政府の対応　82
　4.規制緩和から規制強化へ：バーゼルⅢの導入　83
　　（1）バーゼル規制導入の経緯　83
　　（2）バーゼルⅡの概要　84
　　（3）バーゼルⅢ　85
　5.近年の新たな変化：フィンテック　92
　　（1）フィンテックの事例　92
　　（2）なぜフィンテックに期待が集まるか："ブロックチェーン"技術　93
　　（3）金融当局の対応　94
　　（4）政府の対応：キャッシュレス社会の実現　97
　　（5）キャッシュレス社会の実現は他国以上に困難：日本は現金大国　98
　6.まとめ　101

第3章　地域銀行：投信窓販に見る収益源多様化の効果……森　祐司　103
　1.はじめに　103
　2.地域経済環境の変化と地域銀行の行動への影響　103
　3.地域別の地域金融と地域銀行の動向　108
　　（1）地域別の動向　108
　　（2）業態別の預金・貸出シェアの動向　111

    （3）都道府県別での地域銀行の地位　112
    （4）地域銀行の階層性　114
    （5）地域銀行の収益環境の変化とその動向　117
  4. 地域銀行の業界としての動向　122
    （1）合併・再編の動向　122
    （2）県外への進出の動向　125
    （3）海外への進出の動向　126
    （4）証券子会社・投信子会社の設立　128
  5. 地域銀行の地域密着型金融への取組み　131
    （1）地域銀行とリレーションシップ・バンキング　131
    （2）地域銀行と地域密着型金融への取組み　132
  6. 地域銀行の投信窓販とその効果　135
    （1）日本版金融ビッグバンと投信窓販・生保窓販　135
    （2）非金利収入についての先行研究　138
    （3）非金利収入，投信窓販についての実証分析　139
    （4）非金利収入，投信窓販についてのまとめ　147

第4章　証券業：規制緩和が産業構造に与えた影響………播磨谷浩三　149
  1. はじめに　149
  2. 証券業における規制緩和　150
  3. 証券業の産業構造の変遷　152
    （1）大手証券の変化　152
    （2）オンライン専業証券会社の台頭　155
    （3）地域銀行の証券業への参入　157
  4. 証券業の収益構造の変化　159
    （1）手数料収入の変遷　159
    （2）費用構造の推移　161
    （3）大手証券の経営特性の変化　162
  5. 投資運用業の構造変化　165
  6. 証券業の経営特性の検証　169

(1) 推定モデル　169
　　(2) データ　172
　　(3) 推定結果　174
　7. まとめ　184

第5章　生命保険業：価格競争の形態と市場競争・効率性…茶野　努　187
　1. はじめに　187
　2. 金融ビッグバン以降の変化　188
　　(1) 競争制限的規制から競争促進的規制へ　188
　　(2) 相次ぐ新規参入と業者・販売チャネルの多様化　190
　　(3) 生命保険市場の変質　194
　3. 価格競争と効率性：戦前を含む長期的視点から　200
　　(1) 生命保険の価格競争に関する仮説　200
　　(2) 市場構造・競争の変化　204
　　(3) DEA 分析による検証　207
　4. 経済価値ベースのソルベンシー規制とマイナス金利政策　216
　　(1) 経済価値ベースのソルベンシー規制　216
　　(2) マイナス金利政策とイールドカーブのフラット化　218
　　(3) デュレーションギャップから見た金利リスク　219
　　(4) 経済価値ベースでの評価（バランスシートアプローチ）　220
　　(5) 簡便なシミュレーションと結論　223
　5. まとめ　225

第6章　損害保険業：販売チャネルの多様化の影響…………矢野　聡　227
　1. はじめに　227
　2. 損害保険の特徴　227
　　(1) 損害保険会社の特徴　228
　　(2) 市場規模と動向　229
　　(3) 再保険とリスクの証券化　233
　3. 規制緩和　240

(1) 保険料率の自由化　240
　　(2) 販売チャネルの多様化　244
　　(3) 参入規制の緩和と持株会社の解禁　244
　　(4) 自動車賠償責任保険（自賠責）制度改革　246
4. 規制緩和後の損害保険業の変化　248
　　(1) 市場参加者の変化　248
　　(2) シェア，市場占有率の変化　249
　　(3) 最近の動向　250
5. 規制緩和に関する通説と検証・考察　253
　　(1) 損害保険の生産物と生産量の推移　254
　　(2) 損害保険の価格の推移とクリーム・スキミングの可能性　256
6. 規制緩和で効率性は向上したか？　258
　　(1) 先行研究　258
　　(2) モデル　258
　　(3) データ　260
　　(4) 分析結果　261
　　(5) 技術効率性の推移　263
7. まとめ　263

第7章　プルーデンス政策：真に有効な政策は何であったか…西畑一哉　267

1. はじめに　267
2. 預金取扱金融機関の特性　267
　　(1) 預金取扱金融機関のバランスシートの特殊性　267
　　(2) 破綻の波及（システミックリスクの顕現化）　269
　　(3) 金融危機に対処するための「発明」（「中央銀行」と「預金保険」）　270
3. 金融機関破綻処理の区分　271
4. 平成金融危機概論　272
　　(1) 平成金融危機の背景　272
　　(2) 平成金融危機の推移　273
　　(3) 平成金融危機時の政策対応　275

（4）平成金融危機時における取付けの発生と原因の検討　278
5. 平成金融危機時 1997 年 11・12 月の取付けの経過　282
6. 公的資金注入の評価と問題点　287
　　（1）政策対応としての公的資金注入の評価　287
　　（2）公的資金注入の問題点　287
　　（3）「世論の怒り」を数量的に把握する試み　287
　　（4）公的資金注入論と経営者責任追及論の整理　290
7. 決済システムの改善　291
　　（1）平成金融危機以前の決済システム　291
　　（2）日銀ネットの改善（RTGS への移行）　291
　　（3）全銀システム（全国銀行内国為替制度）の改善　292
　　（4）DVP の導入　292
　　（5）決済システム整備の評価　292
8. リーマンショック　293
　　（1）リーマンショックの経緯　293
　　（2）金融危機の背景にあるレギュラトリー・アビトラージ　297
　　（3）当局の監督・検査能力　298
　　（4）リーマンショックに対する政策対応　299
　　（5）マクロプルーデンス政策　301
　　（6）公的資金注入は政策としては排除する方向へ　301
　　（7）ベイルインへ　302
　　（8）TLAC（総損失吸収能力）規制　302
　　（9）イタリア・モンテ・デイ・パスキ銀行への公的資金注入　305
9. 今後の金融規制の方向性　306
10. まとめ　308

あとがき………………………………………………………………… 313
索　　引………………………………………………………………… 315

日本版ビックバン以後の金融機関経営
金融システム改革法の影響と課題

第1章　金融規制の変遷：最近20年間の主な100の規制

山沖義和

1. はじめに

　1980年代から1990年代前半に掛けては米国において貯蓄貸付組合（S&L）危機に代表される金融危機が発生していたのに対して，わが国では1980年代前半は円安に，後半はバブル経済の発生に後押しされ，日本の金融機関は世界でその存在感を示していた[1]．

　しかしながら，1990年代に入ると，バブル経済の崩壊，それに伴う不良債権問題の発生により金融機関を取り巻く経済環境が厳しくなっていった．

　このため，1990年代後半には，英国の金融ビッグバンを手本とし，護送船団方式・行政指導からの脱却を目指して，広範かつ抜本的な規制緩和を中心とした1998年金融システム改革法を実施に移し，日本の金融業界の活性化を図ろうとした[2]．

　2018年は金融システム改革法が公布・施行されてからちょうど20年が経った節目に当たる．表1-1・表1-2に示すとおり，この20年間に金融制度は大きく変遷した．その特徴を挙げると次のとおりとなる．

　まず1998年からの5年程度は，日本版金融ビッグバンと呼ばれる1998年金融システム改革法によって，自由で公正な金融システムを構築することを目的

---

[1] 米国連邦預金公社（FDIC）のリサーチ・ペーパー「80年代の歴史－破綻に対する教訓（History of the 80s - Lessons for the Failure）」によると，1980～1988年の間にS&Lは563機関が破綻し，3,993機関から2,878機関に減少している．
[2] 金融ビッグバンとは英国のサッチャー首相が1986年に実施した証券市場改革を指す．

表1-1 金融の制度改革（規制の

	金融業界の主な動き	法律関連	参入関連	業際関係
1993年				銀・証・信託間の相互参入の解禁（1993）
1994年	二信組（東京協和・安全）の破綻			
1995年	金融システム安定化のための諸施策			
1996年		1996年改正預金保険法の施行 住専法の施行		生損保間の相互参入の解禁（1996）
1997年	北海道拓殖銀行・山一證券の破綻 朝銀大阪信組の破綻 日産生命の破綻			
1998年	金融監督庁の設立 日本長期信用銀行・日本債券信用銀行の破綻・国有化	金融システム改革法の施行 1997年改正日本銀行法の施行 1998年改正預金保険法の施行 旧安定化法の施行 金融再生法の制定 早期健全化法の施行 1998年改正外為法の施行 資産流動化法の施行 損害保険料率算出団体に関する法律の改正	証券会社の免許制から登録制への移行（1998） 証券投資信託に関する規制の導入（1998） 証券投資信託委託業の免許制から認可制への移行（1998） 為銀主義の撤廃（1998）	アームズ・レングス・ルールの導入（1998） 銀行による投資信託の窓口販売（投資信託委託会社への店舗貸し形態）の解禁銀証保間の相互参入の解禁（1998〜2000年） 保険持株会社の創設（1998）
1999年	商工ローン問題			

緩和・強化・創設）に関する年表

金融商品関連	セイフティネット関連	その他	海外の動き
郵便貯金（定期貯金・定額貯金）の金利自由化（1993）			日米包括経済協議
預金・貸出金利の自由化（1994） 郵便貯金（通常貯金）の金利自由化（1994）			日米保険協議保険監督者国際機構（IAIS）の設立
期間5年の預金受入れ可能（1995）			
保険商品の届出制の導入（1996）	全額保護への移行・特別資金援助の創設（全額保護への移行）等（1996） 住宅金融債権管理機構の創設等（1996） 整理回収銀行の発足（1996） 標準責任準備金制度の導入（1996）	新保険業法の施行（1996） 保険会社の新規契約に係る予定利率引下げ（1996）	日米保険協議の合意 Joint Forum の発足
	預金保険法の改正（1997）		アジア通貨危機
損害保険料率算定会料率の使用義務の撤廃（1998） 大口信用供与等規制（1998） SPC（特定目的会社）制度の創設（1998） 内外資本取引等の自由化（1998） 外国為替業務の完全自由化への移行（1998）	金融整理管財人・承継銀行制度・特別公的管理制度の創設（1998） 預金取扱金融機関に対する資本増強制度の創設（1998） RCC の創設等（1998） 投資者保護基金の発足（1998） 生命・損害保険契約者保護機構の発足（1998）	金融システム改革（1998） 金融再生トータル・プラン（1998） 日本銀行の独立性・透明性の確保等（1998）	
株式売買委託手数料の自由化（1999） 保険商品の届出対象の拡大（1999）	整理回収機構の発足（1999）	金融検査マニュアルの制定（1999） 普通銀行による社債発行の解禁（1999） 財務情報の連結ベース化（会計ビッグバン）（1999）	金融安定化フォーラム（FSF）の設立

表 1-1　金融の制度改革（規制の緩和・

	金融業界の主な動き	法律関連	参入関連	業際関係
2000 年	コンピュータ 2000 年問題	組織的犯罪処罰法の施行 2000 年改正預金保険法の施行 2000 年改正保険業法の施行	異業種による銀行業参入規制の導入（2000）	
2001 年	金融庁の設立 エンロン問題の発生 郵政事業庁の設立 確定拠出年金制度の創設	2000 年改正預金保険法の施行 2001 年改正金融再生法の施行		
2002 年	日本銀行による銀行保有株式の買入れの開始 貸し渋り問題	2001 年改正銀行法の施行 銀行株式保有制限法の施行 2001 年改正自動車損害賠償保障法の施行	銀行の主要株主ルールの整備（2002） 銀行等の支店設置の規制緩和（認可制→届出制）（2002） 銀行等の株式保有制限の導入（2002）	銀行本体による信託業務の解禁（2002）
2003 年	りそな銀行・足利銀行の破綻 日本郵政公社の設立	証券決済システム改革法の施行 2003 年改正・予定利率引下げ改正保険業法の施行 2002 年改正預金保険法の施行 金融機関組織再編法の施行 本人確認法の施行	許可外国証券業者制度の導入（2003）	

強化・創設）に関する年表（つづき）

金融商品関連	セイフティネット関連	その他	海外の動き
	預金の全額保護の時限措置化（2000） 保険会社の早期是正措置の導入（2000） 保険会社の破綻処理制度の整備（2000） 生命保険契約者保護機構の財源対策（2000）	信用組合の監督・検査事務の都道府県から金融監督庁への移管（2000） 保険相互会社から株式会社への組織変更（2000） 保険会社向け検査マニュアルの制定（2000） 組織的犯罪に対する処罰の強化（2000）	マネー・ローンダリング問題への対応（組織的犯罪処罰法の活用）
銀行による保険窓販の解禁（2001） 空売りの総合的な取組み（2001） 商品横断的規制・顧客説明義務・損害賠償責任の創設（2001）	金融整理管財人・承継銀行制度等の恒常化（2001） 預金保険機構・RCCの機能強化（2001）	証券市場の構造改革プログラム（2001）	
空売り規制の強化（2002）	定期預金等の定額保護への移行（2002） 自動車賠償責任保険の政府再保険の廃止（2002）	金融再生プログラム（2002） 証券市場の改革促進プログラム（2002） 中期ビジョンの公表（2002） 証券会社向け検査マニュアルの制定（2002） 自動車賠償責任保険の政府再保険の廃止（2002） 自賠責ＡＤＲ制度の創設（2002） 証券決済制度の改革（CP等のペーパーレス化）（2002） 銀行等保有株式取得機構の設立（2002）	
保険相互会社の株式会社化に関する制度整備（2003） 保険会社による契約条件の変更（予定利率の引下げ）制度の導入（2003）	預金取扱金融機関の合併等の促進（2003） 決済用預金制度の導入（2003） 生命保険契約者保護機構のための資金援助制度の整備（2003）	多層構造の振替決済制度の創設（2003） 清算機関制度の整備（2003） ディスクロージャー制度の整備（2003） リレーションシップ・バンキング・アクション・プログラム（2003）	

表 1-1 金融の制度改革（規制の緩和・

	金融業界の主な動き	法律関連	参入関連	業際関係
2004年	西武鉄道㈱・日本テレビ放送網㈱による有価証券虚偽記載の発覚	新信託業法の施行 金融機能強化法の施行 2003年改正証券取引法の施行 金融商品販売法の施行 2003年改正貸金業法・改正出資法の施行	信託業の担い手の拡大（2004）	証券仲介業制度の創設（2004） 証券会社等の主要株主ルールの整備（2004） 証券取引所の持株会社制度等の導入（2004） 銀行等による証券仲介業務の解禁（2004）
2005年	カネボウ粉飾決算の発覚 保険金等の不適切な不払い問題 預金保険の定額保護制度への移行（いわゆるペイオフ解禁）	2004年改正証券取引法の施行 2004年改正金融先物取引法の施行 2005年改正証券取引法の施行	金融先物取引業者の登録制の導入（2005）	
2006年	日本郵政㈱（設立準備会社）の設立"	2005年改正銀行法の施行 2005年改正保険業法の施行	銀行代理業制度の創設（2006） 少額短期保険業の創設（2006） 保険会社の子会社規制の緩和（2006）	
2007年	ベター・レギュレーションの公表 日本郵政グループ（日本郵政㈱，郵便事業㈱，郵便局㈱，㈱ゆうちょ銀行，㈱かんぽ生命保険）の発足 信用保証制度への責任共有制度の導入	金融商品取引法の施行（証券取引法等の全面改正） 新信託法の施行 2006年改正貸金業法の施行	証券業における業規制・行為規制の横断化・柔軟化（2007）	銀行等による保険販売規制の全面解禁（2007）
2008年	リーマンショック 政策金融機関の改革（㈱日本政策金融公庫の創設等）	2008年改正金融商品取引法の施行 2008年改正金融機能強化法・2008年改正金融機関再編法の施行 電子記録債権法の施行 犯罪収益移転防止法の施行 振り込め詐欺救済法の施行	プロ向け市場の創設・枠組みの整備（2008）	

強化・創設）に関する年表（つづき）

金融商品関連	セイフティネット関連	その他	海外の動き
信託受託可能財産の範囲の拡大（2004） 違法な高金利での貸付け契約の無効化（2004）	定額保護への移行（2004） 時限的な公的資金制度の創設（2004）	金融改革プログラム（2004） 株券不発行制度の導入（2004） 貸金業の登録要件の厳格化（2004） 信託業法の全面改正（2004）	
		課徴金制度の導入（2005） 親会社等情報・英文開示制度の導入（2005）	
		一般債振替制度の稼働（2006）	
金融商品取引法による規制対象商品の拡大・集団投資スキームに関する規制の整備（2007） 保険契約のクーリング・オフの適用の拡大（2007）		金融・資本市場競争力強化プラン（2007） 開示制度の拡充（2007） 取引上における自主規制機能の強化（2007） 貸金業の適正化（2007） 警察庁への所管替え、本人確認・疑わしい取引の届出義務等の対象事業者の拡大等（2007）	バーゼル2の実施
ETF（上場投資信託）の多様化（2008） 貸金業に対する上限金利の引下げ・総量規制の導入等（2008）	協同組織中央金融機関等に対する資本増強のための特別措置の新設（2008）	日本版SOX法（企業の内部統制強化）（2008） 電子記録債権制度の創設（2008） XBRL（財務情報を効率的に処理するためのコンピュータ言語）の導入（2008） 被害者の財産的被害の迅速な回復（2008）	金融・世界経済に関する首脳会議（金融サミット）の開催

表 1-1 金融の制度改革（規制の緩和・

	金融業界の主な動き	法律関連	参入関連	業際関係
2009年	日本銀行による銀行保有株式の買入れの再開 貸し渋り問題	株式等決済合理化法の施行 中小企業金融円滑法の施行 2008年改正金融商品取引法の施行		銀行・証券・保険会社間のファイアーウォール規制の見直し（2009）
2010年	日本振興銀行の破綻処理	2009年改正金融商品取引法の施行 資金決済法の施行 2006年改正貸金業の完全施行 新保険法の施行	信用格付業者に対する規制の導入（2010） 金融商品取引所・商品取引所の相互乗入れ（2010） 資金移動業者（登録制）の創設（2010）	
2011年	東日本大震災	2010年改正金融商品取引法の施行 2011年改正金融商品取引法の施行 2010年改正保険業法の施行 2011年改正預金保険法の施行 2011年改正金融機能強化法・金融機関再編法の施行	証券会社の連結規制・監督の導入（2011） 社団等法人等が行う保険業の継続（2011）	保険会社グループ内の業務代理等の届出制（2011）
2012年	日本郵便㈱の設立（郵便事業㈱・郵便局㈱の統合） 適格退職年金の廃止	2010年改正金融商品取引法の施行 2011年改正金融商品取引法の施行 2012年改正保険業法の施行	子会社（外国の保険会社）の業務範囲規制の特例（2012） 保険募集の再委託制度の導入（2012）	銀行・保険会社等金融機関本体によるファイナンス・リース活用の解禁（2012）
2013年	日本取引所グループの創設（東京証券取引所グループと大阪証券取引所の経営統合）	2012年改正金融商品取引法の施行 2013年改正金融商品取引法の施行	インサイダー取引規制に係る見直し（2013）	

1. はじめに

強化・創設）に関する年表（つづき）

金融商品関連	セイフティネット関連	その他	海外の動き
貸付条件変更等の努力義務（2009） 中小企業金融の円滑化（2009）		株式等のペーパーレス化・振替制度の導入（2009）	金融安定化理事会（FSB）の設置
サーバー型前払式支払手段への規制の導入（2010） 貸金業のグレーゾーン金利の廃止（2010）		金融資本市場・金融産業の活性化等のためのアクションプランの公表（2010） 金融ADR（裁判外紛争解決）制度の創設（2010） 銀行間の資金決済の強化（資金清算機関の免許・監督等）（2010）	
資産流動化スキーム規制の弾力化（2011）	震災特例金融機関等に対する資本増強（2011） 住専処理の終了（2011）	次世代EDINETの稼働開始（2011）	バーゼル2.5の実施
店頭デリバティブ取引等に関する清算機関の利用の義務付け（2012）	ライツ・オファリングに係る制度整備（2012） 保険契約の包括移転に関する規制の見直し（2012）	取引情報保存・報告制度の創設（2012） 取引情報蓄積機関に対する検査等の権限の委任（2012）	金融市場インフラのための原則の公表
保険会社の資産運用比率規制の撤廃（2013）			バーゼル3の段階的な実施開始（〜2019）

表 1-1 金融の制度改革（規制の緩和・

	金融業界の主な動き	法律関連	参入関連	業際関係
2014 年		2012 年改正金融商品取引法の施行 2013 年改正金融商品取引法の施行 2013 年改正改正預金保険法の施行	投資信託・投資法人に関する規制（2014） 銀行等による資本性資金の供給強化（2014）	
2015 年	AIJ 投資顧問の破綻問題	2012 年改正金融商品取引法の施行 2013 年改正金融商品取引法の施行 2014 年改正金融商品取引法の施行 2014 年改正保険業法の施行	店頭デリバティブ取引規制の整備（2015） 投資型クラウドファンディング等に関する規制（2015）	
2016 年	マイナス金利の導入	2015 年改正金融商品取引法の施行	いわゆるプロ向けファンドに関する規制（2016）	
2017 年		2016 年改正銀行法・改正資金決済法・改正電子記録債権法の施行 休眠預金活用法（2017・18）		IT 進展等に対応するための銀行グループ規制の見直し（2017）

（出所）　筆者作成.

　に，それまで護送船団方式によって守られていた銀行・証券・保険という業態を超えて，商品・サービス・組織形態に渡る抜本的な規制緩和とともに，公正な取引ルールの拡充や利用者保護のための措置の拡充など，総合的な改革が実行に移された．

　また，不良債権問題に端を発した金融機関の破綻に対応するため，預金保険制度をはじめとしたセイフティネット制度を整備・充実するとともに，バーゼル銀行監督委員会等の国際機関と協調して自己資本比率規制（バーゼル規制）等の国際統一基準に前向きに対応してきた．

　同時に，金融システムに対する信認を確保する観点からディスクロージャー

強化・創設)に関する年表(つづき)

金融商品関連	セイフティネット関連	その他	海外の動き
NISA（少額投資非課税制度）の導入（2014）	金融機関の秩序ある処理の枠組みの創設（2014）	総合的な取引所の実現に向けた制度整備（2014） 日本版スチュワードシップ・コードの公表（2014）	TLACの公表
		コーポレートガバナンス・コードの公表（2015）	
		保険募集人の体制整備義務の創設（2016）	
		仮想通貨規制の創設（2017） 電子端末型プリカへの対応（2017） 電子債権記録機関間のデータ移動を可能とする措置（2017） 休眠預金の活用（2017・18）	

を充実させるとともに，会計基準に関する国際的な動向に対応するため，会計ビッグバンと呼ばれる財務情報の開示基準の国際化も進展させてきた．

このようななか，米国において 2001 年にエンロンによる粉飾決算事件が，さらにはわが国においても 2005 年にカネボウ粉飾決算問題が発生したことなどから，会計制度に対する不信感が醸成された．このため，2007 年には開示制度の拡充とともに，2008 年 4 月 1 日以降の事業年度から日本版 SOX 法と呼ばれる内部統制報告制度が導入され，企業統治の強化が求められた．

2000 年代に入って以降，ICT が急速に進歩するなか，金融機関の破綻によるシステミックリスクを回避する観点から資金決済制度や債券等の振替制度が

表1-2 法改正と規制

法律名	改正年	公布日	施行日	概要
金融システム改革法	—	1998年6月15日	1998年12月1日	金融システム改革（1998年）
銀行法	2001年改正	2001年11月9日	① 2002年2月1日 ② 2002年4月1日	①銀行等の本体での信託業務の解禁(2002年) ②主要株主ルールの整備（2002年），支店設置の規制緩和(認可制→届出制年)（2002年）
	2005年改正	2005年11月2日	2006年4月1日	銀行代理業制度の創設（2006年）
	2016年改正	2016年6月3日	2017年4月1日	IT進展等に対応するための銀行グループ規制の見直し（2017年）
中小企業金融円滑法	—	2009年12月3日	2009年12月4日	中小企業金融の円滑化（2009年）
銀行株式保有制限法	—	2001年11月28日	2002年1月4日	銀行株式保有の制限（2002年）
信託業法	全面改正	2004年12月3日	2004年12月30日	信託業法の全面改正（2004年）
信託法	全面改正	2006年12月15日	2007年9月30日	新信託法の制定
証券取引法	金融システム改革	1998年6月15日	1998年12月1日	金融システム改革（1998年）
	2003年改正	2003年5月30日	2004年4月1日	証券仲介業制度の創設（2004年），証券会社等の主要株主ルールの整備（2004年），証券取引所の持株会社制度等の導入（2004年）
	2004年改正	2004年6月9日	① 2004年12月1日 ② 2005年4月1日	①銀行等による証券仲介業務の解禁（2004） ②課徴金制度の導入（2005）
	2005年改正	2005年6月29日	2005年12月1日	親会社等情報・英文開示制度の導入(2005年)

表 1-2　法改正と規制（つづき）

法律名	改正年	公布日	施行日	概要
金融商品取引法	2006 年証券取引法改正	2006 年 6 月 14 日	2007 年 9 月 30 日	証券取引法等の全面改正（2007 年）集団投資スキームに関する規制の整備（2007 年）日本版 SOX 法（企業の内部統制強化）（2008 年）
	2008 年改正	2008 年 6 月 13 日	① 2008 年 12 月 12 日 ② 2009 年 6 月 1 日	①プロ向け市場の創設・ETF の多様化等（2008 年）②銀証保間のファイアーウォール規制（2009 年）
	2009 年改正	2009 年 6 月 24 日	① 2010 年 4 月 1 日 ② 2010 年 7 月 1 日 ③ 2010 年 10 月 1 日	①信用格付業者に対する規制の導入（2010 年）②金融 ADR 制度の創設（2010 年）③金融商品取引所・商品取引所の相互乗入れ（2010 年）
	2010 年改正	2010 年 5 月 19 日	① 2011 年 4 月 1 日 ② 2012 年 11 月 1 日	①証券会社の連結規制・監督の導入（2011 年）②店頭デリバティブ取引等に関する清算機関の利用の義務付け，取引情報保存・報告制度の創設（2012 年）
	2011 年改正	2011 年 5 月 25 日	① 2011 年 11 月 24 日 ② 2012 年 4 月 1 日	①保険会社グループ内の業務代理等の届出制，資産流動化スキーム規制の弾力化（2011 年）②ライツ・オファリングに係る制度整備，銀行・保険会社等金融機関本体によるファイナンス・リース活用の解禁（2012 年）

表 1-2　法改正と規制（つづき）

法律名	改正年	公布日	施行日	概要
金融商品取引法	2012年改正	2012年9月12日	① 2013年9月6日 ② 2014年3月1日 ③ 2015年9月1日	①インサイダー取引規制の見直し（2013年） ②総合的な取引所の実現（2014年） ③店頭デリバティブ取引規制の整備(2015年)
金融商品取引法	2013年改正	2013年6月19日	① 2013年7月9日 ② 2014年3月6日 ③ 2014年4月1日 ④ 2014年12月1日	①資産運用規制の見直し（2013年） ②金融機関の秩序ある処理の仕組み(2014年) ③銀行等による資本性資金の供給強化（2014年） ④投資信託・投資法人に関する規制(2014年)
金融商品取引法	2014年改正	2014年5月30日	2015年5月29日	投資型クラウドファンディング等に関する規制（2015年）
金融商品取引法	2015年改正	2015年6月3日	2016年3月1日	いわゆるプロ向けファンドに関する規制（2016年）
金融商品販売法	―	2000年5月31日	2001年4月1日	横断的な規制，重要事項の説明義務，損害賠償責任（2001年）
証券投資信託法	金融システム改革	1998年6月15日	1998年12月1日	証券投資信託に関する規制の導入（1998年）
証券決済システム改革法	―	2002年6月12日	① 2003年1月6日 ② 2004年10月1日	①多層構造の振替決済制度の創設，清算機関制度の整備(2003年) ②株券不発行制度の導入（2004年）
株式等決済合理化法	―	2004年6月9日	2009年1月5日	株式等のペーパーレス化・振替制度の導入（2009年）
金融先物取引法	2004年改正	2004年12月8日	2005年7月1日	金融取引先物業者の登録制の導入（2005年）

表 1-2 法改正と規制（つづき）

法律名	改正年	公布日	施行日	概要
保険業法	金融システム改革	1998年6月15日	1998年12月1日	保険持株会社の創設（1998年）保険契約者保護機構の創設（1998年）
	2000年改正	2000年5月31日	2000年6月30日	保険会社の破綻処理制度の整備，生命保険契約者保護機構の財源対策，銀行等による保険商品の窓口販売の解禁（2000年）
	2003年改正	2003年5月9日	2003年6月8日	生命保険契約者保護機構のための資金援助制度の整備（2003年）保険相互会社の株式会社化に関する制度整備（2003年）
	予定利率引下げ改正	2003年7月25日	2003年8月24日	保険会社による契約条件の変更（予定利率の引下げ）制度の導入（2003年）
	2005年改正	2005年5月2日	2006年4月1日	少額短期保険業の創設，保険会社の子会社規制の緩和（2006年）
	2010年改正	2010年11月19日	2011年5月13日	社団等法人等が行う保険業の継続（2011年）
	2012年改正	2012年3月31日	2012年7月21日	子会社（外国の保険会社年）の業務範囲規制の特例，保険募集の再委託制度の導入，保険契約の移転に関する規制の見直し（2012年）
	2014年改正	2014年5月30日	2016年5月29日	保険募集人の体制整備義務の創設（2016年）
保険法	―	2008年6月6日	2010年4月1日	商法（保険契約に関する規定）からの分離

表1-2 法改正と規制（つづき）

法律名	改正年	公布日	施行日	概要
損害保険料率算出団体法	1998年改正	1998年6月15日	1998年7月1日	損害保険料率算定会料率の使用義務の撤廃（1998年）
自動車損害賠償保障法	2001年改正	2001年6月29日	2002年4月1日	自動車賠償責任保険の政府再保険の廃止、自賠責ADR制度の創設（2002年）
預金保険法	1996年改正	1996年6月21日	1996年6月21日	特別資金援助の創設（全額保護への移行）等（1996年）
	1998年改正	1998年10月16日	1998年10月23日	RCCの創設等（1998年）
	2000年改正	2000年5月31日	2001年4月1日	金融整理管財人・承継銀行制度等の恒常化（2001年）
	2002年改正	2002年12月18日	2003年4月1日	決済用預金制度の導入（2003年）
	2011年改正	2011年5月20日	2011年10月29日	住専処理の終了（2011年）
	2013年改正	2013年6月19日	2014年3月6日	金融機関の秩序ある処理の枠組みの創設（2014年）
住専法	-	1996年6月21日	1996年6月21日	住宅金融債権管理機構の創設等（1996年）
金融機能安定化法（旧安定化法）	—	1998年2月18日	1998年2月18日	公的資金の流入 1998年10月23日廃止
金融再生法	—	1998年10月16日	1998年10月23日	金融整理管財人・承継銀行制度・特別公的管理制度の創設（1998年）
	2001年改正	2001年6月27日	2001年6月27日	預金保険機構・RCCの機能強化（2001年）
金融早期健全化法	—	1998年10月22日	1998年10月22日	健全化のための金融機関への資本注入（1998年）

1. はじめに

表 1-2　法改正と規制（つづき）

法律名	改正年	公布日	施行日	概要
金融機関組織再編法	—	2002年12月18日	2003年1月1日	金融機関の合併等の促進（2003年）
	2008年改正	2008年12月16日	2008年12月17日	協同組織中央金融機関等に対する資本増強のための特別措置の新設（2008年）
	2011年改正	2011年6月29日	2011年7月27日	震災特例金融機関等に対する資本増強（2011年）
金融機能強化法	—	2004年6月18日	2004年8月1日	時限的な公的資金制度の創設（2004年）
	2008年改正	2008年12月16日	2008年12月17日	協同組織中央金融機関等に対する資本増強のための特別措置の新設（2008年）
	2011年改正	2011年6月29日	2011年7月27日	震災特例金融機関等に対する資本増強（2011年）
電子記録債権法	—	2007年6月27日	2008年12月1日	電子記録債権制度の創設（2008年）
	2016年改正	2016年6月3日	2017年4月1日	電子債権記録機関間のデータ移動を可能とする措置（2017年）
資産流動化法	—	1998年6月15日	1998年9月1日	SPC（特定目的会社）制度の創設（1998年）
資金決済法	—	2009年6月24日	2010年4月1日	資金移動業者（登録制）の導入，サーバー型前払支払手段への規制の導入，銀行間の資金決済の強化（資金清算機関の免許・監督等）（2010年）
	2016年改正	2016年6月3日	2017年4月1日	仮想通貨規制の創設（2017年）電子端末型プリカへの対応（2017年）
外国為替・外国貿易法	1998年改正	1997年5月23日	1998年4月1日	内外資本取引等の自由化，外国為替業務の完全自由化への移行（1998年）

表 1-2 法改正と規制（つづき）

法律名	改正年	公布日	施行日	概要
貸金業法	2003年改正	2003年8月1日	2004年1月1日	貸金業の登録要件の厳格化，違法な高金利での貸付け契約の無効化（2004年）
	2006年改正	2006年12月20日	①2007年1月19日から順次施行 ②2010年6月18日完全施行	①貸金業の適正化（2007年）②グレーゾーン金利の廃止（2010年）
出資法	2003年改正	2003年8月1日	2004年1月1日	違法な高金利での貸付け契約の無効化（2004年）
組織的犯罪処罰法	―	1999月8日月18日	2000年2月1日	組織的犯罪に対する処罰の強化（2000年）
本人確認法	―	2002年4月26日	2003年1月6日	顧客本人確認等の義務付け 2008年3月1日廃止
犯罪収益移転防止法	―	2007年3月31日	2007年4月1日（2008年3月1日）	警察庁への所管替え，本人確認・疑わしい取引の届出義務等の対象事業者の拡大等（2002年・2007年）
振り込め詐欺救済法	―	2007年12月21日	2008年6月21日	被害者の財産的被害の迅速な回復（2008年）
休眠預金活用法	―	2016年12月2日	①2017年2月17日から順次施行 ②2018年1月1日	①預金保険機構の借入，審議会の発足 ②全面施行
日本銀行法	1997年改正	1997年6月18日	1998年4月1日	抜本的改正（日本銀行の独立性・透明性の確保等）（1998年）

(出所) 筆者作成．

順次充実され，金融インフラが急速に整備されていった．

　本章では1998〜2017年の20年間に実施された金融規制の緩和・強化・新設など制度改革を取り上げ，いろいろな角度から整理している．まず第2節においてはこの20年間における金融システム改革を概観し，第3節においてはこの期間に実施された主な100の金融規制を抽出のうえ，時代区分，緩和・強化などの規制の種類，規制の対象に基づいて整理している．最後に，第4節に

2. 1998～2017年の20年間の時期別の特徴

(1) 時代区分に関する考え方

本節では，1998~2017年の20年間に実施された金融規制の緩和・強化・新設などの制度改革の流れを概観する．まずここでは，これらの制度改革について，金融危機などの状況によって，1998～2003年頃の第Ⅰ期，2004年頃～2008年頃の第Ⅱ期，2009年頃～2012年頃の第Ⅲ期，2013年頃～2017年の第Ⅳ期の4つの時期に区分して分析する．ただし，これらの期間は明確に区分されるわけではなく，重なる時期もある．特に，次に述べるとおり，第Ⅲ期と第Ⅳ期は危機対応という側面と成長戦略という側面の2つの性格が混在しており，ここでは主として前者を第Ⅲ期として，後者を第Ⅳ期として分類する．

表1-1が示すとおり，この20年間の経済状況を振り返ると，1990年代から続くバブル崩壊による経済低迷を背景に，金融機関における不良債権問題が明らかになった．特に，財金分離のために大蔵省が解体され，金融監督庁が発足した1998年からの6年間は，その発足時の混乱を見透かすように日本長期信用銀行・日本債券信用銀行をはじめとして145件もの金融機関が破綻するに至った．一方，1998年に成立した金融システム改革法の公布・施行に伴い，規制緩和が急速に進展し，金融業界は業界内・業態間での競争が激化し，バブル崩壊の経済低迷と相俟って不良債権問題が深刻化していった．

2003年を過ぎた頃には不良債権問題も一段落し，金融危機も遠ざかったかに見えたものの，2008年9月15日にリーマンショックが起こって，世界金融危機に陥り，それに追い打ちを掛ける形で2011年3月11日には東日本大震災が発生し，金融業界に打撃を与えた．このため，2009年に設立された金融安定化理事会（FSB）を中心として国際的な協調体制のもと，バーゼル規制など国際的な規制の導入・強化が図られてきた[3]．

2013年頃になると，リーマンショックや東日本大震災の影響が少しずつ和

---

3) 金融安定化理事会（Financial Stability Board）は1999年に設立された金融安定化フォーラムを前身として，リーマンショック後の世界同時金融危機に対応して2009年に創設された．

らぐとともに，ICTの急速な進歩に伴い仮想通貨の創造など新しい金融の動きが芽吹いてきたことから，それへの対応に迫られてきている．

(2) 第Ⅰ期（1998〜2003年）

第Ⅰ期は，金融システム改革法が公布・施行された1998年から，金融機関における不良債権処理問題が一段落し，金融危機の出口が見え始めた2003年頃までの6年間程度として整理している．

この期間における制度改革の特徴としては，まずは金融行政の根幹となっていた護送船団方式のための規制を緩和するとともに，それに伴って消費者保護の観点から顧客サービスに関連した規制が導入されていることが挙げられる．

また，1990年代後半には，バブル崩壊によって深刻化していった不良債権問題に対応するとともに，預金保険制度に関連して2005年に全額保護から定額保護に全面移行する「いわゆるペイオフ解禁」を控え，セイフティネットのあり方について検討が加えられ，現在の制度ができあがっている[4]．

次に示すとおり，この時期には国際的な協調に基づいた各種規制も導入された．

(ⅰ) 国際金融市場の安定化を図る観点から，金融安定化理事会の前身となる金融安定化フォーラム（FSF）が1999年に設立されたこともあり，それに合わせて，セイフティネットも充実するなど，金融制度・規制面でも国際協調が進められた．

(ⅱ) 1998年に為銀主義が撤廃されるなか，国際的にマネー・ロンダリングへの対応が求められたことから，顧客の本人確認を徹底するための本人確認法が制定された[5]．

(ⅲ) 2001年に米国においてエンロン問題が発生するなか，わが国でも虚偽記載事案が発生したため，情報開示への信頼性を回復する観点からディスクロージャーの充実・強化が図られた．

これに加え，日本版金融ビッグバンにより業際間の参入規制が緩和されるな

---

4) 定期預金については2002年4月に定額保護に移行しているが，普通預金を含めた定額保護への全面移行の時期を当初は2003年4月としていたものの，2005年4月に延期している．
5) 金融機関等による顧客等の本人確認等に関する法律（本人確認法）は2002年4月26日に公布され，2003年1月6日に施行された．

か，1999 年にイトーヨーカ堂やソニーなど一般事業者が銀行業への参入を要望してきたものの，金融当局はこのような異業種からの参入要望を想定していなかった．このため，通常であれば，このように業態のあり方に関する大きな問題の場合，金融審議会等の場で中長期的な検討を行うべきところであるが，当時，不良債権問題への対応もあったことから，とりあえず 2000 年に異業種による銀行業への参入に関する運用指針を定めることによって対応するという異例の措置が講じられている[6]．

(3) 第Ⅱ期（2004～2008 年）

第Ⅱ期は，経営破綻した足利銀行の国有化，りそな銀行への資本注入を最後に不良債権問題も一段落した 2004 年頃からリーマンショックが起こる直前の 2008 年頃までの 5 年間としている．この期間は行政側に余裕が生じたこともあり，金融規制の整備・充実を図るとともに，社会問題化した金融問題への対応のため，銀行・証券・保険といった従来型の業態以外の分野における規制も整備された．

まず第 1 に，2004 年 12 月に策定された「金融改革プログラム」では金融業界における課題を中長期的かつ広範に取り上げ，従来の業態（銀証保）に限らず，その周辺分野にある金融分野も対象として，新制度の導入等を検討している．

これによって，金融機関に対しては，利用者保護を図りつつ，多様な金融商品・サービスを生み出し，健全な競争を促進することを期待している．

次に，2003 年の足利銀行・りそな銀行の経営危機までは不良債権問題に追われ，新たに生じた諸課題に対応する余裕がなかった．しかし，この間，経済の低迷や国際化などによって経済社会環境が大きく変化したため，これらに対応する必要が生じたことに加え，金融庁に余裕ができたことから一挙に検討が進められた．

まずは業態横断的な金融規制の導入を図ることとされ，2004 年には英国の

---

[6] 異業種による参入に関しては，2000 年 12 月に金融審議会第一部会から「銀行業等における主要株主に関するルール整備及び新たなビジネスモデルと規制緩和等について」と題する報告書が公表され，2002 年に至って銀行の主要株主に関するルールが整備された．

金融サービス法にならって1998年金融システム改革法に合わせた顧客保護を整備する金融商品販売法が，2007年には同国の投資サービス法にならって業態横断的な金融規制を整備する金融商品取引法が制定された．

また，証券市場への信頼を害する違法行為等に対して，従前は刑事罰のみで対応していたのに対して，規制の実効性確保のための新たな手段として2005年に「課徴金」制度が創設された．

一方，この時期には不良債権問題の陰に隠れていた種々の課題が社会問題化したため，これに対応するための規制が整備・強化された．1999年にサラ金・商工ローンをはじめとした貸金業による過剰融資問題が社会問題としてクローズ・アップされた．当初，対処療法的な対応がとられていたものの，2004年に改正貸金業法・出資法が施行され，違法な高金利での貸付契約が無効化されることとなった[7]．さらには，2006年には，グレーゾーン金利を原則無効とした最高裁判所判決を受けて再度，貸金業法が改正され，2007年から順次施行された．この結果，2010年にはグレーゾーン金利が完全に撤廃されることとなり，悪徳なサラ金業者等は一掃され，大手貸金業者の一部はメガ3行の下に組み入れられた[8]．

また，バブル経済の崩壊による低金利の長期化を背景として，生命保険会社は，運用利回りが予定利回りを大幅に下回る状況が続く逆ざや問題を抱え，次々と破綻する状況に陥っていった[9]．このため，従前は更生手続等による破綻処理に限られていた既保険契約の条件変更について，2003年に新たな選択肢として，当事者である保険会社・保険契約者間の自治的な手続きにより予定利率等の契約条件を変更する制度が導入された．

このような状況のなか，2005年に明治安田生命保険相互会社をはじめとする生命保険会社による保険金の不適切な支払いや支払い漏れ等が発覚するとともに，富士火災海上保険株式会社をはじめとする損害保険会社でも自動車保険等における付随的な保険金の支払い漏れや第三分野保険における不適切な支払

---

[7] 2003年改正貸金業法・出資法は2003年8月1日に公布され，2004年1月1日に施行された．
[8] 2006年改正貸金業法は2006年12月20日に公布され，2007年1月19日から順次施行され，2010年6月18日に完全施行された．
[9] 1997～2001年に掛けて生命保険会社7社（日産・東邦・第百・大正・千代田・協栄・東京）が破綻している．その後，2009年には大和生命（株）も破綻した．

いが明らかになり，多数の生損保会社が業務改善命令等の行政処分を受ける結果となった．

時を同じくして，根拠法のない共済（いわゆる無認可共済）問題がクローズアップされた．根拠法のない共済とは特定の者を対象とするなど，一定の条件で運営される共済保険であり，保険業法の免許を必要としなかった．しかしながら，根拠法のある共済との区別が難しいなど，いろいろな問題が起こったことから，2006年に保険業法を改正し，一定の事業規模の範囲内であり，保険金額が少額で，保険期間が短期である保険のみを受ける少額短期保険業者を創設することとし，無認可共済事業者が事業を続ける場合は保険会社または少額短期保険業者のいずれかを選ぶこととなった．

さらには，2001年に米国においてエンロン粉飾決算問題が起こってから4年後の2005年に日本においてもカネボウ株式会社が巨額の粉飾決算を組んでいたことが発覚し，その結果，同社は産業再生機構に支援を仰ぎ，経営破綻した．このことを契機に，わが国においても情報開示の重要性が改めて認識され，2007年には開示制度の拡充とともに，日本版SOX法と呼ばれる企業の内部統制（ガバナンス）の強化などが徹底されるようになった．

また，バブル経済の崩壊に伴う景気低迷のため，金融機関には，不良債権処理問題に対応する一方，中小企業等に対する貸し渋りを厳に慎むなど，金融の円滑化が求められるという二律背反の命題が課せられたことから，信用保証協会による100％の保証融資が積極的に利用された．この結果，金融機関のモラルハザードが問題視され，これに対応する観点から，2007年に融資額の80％までしか保証せず，残りの20％は金融機関が負担する責任共有制度が導入された．

この時期には，2001年に米国同時多発テロ事件が発生したり，麻薬・銃器犯罪等の増加に伴いマネー・ロンダリング対策の必要性が高まったりしたため，国際社会からの要請に対応して2003年に本人確認法が施行された．その後，さらなる追加措置が求められ，2008年には本人確認法と組織的犯罪処罰法の一部を母体とした犯罪収益移転防止法が施行された．

また，時を同じくして，2000年前後からオレオレ詐欺などの振り込め詐欺が横行したため，2008年に振り込め詐欺救済法が施行された．

さらには，反社会的勢力との取引継続を理由に三菱東京 UFJ 銀行が 2007 年に業務改善命令を受け，金融機関において反社会的勢力の排除が急速に進んだ．しかしながら，2013 年にはみずほ銀行をはじめとする金融機関による反社会的勢力に対する融資が発覚したことから，預金保険機構が主導して反社会的勢力データベース・照会システムの構築が進められている．

(4) 第Ⅲ期（2009 ～ 2012 年）

第Ⅲ期はリーマンショックなど世界金融危機によってわが国経済が大きな影響を受けた 2009 年から，2011 年 3 月に発生した東日本大震災への対応が一段落するとともに政権が民主党から自由民主党に移行した 2012 年までの 4 年間としている．この時期は前述した国際的要因あるいは自然災害などの外的要因によってもたらされた経済・金融危機への対応に追われた．また，後半は民主党政権の時期に重なっている．

(a) リーマンショックをはじめとした世界金融危機への対応

2008 年にリーマンショックが起こり，その後，世界経済を巻き込んだ金融危機に陥った．この金融危機に対応するため，わが国も国際協調が求められ，金融安定化理事会を中心とした枠組みのもと，バーゼル規制をはじめとする国際的な規制が強化され，金融機関には自己資本の充実が求められた．また，今回の金融危機が信用格付けに対する過大な依存やデリバティブを活用したオフバランス化などに起因していたことから，2010 年には信用格付業者に対する規制が導入され，翌 2011 年には店頭デリバティブ取引等の際に清算機関を利用することが義務付けられ，さらには 2012 年には取引情報の保存・報告制度が創設された．

同時に，世界金融危機による経済の停滞に対応するため，2009 年には貸し渋り対策として，例えば金融機関に対して貸付条件変更の努力義務が課されるなど，中小企業金融の円滑化を図るための措置が講じられた．

(b) 2011 年に発生した東日本大震災への対応

2011 年に発生した東日本大震災，それによってもたらされた津波や福島原

発事故により東北地方の太平洋側を中心にわが国経済は大打撃を受けた．そこで，このような大規模災害などによって経済・金融危機に陥った際には，2007年に導入された信用保証制度への責任共有制度を適用せず，従前と同様，100％まで信用保証を付すセイフティネット融資が導入された．

(5) 第Ⅳ期（2013～2017年）

　第Ⅳ期はリーマンショック，それに続く東日本大震災による経済・金融危機も一段落した2013年から直近の2017年までの5年間としている．この時期はICTが急速に進歩し，フィンテックという言葉に象徴されるとおり，仮想通貨やクラウド・ファンディングが登場するなど，ICTを活用することによって金融業のあり方が大きく変革する黎明期にあたっている．また，奇しくも総選挙に勝利した安倍総理大臣が率いる自民党政権ではフィンテックを成長戦略の一つに位置付けている．

　この時期はICTの進歩に伴い金融取引システムが進展し，国際的に取引所間の競争が激化したことに加えて，投資家ニーズの複雑化・高度化に対応する必要が生じたことから，2013年に東京証券取引所グループと大阪証券取引所が経営統合した．これに先立つ2010年には金融商品取引法が改正され，金融商品取引所と商品取引所の相互乗入れ，さらには両者を統合した総合取引所の実現が法律的には可能となっており，次のステップとして総合取引所の実現が待たれている状況にある．

　また，安倍政権は，成長戦略の一環として2013年に定めた日本再興戦略を毎年改訂し，イノベーションの創造や民間資金の活用のため，活力ある金融・資本市場の実現を通じた成長資金の円滑な供給の促進を掲げてきた．これを実現するため，金融庁は2015年にICTを活用した投資型クラウドファンディングを創設するなど資金調達の多様化を図っているほか，2014年には少額投資非課税制度（NISA）を創設するなど家計資産を活用するための環境整備が図られた．

　これらに加えて，ICTの急速な進歩によって生まれたブロック・チェーン技術を活用した仮想通貨に対応するため，2017年には仮想通貨交換業者を登録制とするなど，新たな規制を導入する改正資金決済法（いわゆる仮想通貨法）

が施行された．また，銀行グループが金融関連 ICT 企業に出資することを柔軟化したり，システム管理業務など共通・重複業務を集約したりするなど，銀行グループに課せられた規制を緩和するとともに，電子端末型プリカに対応するための規制の見直しや電子記録債権に関する記録機関間での情報の移動を可能にするための規制の見直しが行われている．

さらには，オープン API などを通じて金融機関とフィンテック企業の間の連携・協働を図るオープン・イノベーションも推進されている[10]．

預金保険制度に目を移すと，2004 年に全額保護から定額保護に移行したことに伴い預金の払出しにおける ICT の重要性が一層増すなか，休眠預金の存在が預金データの整理上，障害になることに加え，10 年以上も忘れられた休眠預金を民間資金として活用する方策が検討され，2016 年には休眠預金活用法が公布され，2018 年 1 月 1 日から施行されることとなった．

これらの諸課題への対応と並行して，2003 年から順次，証券決済においてペーパーレス化の創設や振替決済制度の電子化が図られ，2008 年には電子記録債権制度が創設された．現在，企業間送金の XML 電文への移行に伴う金融 EDI の実現など，財務・決済プロセス全体の高度化に向けて検討が進められているところである[11]．

一方，コーポレートガバナンを改善することによって企業の持続的な成長とその価値を向上させるため，2014 年には機関投資家が投資先企業に対して果たすべき責任原則を定めたスチュワードシップ・コードが，2015 年には上場企業に求められる責任原則を定めたコーポレートガバナンス・コードが策定・公表された．

---

10) オープン API（Application Programming Interface）とは，金融機関が提供するソフトウェア等の機能を外部のアプリケーションからアクセスして利用できるようにするインターフェースを指す．
11) XML（Extensibe Markup Language）電文とは，電文の長さなどを自由に設計・変更することが可能な電文方式を指す．
　金融 EDI（Electronic Data Interchange）とは，受発注業務の電子化に合わせて資金決済業務も電子的にデータ交換を行う一連の処理を指す．

3. 規制の種類（緩和・強化・新設×対象）別の特徴

(1) 1998～2017年に導入された主な100の規制

表1-3と表1-4に示すとおり，1998～2017年に緩和・強化・新設された主な規制として合計100件を選び，(i) 業界内・業際間規制など金融機関に対する規制，(ii) 顧客サービスに関連した規制，(iii) 金融インフラの環境整備に関する規制を3つのカテゴリーに分けて，その規制の方向性・施行時期（年代）に従って整理を試みた．

これに加えて，参考までに，(iv) 監督・検査のための規制についても主な10件を選び出し，同様に整理している．ただし，これらは規制の強化として整理している．

図1-1～図1-4は，上述した3つのカテゴリーに従って主な100の規制を整理した図である．図1-2は緩和された規制数から強化された規制数を差し引いたものを規制判断DIと定義し，3つのカテゴリー別にその推移を表している[12]．なお，これらの規制は緩和と強化がほぼ半数ずつとなっている[13]．また，図1-3と図1-4は，規制判断DIを銀証保分野とそれ以外に分けて推移を示している．

(2) 規制の緩和・強化・新設（51の規制緩和，49の規制強化）
(a) 規制緩和（緩和的な規制の新設を含む）

図1-1が示すとおり，2003年までの第Ⅰ期は日本版金融ビッグバンによる緩和を中心に質的・量的にも影響が大きく，約4割（=21/51）を占めている．その次に，リーマンショック後の2009～2012年の第Ⅲ期が，不良債権問題処理等の過程で生じた歪みを是正するための規制緩和を中心に多くなっている．

このように平成金融危機やリーマンショック，東日本大震災などの金融危機

---

[12] 本来のDI（= Diffusion Index）とは変化の方向性を表す指標として時点ごとの比率を表し，50％を分かれ目としている．本書で定義した規制判断DIは全期間の規制総数100を分母として規制全体の方向性を表しており，第2節で区分した期間ごとに差し引きした数値を算出している．この数値がプラスの場合は規制緩和の基調，マイナスの場合は規制強化の基調であることを示している．
[13] 規制の新設については，緩和的なものと強化的なものを区別して整理している．

表 1-3　金融規制改革の整理表

	規　制　緩　和	
	銀行・証券・保険関係	それ以外
業界内・業際規制	銀・証・信託間の相互参入の解禁（1993 年）	
	生損保間の相互参入の解禁（1996 年）	
	証券会社の免許制から登録制への移行（1998 年）	証券投資信託委託業の免許制から認可制への移行（1998 年）
	保険持株会社の創設（1998 年）	
	銀行による投資信託の窓口販売（投資信託委託会社への店舗貸し形態）の解禁（1998 年）	
	銀証保間の相互参入の解禁(1998～2000 年）	
	保険相互会社から株式会社への組織変更（2000 年）	
	銀行による保険窓販の解禁（2001 年）	
	銀行等の支店設置の規制緩和（認可制→届出制）（2002 年）	
	銀行本体による信託業務の解禁（2002 年）	
	自動車賠償責任保険の政府再保険の廃止（2002 年）	
	保険相互会社の株式会社化に関する制度整備（2003 年）	
	銀行等による証券仲介業務の解禁（2004 年）	信託業の担い手の拡大（2004 年）
	保険会社の子会社規制の緩和（2006 年）	
	銀行等による保険販売規制の全面解禁(2007 年）	
	金融商品取引所・商品取引所の相互乗入れ（2010 年）	銀行・証券・保険会社間のファイアーウォール規制の見直し（2009 年）
	保険会社グループ内の業務代理等の届出制（2011 年）	資産流動化スキーム規制の弾力化（2011 年）
	子会社（外国の保険会社）の業務範囲規制の特例（2012 年）	社団等法人等が行う保険業の継続（2011 年）
	同一グループ内の保険会社を保険募集の再委託者とする制度の導入（2012 年）	
	保険契約の包括移転に関する規制の見直し（2012 年）	
	銀行・保険会社等金融機関本体によるファイナンス・リース活用の解禁（2012年）	
	ＩＴ進展等に対応するための銀行グループ規制の見直し（2017 年）	

表 1-3　金融規制改革の整理表（つづき）

	規 制 緩 和	
	銀行・証券・保険関係	それ以外
顧客サービス関連の規制	郵便貯金（定期貯金・定額貯金）の金利自由化（1993年）	
	郵便貯金（通常貯金）の金利自由化（1994年）	
	預金・貸出金利の自由化（1994年）	
	期間5年の預金受入れ可能（1995年）	
	保険会社の新規契約に係る予定利率引下げ（1996年）	
	保険商品の届出制の導入（1996年）	
	損害保険料率算定会料率の使用義務の撤廃（1998年）	為銀主義の撤廃（1998年）
	保険商品の届出対象の拡大（1999年）	外国為替業務の完全自由化への移行（1998年）
	株式売買委託手数料の自由化（1999年）	内外資本取引等の自由化（1998年）
	普通銀行による社債発行の解禁（1999年）	
	保険会社による契約条件の変更（予定利率の引下げ）制度の導入（2003年）	
		信託受託可能財産の範囲の拡大（2004年）
		ETF（上場投資信託）の多様化（2008年）
	貸付条件変更等の努力義務（2009年）	
	中小企業金融の円滑化（2009年）	
	ライツ・オファリングに係る制度整備（2012年）	
	保険会社の資産運用比率規制の撤廃（2013年）	
	インサイダー取引規制に係る見直し（2013年）	
金融インフラの環境整備		
		電子端末型プリカへの対応（2017年）
		電子債権記録機関間のデータ移動を可能とする措置（2017年）
監督・検査のための規制		

表1-3　金融規制改革の整理表（つづき）

	規　制　の　新　設（その１）	
	緩　和　的　規　制	
	銀行・証券・保険関係	それ以外
業界内・業際規制	許可外国証券業者制度の導入（2003年）	
	取引所持株会社制度の創設（2004年）	証券仲介業制度の導入（2004年）
		金融先物取引業者の登録制の導入（2005年）
		銀行代理業制度の創設（2006年）
		プロ向け市場の創設・枠組みの整備（2008年）
	資金移動業者（登録制）の創設（2010年）	
	総合的な取引所の実現に向けた制度整備（2014年）	

表 1-3　金融規制改革の整理表（つづき）

	規　制　の　新　設　（その 1）	
	緩　和　的　規　制	
	銀行・証券・保険関係	それ以外
顧客サービス関連の規制	決済用預金制度の導入（2003 年）	
金融インフラの環境整備		
監督・検査のための規制		

表1-3 金融規制改革の整理表（つづき）

		規 制 の 新 設（その2）	
		強 化 的 規 制	
		銀行・証券・保険関係	それ以外
業界内・業際規制		銀行等の株式保有制限の導入（2002年）	異業種による銀行業参入規制の導入（2000年）
			課徴金制度の導入（2005年）
			少額短期保険業の創設（2006年）
顧客サービス関連の規制		商品横断的規制・顧客説明義務・損害賠償責任の創設（2001年）	
		自賠責ADR制度の創設（2002年）	
		信託業法の全面改正（2004年）	被害者の財産的被害の迅速な回復（2008年）
			貸金業に対する上限金利の引下げ・総量規制の導入等（2008年）

3. 規制の種類（緩和・強化・新設×対象）別の特徴　　　35

表1-3　金融規制改革の整理表（つづき）

	規　制　の　新　設　（その2）	
	強　化　的　規　制	
	銀行・証券・保険関係	それ以外
顧客サービス関連の規制		金融ADR（裁判外紛争解決）制度の創設（2010年）
		仮想通貨規制の創設（2017年）
		休眠預金の活用（2017・18年）
金融インフラの環境整備	証券決済制度の改革（CP等のペーパーレス化）（2002年）	清算機関制度の整備（2003年）
		多層構造の振替決済制度の創設（2003年）
	株券不発行制度の導入（2004年）	親会社等情報・英文開示制度の導入（2005年）
	一般債振替制度の稼働（2006年）	XBRL（財務情報を効率的に処理するためのコンピュータ言語）の導入（2008年）
	日本版SOX法（企業の内部統制強化）（2008年）	電子記録債権制度の創設（2008年）
	株式等のペーパーレス化・振替制度の本格実施（2009年）	サーバー型前払式支払手段への規制の導入（2010年）
	店頭デリバティブ取引等に関する清算機関の利用の義務付け（2012年）	
	日本版スチュワードシップ・コードの公表（2014年）	
	コーポレートガバナンス・コードの公表（2015年）	
監督・検査のための規制	早期是正措置（銀行・保険会社等）の導入（1998）	
	標準責任準備金制度の導入（1998年）	
	金融検査マニュアルの制定（1999年）	
	保険会社向け検査マニュアルの制定（2000年）	
	銀行等に対する早期警戒制度の導入（2002年）	
	証券会社向け検査マニュアルの制定（2002年）	
	保険会社に対する早期警戒制度の導入（2003年）	
	証券会社の連結規制・監督の導入（2011年）	信用格付業者に対する規制の導入（2010年）
		取引情報保存・報告制度の創設（2012年）

表1-3　金融規制改革の整理表（つづき）

	規　制　強　化	
	銀行・証券・保険関係	それ以外
業界内・業際規制	アームズ・レングス・ルールの導入（1998年）	銀行の主要株主に関するルール整備（2002年）
	証券会社等の主要株主ルールの整備（2004年）	貸金業の登録要件の厳格化（2004年）
	証券業における業規制・行為規制の横断化・柔軟化（2007年）	
	取引上における自主規制機能の強化（2007年）	
	保険募集人の体制整備義務の創設（2016年）	
顧客サービス関連の規制	大口信用供与等規制の見直し（グループ規制体系への変更）（1998年）	組織的犯罪に対する処罰の強化（2000年）
	空売りへの総合的な取組み（2001年）	
	空売り規制の強化（2002年）	

3. 規制の種類（緩和・強化・新設×対象）別の特徴

表 1-3　金融規制改革の整理表（つづき）

	規　制　強　化	
	銀行・証券・保険関係	それ以外
顧客サービス関連の規制	金融商品取引法による規制対象商品の拡大・集団投資スキームに関する規制の整備（2007年）	違法な高金利での貸付け契約の無効化（2004年）
	保険契約のクーリング・オフの適用の拡大（2007年）	貸金業の適正化（2007年）
		本人確認・疑わしい取引の届出義務等の対象事業者の拡大等（2007年）
		貸金業のグレーゾーン金利の廃止（2010年）
	店頭デリバティブ取引規制の整備（2015年）	投資信託・投資法人に関する規制（2014年）
	いわゆるプロ向けファンドに関する規制（2016年）	
金融インフラの環境整備	財務情報の連結ベース化（会計ビッグバン）（1999年）	
	ディスクロージャー制度の整備（2003年）	
	開示制度の拡充（2007年）	
監督・検査のための規制		

（注）　第Ⅰ期の1998～2003年，第Ⅲ期の2009～2012年を網掛けしている．
（出所）　筆者作成．

表 1-4 規制数の内訳（その１）

| | | 規制緩和 | | | 規制の新設 | | | | | | 規制強化 | | | 合計 |
| | | | | | 緩和的な規制 | | | 強化的な規制 | | | | | | |
		銀行・証券・保険関係	それ以外	小計	銀行・証券・保険関係	それ以外	小計	銀行・証券・保険関係	それ以外	小計	銀行・証券・保険関係	それ以外	小計	
業界内・業際規制	1998~2003年	10	1	11	1	0	1	1	1	2	1	1	2	16
	2004~2008年	3	1	4	1	4	5	0	2	2	3	1	4	15
	2009~2012年	6	3	9	0	1	1	0	0	0	0	0	0	10
	2013~2017年	1	0	1	1	0	1	0	0	0	1	0	1	3
	小計	20	5	25	3	5	8	1	3	4	5	2	7	44
顧客サービス関連の規制	1998~2003年	5	3	8	1	0	1	2	0	2	3	1	4	15
	2004~2008年	0	2	2	0	0	0	1	2	3	2	3	5	10
	2009~2012年	3	0	3	0	0	0	0	1	1	0	1	1	5
	2013~2017年	2	0	2	0	0	0	0	2	2	2	1	3	7
	小計	10	5	15	1	0	1	3	5	8	7	6	13	37
金融インフラの環境整備	1998~2003年	0	0	0	0	0	0	1	2	3	2	0	2	5
	2004~2008年	0	0	0	0	0	0	3	3	6	1	0	1	7
	2009~2012年	0	0	0	0	0	0	2	1	3	0	0	0	3
	2013~2017年	0	2	2	0	0	0	2	0	2	0	0	0	4
	小計	0	2	2	0	0	0	8	6	14	3	0	3	19
規制総数	1998~2003年	15	4	19	2	0	2	4	3	7	6	2	8	36
	2004~2008年	3	3	6	1	4	5	4	7	11	6	4	10	32
	2009~2012年	9	3	12	0	1	1	2	2	4	0	1	1	18
	2013~2017年	3	2	5	1	0	1	2	2	4	3	1	4	14
	総数	30	12	42	4	5	9	12	14	26	15	8	23	100
監督・検査のための規制	1998~2003年	0	0	0	0	0	0	7	0	7	0	0	0	7
	2004~2008年	0	0	0	0	0	0	0	0	0	0	0	0	0
	2009~2012年	0	0	0	0	0	0	1	2	3	0	0	0	3
	2013~2017年	0	0	0	0	0	0	0	0	0	0	0	0	0
	小計	0	0	0	0	0	0	8	2	10	0	0	0	10
（監督・検査規制を含む）合計	1998~2003年	15	4	19	2	0	2	11	3	14	6	2	8	43
	2004~2008年	3	3	6	1	4	5	4	7	11	6	4	10	32
	2009~2012年	9	3	12	0	1	1	3	4	7	0	1	1	21
	2013~2017年	3	2	5	1	0	1	2	2	4	3	1	4	14
	総計	30	12	42	4	5	9	20	16	36	15	8	23	110

3. 規制の種類（緩和・強化・新設×対象）別の特徴

表1-4　規制数の内訳（その2）

		規制緩和*1						規制強化*2						合計	
		銀行・証券・保険関係		それ以外		小計		銀行・証券・保険関係		それ以外		小計			
			うち新設		うち新設		うち新設		うち新設		うち新設		うち新設		うち新設
業界内・業際規制	1998~2003年	11	1	1	0	12	1	2	1	2	1	4	2	16	3
	2004~2008年	4	1	5	4	9	5	3	0	3	2	6	2	15	7
	2009~2012年	6	0	4	1	10	1	0	0	0	0	0	0	10	1
	2013~2017年	2	1	0	0	2	1	1	0	0	0	1	0	3	1
	小計	23	3	10	5	33	8	6	1	5	3	11	4	44	12
顧客サービス関連の規制	1998~2003年	6	1	3	0	9	1	5	2	1	0	6	2	15	3
	2004~2008年	0	0	2	0	2	0	3	1	5	2	8	3	10	3
	2009~2012年	3	0	0	0	3	0	0	0	2	1	2	1	5	1
	2013~2017年	2	0	0	0	2	0	2	0	3	2	5	2	7	2
	小計	11	1	5	0	16	1	10	3	11	5	21	8	37	9
金融インフラの環境整備	1998~2003年	0	0	0	0	0	0	3	1	2	2	5	3	5	3
	2004~2008年	0	0	0	0	0	0	4	3	3	3	7	6	7	6
	2009~2012年	0	0	0	0	0	0	2	2	1	1	3	3	3	3
	2013~2017年	0	0	2	0	2	0	2	2	0	0	2	2	4	2
	小計	0	0	2	0	2	0	11	8	6	6	17	14	19	14
規制総数	1998~2003年	17	2	4	0	21	2	10	4	5	3	15	7	36	9
	2004~2008年	4	1	7	4	11	5	10	4	11	7	21	11	32	16
	2009~2012年	9	0	4	1	13	1	2	2	3	2	5	4	18	5
	2013~2017年	4	1	2	0	6	1	5	2	3	2	8	4	14	5
	総数	34	4	17	5	51	9	27	12	22	14	49	26	100	35
監督・検査のための規制	1998~2003年	0	0	0	0	0	0	7	7	0	0	7	7	7	7
	2004~2008年	0	0	0	0	0	0	0	0	0	0	0	0	0	0
	2009~2012年	0	0	0	0	0	0	1	1	2	2	3	3	3	3
	2013~2017年	0	0	0	0	0	0	0	0	0	0	0	0	0	0
	小計	0	0	0	0	0	0	8	8	2	2	10	10	10	10
（監督・検査規制を含む）合計	1998~2003年	17	2	4	0	21	2	17	11	5	3	22	14	43	16
	2004~2008年	4	1	7	4	11	5	10	4	11	7	21	11	32	16
	2009~2012年	9	0	4	1	13	1	3	3	5	4	8	7	21	8
	2013~2017年	4	1	2	0	6	1	5	2	3	2	8	4	14	5
	総数	34	4	17	5	51	9	35	20	24	16	59	36	110	45

（注）*1　緩和的な規制の創設も含む.
　　　*2　強化的な規制の創設を含む.
（出所）筆者作成.

の時期は金融業界の活性化のために規制を緩和する傾向が強かったといえよう．

(b) 規制強化（強化的な規制の新設を含む）

一方，規制強化については，不良債権処理問題が一段落した 2004 年からリーマンショックが発生した 2008 年までの第Ⅱ期が質的・量的にもかなり大きく，約 4 割強（=21/49）を占めている．このことから，金融危機が去り，経済・金融情勢が安定している時期には業界秩序の維持や金融危機で生じた歪みを是正する観点に立ち規制を強化する傾向が強かったといえよう．

(c) 既存の規制と規制の新設

この 20 年間を概観すると，金融業界は，戦後一貫して，いわゆる護送船団方式によって守られ，そのために業界内・業際間で種々の規制が課せられていた．これに対して，1990 年代後半以降は金融の自由化の流れに乗り，規制緩和の中では業界内・業際間規制が約 3 分の 2（=33/51）と大きな割合を占めている．特に，新設の規制ではなく，旧来の規制を緩和するもの（=25/51），また，その中でも銀行・証券・保険関連のもの（=20/51）が多い．

一方，この 20 年間は，ICT や自由化の進展に伴い，新たな金融商品や銀証保以外の分野（例えば貸金業）など新たな金融分野の誕生や金融インフラの環境整備が求められた．しかしながら，これらの分野には，もともと規制が存在していない事例が多く，顧客保護など諸課題に対応する観点から，規制強化のための新設が半数（=26/49）にも達している．特に，金融自由化の進展に伴い，顧客保護が強く求められるようになったこともあり，顧客サービス関連の規制が一定程度の割合（=21/49）を占めている．また，銀証保以外の分野における規制の新設が比較的に多いこと（=14/49）が特徴といえる．

(3) 規制の対象
(a) 業界内・業際間規制（44 の規制）

上述したとおり，業界内・業際規制は，元来，金融機関同士の競争激化を防ぐために護送船団方式によって守ることを主目的として設けられた経緯があり，金融業界の自由化・国際化を進める観点から規制緩和が大きな割合を占めてい

3. 規制の種類（緩和・強化・新設×対象）別の特徴

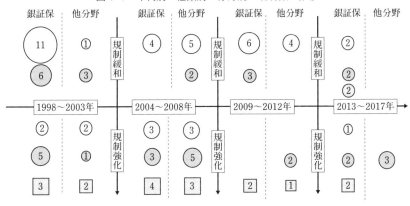

図1-1　年代別・種類別・分野別の規制数の推移

○ 業界内・業際規制　　● 顧客サービス関連の規制　　□ 金融インフラの環境整備

（出所）筆者作成.

る（=33/44）．とりわけ日本版ビッグバンが計画的に実施に移された第Ⅰ期においては銀証保分野の規制緩和が相対的に多く（=11/44），第Ⅱ期・第Ⅲ期では銀証保分野だけでなく，その他の分野においても規制が緩和されている．

一方，規制の強化に関しては，異業種参入に関する規制やアームズ・レングス・ルールなど，これまで基準が明確になっていなかったものを中心として限られたものとなっている．

図1-2が示すとおり，業界内・業態間の規制については全期間を通じて規制判断DIがプラスとなっており，この20年間，規制緩和の基調にあったことを示している．特に，銀証保の主要分野においてはこの傾向が強い．

(b) 顧客サービス関連の規制（37の規制）

図1-1が示すとおり，顧客サービス関連の規制についても，日本版金融ビッグバンによる金融自由化のため規制の緩和は第Ⅰ期に多い（=9/37）．一方，第Ⅰ期・第Ⅱ期には社会問題化した空売りや高金利の貸付け問題をはじめとする諸問題への対応策などのために規制の強化が行われている．

この結果，第Ⅰ期の規制緩和と強化，第Ⅱ期の規制強化が大きな割合を占めている（=23/37）

図1-2 規制判断DI

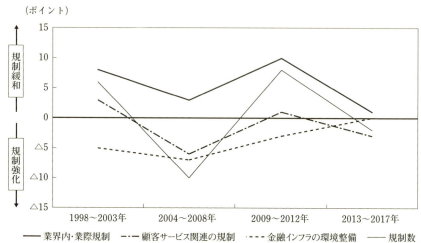

(出所) 筆者作成.

　また,規制緩和により金融の自由化が図られるなか,それによってもたらされる弊害を行政指導という形を用いずに防止する観点から課徴金が創設されるとともに,発生した問題をスムーズに解決するため金融分野における裁判外紛争解決(Alternative Dispute Resolution：ADR)制度が創設され,顧客保護のための制度が一層整備されている.

　図1-2〜図1-4が示すとおり,顧客サービス関連の規制については,規制判断DIは第Ⅰ期がプラス(規制緩和基調),第Ⅱ期がマイナス(規制強化基調)となっており,第Ⅲ期・第Ⅳ期はゼロに近い値(中立的)となっている.しかしながら,銀証保分野とそれ以外の分野で見てみると,その様相は大きく異なっている.銀証保分野では,第Ⅰ期がプラス,第Ⅱ期がマイナス,第Ⅲ期がプラス,第Ⅳ期がゼロと規制緩和と強化を繰り返し,最後は中立的となっている.一方,銀証保以外の分野では,第Ⅰ期こそマイナスで規制緩和基調であったものの,第Ⅱ期以降は,貸金業などの社会問題をはじめとした新たな課題に対応するため,規制の新設も含めて規制強化の基調になっていることがわかる.

3. 規制の種類（緩和・強化・新設×対象）別の特徴   43

図1-3　銀証保分野の規制判断DI

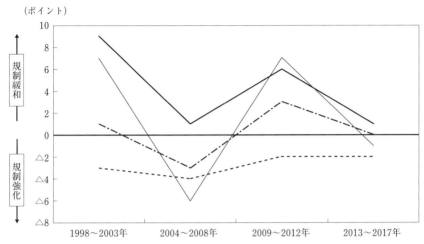

(出所)　筆者作成.

図1-4　銀証保分野以外の規制判断DI

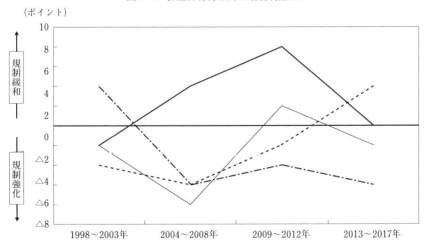

(出所)　筆者作成.

(c) 金融インフラの環境整備（19 の規制）

　バブル経済の崩壊に伴う平成金融危機やリーマンショックを契機とした世界金融危機を経て，システミックリスクを回避しなければならないという機運が高まるなか，決済リスクを減少させるため，ICT の急速な進歩により，即時グロス決済（Real-Time Gross Settlement：RTGS）を可能とする資金決済システムが導入されるとともに，有価証券等のペーパーレス化を進める証券決済システムが整備されている．この結果，特に東日本大震災の際には有価証券のペーパーレス化によって記録が残るなど，その有効性が示されたといえよう．

　決済システムや開示情報などの金融インフラに係る規制については，不良債権問題が一段落し，行政に余裕が生じた第 II 期（2004 ～ 2008 年）を中心に急速に整備が進んでいる．

　図 1-2 に示すとおり，金融インフラの環境整備については全期間を通じて規制判断 DI がマイナスとなっており，この 20 年間，規制の新設も含めて規制強化の基調にあったことがわかる．

(d) 監督・検査のための規制

　1998 年に財金分離のため，金融監督庁が設立された際，従前の護送船団方式や行政指導から脱却し，ルールに基づく監督・検査を目指して，監督・検査のための監督指針（ガイドライン）やマニュアルが制定された．

　しかし，不良債権問題も一段落した 2007 年になると，国際的な金融業の競争激化や持続的な顧客保護態勢の確立への対応が求められ，金融機関の自主的な取組みを促す観点から，ルール・ベースの監督とともにプリンシプル・ベースの監督を最適に組み合わせた金融規制の質的向上（ベター・レギュレーション）が叫ばれ，金融機関の経営の自由度が増した．例えば，2014・2015 年に公表されたスチュワードシップ・コードやコーポレートガバナンス・コード，さらには 2016 年にフィデューシャリー・デューティーの制定にあたってはプリンシプル・ベースのアプローチがとられた．

　このように，従来の行政指導を中核とした護送船団方式から，ルールを明確化したルール・ベースの監督に，さらには，金融機関の自主的な取組みを尊重するプリンシプル・ベースの監督に徐々に変化していった．

また，担保・保証に過度に依存しない融資として，2003年にリレーションシップバンキングの推進を提唱したり，企業の事業性を評価する融資を推進したりするなど，金融当局は従来型の法律に基づく強制力の行使から，金融機関にビジネスモデルを提示するコンサルティング機能に軸足を移している．

　このような流れのなか，2008年のリーマンショック，それに続く世界金融危機に対応して第Ⅲ期には金融安定化理事会（FSB）を中心にバーゼル規制など国際的な金融規制の強化が潮流となり，わが国においてもその対応に追われ，2010～2012年に掛けて信用格付業者に対する規制や取引情報の保存・報告制度などの導入・整備が図られた．

(4) まとめ

　護送船団方式から脱却し，金融の自由化・国際化が図られるなか，顧客・消費者保護の必要性が再認識され，その一環として，順次，アームズ・レングス・ルール，金融ADR制度，クーリング・オフ制度，情報開示制度等の整備が進められた．

　また，この20年間，2度にわたる金融危機に見舞われたうえ，金融業にかかわる社会問題が発生したこともあり，従来の銀証保分野に対する規制の整備から，これら以外の分野における規制の整備も行われるようになってきた．

4. 制度改革とそれに関連する報告書との関係

(1) 各種報告書と制度改革の関係

　規制の緩和・強化・新設という制度改革を行うにあたっては，基本的に金融審議会などの検討の場で審議し，報告書をまとめ，それに従って，法令等を整備するという手順が踏まれている．表1-5は，1997～2016年の20年間に公表された主な報告書66件（金融システム改革プランを含む）と制度改革との関係を整理している[14]．

---

14) 制度改革（規制の緩和・強化・新設）のための法令作成にあたっては，通常，報告書の公表後，一定の期間（2か月～6か月）が必要であるため，制度改革が行われた前年に報告書が公表されているものと想定して，ここでは公表時期が1997～2016年の報告書を対象に整理している．

表 1-5 各種⋯

	報告書	年月日	報告主体	ポ⋯
1	金融システム改革のプラン：改革の早期実現に向けて	1997年6月13日	金融システム改革連絡協議会	金融システム改革：資産運⋯ブ，ストック・オプショ⋯滑化・多様化（社債，SP⋯ビスの供給（株式委託手数⋯遵守義務の廃止，参入規制⋯委託業者の許可制・相互参⋯的な市場の整備（取引集中⋯引・決済制度，一括清算ネ⋯
2	金融再生トータル・プラン（第1次）	1998年6月23日	政府・与党金融再生トータルプラン推進協議会	土地・債権流動化と土地⋯の実質的処理，経営健全化⋯
3	金融再生トータル・プラン（第2次）	1998年7月2日	政府・与党金融再生トータルプラン推進協議会	不良債権の積極的処理促進⋯びディスクロージャーの⋯の強化，金融システムの安⋯
4	相互保険会社の株式会社化に関するレポート	1999年7月6日	金融審議会第二部会	相互保険会社の株式会社化
5	保険会社のリスク管理と倒産法制の整備　中間とりまとめ	1999年12月21日	金融審議会第二部会	保険会社の健全性規制と破⋯理の充実，保険会社に係る⋯
6	保険会社のリスク管理について	2000年6月14日	金融審議会第二部会	金融監督庁による監督上の⋯保険会社を巡る会計にかか⋯
7	21世紀を支える金融の新しい枠組みについて	2000年6月27日	金融審議会	日本版金融サービス法の必⋯ルの整備，集団投資スキー⋯
8	金融分野における裁判外紛争解決制度の整備について	2000年6月9日	金融審議会第一部会	金融ADR制度の創設

4. 制度改革とそれに関連する報告書との関係   47

と規制の対照表

		関連する制度改革
ト	証券会社の免許制から登録制への移行（1998年）	保険持株会社の創設（1998年）
	証券投資信託委託業の免許制から認可制への移行（1998年）	損害保険料率算定会料率の使用義務の撤廃（1998年）
段（投信，証券デリバティ充実，企業の資金調達の円頭登録市場等），多様なサー自由化，保険算定会料率の≪証券会社の登録制・投資，保険の銀行窓販），効率PTS，貸株市場，証券取ィング）	為銀主義の撤廃（1998年）	外国為替業務の完全自由化への移行（1998年）
	内外資本取引等の自由化（1998年）	大口信用供与等規制の見直し（グループ規制体系への変更）（1998年）
	銀証保間の相互参入の解禁（1998～2000年）	財務情報の連結ベース化（会計ビッグバン）（1999年）
	普通銀行による社債発行の解禁（1999年）	株式売買委託手数料の自由化（1999年）
	銀行による投資信託の窓口販売（投資信託委託会社への店舗貸し形態）の解禁	銀行による保険窓販の解禁（2001年）
利用，金融機関の不良債権		
度的枠組み整備，透明性及，銀行監督及び健全性基準と機能強化		
	保険相互会社から株式会社への組織変更（2000年）	
理制度の見直し，リスク管法制の整備		
の見直し，倒産法制の整備，題		
，金融商品の販売・勧誘ルー整備	金融商品取引法による規制対象商品の拡大・集団投資スキームに関する規制の整備（2007年）	
	自賠責ADR制度の創設（2002年）	

第1章　金融規制の変遷：最近20年間の主な100の規制

表1-5　各種報告書と規制

	報告書	年月日	報告主体	ポ
9	21世紀に向けた証券決済システムの改革について	2000年6月16日	金融審議会第一部会	有価証券の無券面化、証券子化の推進・DVDの実現
10	21世紀を支える金融の新しい枠組みについて	2000年6月27日	金融審議会	日本版金融サービス法、金制度の整備、証券決済シス
11	自動車損害賠償責任保険審議会答申	2000年6月28日	自動車損害賠償責任保険審議会	保険金支払の適正化のため廃止　等
12	銀行業等における主要株主に関するルール整備及び新たなビジネス・モデルと規制緩和等について	2000年12月21日	金融審議会第一部会	銀行の主要株主に関するルデルと規制緩和（銀行等の届出制）など）
13	銀行の株式保有に関する報告	2001年6月26日	金融審議会金融分科会第二部会	銀行の株式保有の制限
14	生命保険をめぐる総合的な検討に関する中間報告	2001年6月26日	金融審議会金融分科会第二部会	セイフティネットの整備、約条件の変更
15	証券市場の構造改革プログラム	2001年8月8日	金融庁	市場監視、自主規制機関、取組み
16	証券市場の改革促進プログラム	2002年8月6日	金融庁	主要株主ルールの導入、証おける有価証券の販売、証化、空売り規制の強化、取
17	決済機能の安定確保のための方策	2002年9月5日	金融審議会	金融機関破綻時の決済性預
18	中期的に展望した我が国金融システムの将来ビジョン	2002年9月30日	金融審議会	複線的金融制度への転換
19	金融再生プログラム：主要行の不良債権問題解決を通じた経済再生	2002年10月30日	金融庁「金融分野緊急対応戦略プロジェクトチーム」	新しい金融システムの枠組しい金融行政の枠組み
20	証券市場の改革促進	2002年12月16日	金融審議会金融分科会第一部会	証券会社・投資信託委託業引下げ、主要株主ルールの
				ディスクロージャーの充実の簡素化・迅速化
				海外取引所端末の国内設置、モート・メンバーシップ、外の取引所の連携・統合

4. 制度改革とそれに関連する報告書との関係

照表（つづき）

ト	関連する制度改革	
期間のあり方の見直し，電	証券決済制度の改革(CP 等のペーパーレス化)（2002 年）	清算機関制度の整備（2003 年）
	多層構造の振替決済制度の創設（2003 年）	株券不発行制度の導入（2004 年）
	一般債振替制度の稼働（2006 年）	株式等のペーパーレス化・振替制度の本格実施（2009 年）
野における裁判外紛争処理 等	商品横断的規制・顧客説明義務・損害賠償保険の創設（2001 年）	
度創設，政府再保険制度の	自動車賠償責任保険の政府再保険の廃止（2002 年）	
整備，新たなビジネス・モ 設置の規制緩和（認可制→	銀行の主要株主に関するルール整備（2002 年）	銀行等の支店設置の規制緩和（認可制→届出制）（2002 年）
	銀行等の株式保有制限の導入（2002 年）	
基盤の充実，保険契約の契	保険相互会社の株式会社化に関する制度整備（2003 年）	保険会社による契約条件の変更（予定利率の引下げ）制度の導入（2003 年）
信託，空売りへの総合的な	空売りへの総合的な取組み（2001 年）	
理店制度の導入，銀行等に 視委員会の体制・機能の強 場等のルール整備	空売り規制の強化（2002 年）	
取扱い	決済用預金制度の導入（2003 年）	
，新しい企業再生の枠組み，	銀行等に対する早期警戒制度の導入（2002 年）	
資顧問業者の最低資本金の ，証券代理店制度の導入	証券会社等の主要株主ルールの整備（2004 年）	
化，ルールの整備，手続等	ディスクロージャー制度の整備（2003 年）	
内取引所の海外展開（リ ス・メンバーシップ），内	取引所持株会社制度の創設（2004 年）	

表 1-5 各種報告書と規制

	報告書	年月日	報告主体	ポ
21	リレーションシップバンキングの機能強化に向けて	2003年3月27日	金融審議会金融分科会第二部会	リレバンの推進
22	金融機関に対する公的資金制度のあり方について	2003年7月28日	金融審議会金融分科会第二部会	公的資金投入を可能にする
23	信託業のあり方に関する中間報告書	2003年7月28日	金融審議会金融分科会第二部会	信託業法の全面的な見直し
24	市場機能を中核とする金融システムに向けて	2003年12月24日	金融審議会金融分科会第一部会	ディスクロージャー制度の化，投資サービスにおける券の連携強化（証券仲介業
25	銀行等による保険販売規制の見直しについて	2004年3月31日	金融審議会金融分科会第二部会	銀行等による保険窓販の解
26	外国会社等の我が国における開示書類に係る制度上の整備改善について	2004年6月23日	金融審議会金融分科会第一部会	英文による情報開示
27	外国為替証拠金取引に関する規制のあり方について	2004年6月23日	金融審議会金融分科会第一部会	外国為替証拠金取引業者の確保等
28	保険契約者保護制度の見直しについて	2004年12月14日	金融審議会金融分科会第二部会	保険種類に応じた補償，保
29	金融改革プログラム：金融サービス立国への挑戦	2004年12月24日	金融庁	利用者ニーズの重視と利用略的活用，市場機能の充実政の国際化，地域経済への立
30	根拠法のない共済への対応について	2004年12月14日	金融審議会金融分科会第二部会	少額短期保険業者の創設
31	今後の開示制度のあり方について	2005年6月28日	金融審議会第一部会ディスクロージャーWG	四半期開示のあり方，証券資情報の適格な提供と公正
32	財務報告に係る内部統制の評価及び監査の基準のあり方について	2005年12月8日	企業会計審議会内部統制部会	財務報告に関する内部統制

4. 制度改革とそれに関連する報告書との関係　　51

照表（つづき）

ト	関連する制度改革	
な制度の創設		
託業の担い手の拡大　等	信託業法の全面改正（2004年）	信託受託可能財産の範囲の拡大（2004年）
	信託業の担い手の拡大（2004年）	
．市場監視機能・体制の強 家保護のあり方，銀行・証 害防止措置の方向性）	銀行等による証券仲介業務の解禁（2004年）	証券仲介業制度の導入（2004年）
	親会社等情報・英文開示制度の導入（2005年）	課徴金制度の導入（2005年）
	銀行等による保険販売規制の全面解禁（2007年）	
	親会社等情報・英文開示制度の導入（2005年）（再掲）	
性．行為規制．説明責任の	金融先物取引業者の登録制の導入（2005年）	
約者保護の費用負担　等		
護ルールの徹底，ITの戦 場の信頼性の向上，金融行 ．信頼される金融行政の確		
	少額短期保険業の創設（2006年）	社団等法人等が行う保険業の継続（2011年）
圃場の開示規制の再編．投 示の確保（XBRL化など）	XBRL（財務情報を効率的に処理するためのコンピュータ言語）の導入（2008年）	開示制度の拡充（2007年）
価・監査の基準	日本版SOX法（企業の内部統制強化）（2008年）	

第1章　金融規制の変遷：最近20年間の主な100の規制

表1-5　各種報告書と規制

	報告書	年月日	報告主体	ポ
33	投資サービス法（仮称）に向けて	2005年12月22日	金融審議会金融分科会第一部会	投資サービス法の趣旨・目的，プロ・アマの区分，集団投規制，取引所，自主規制機メント・金融経済教育　等
34	信託法改正に伴う信託業法の見直しについて	2006年1月26日	金融審議会金融分科会第二部会・信託WG合同部会	新しい形態の信託類型（信託等）に対する措置
35	懇談会におけるこれまでの議論（座長としての中間整理）	2006年4月21日	貸金業制度等に関する懇談会	過剰貸し付け・多重債務の参入規制・監督手法　等
36	電子登録債権法（仮称）の制定に向けて	2006年12月21日	金融審議会金融分科会第二部会	電子登録債権制度と管理機
37	公認会計士・監査法人制度の充実・強化について	2006年12月22日	金融審議会公認会計士制度部会	公認会計士・監査法人制度
38	地域密着型金融の取組みについての評価と今後の対応について	2007年4月5日	金融審議会金融分科会第二部会	地域の情報収集を活用した立のための方策
39	我が国金融・資本市場の競争力強化に向けて	2007年12月18日	金融審議会金融分科会第一部会	取引所の機能の拡充・強化規制の見直し，課徴金制度
40	銀行・保険会社グループの業務範囲規制のあり方等について	2007年12月18日	金融審議会金融分科会第二部会	銀行・保険会社グループの害防止等，保険に関する規見直し）
41	金融・資本市場競争力強化プラン	2007年12月21日	金融庁	ベター・レギュレーション
42	保険法改正への対応について	2008年1月31日	金融審議会金融分科会第二部会	保険法改正に対応した保険
43	信頼と活力ある市場の構築に向けて	2008年12月17日	金融審議会金融分科会第一部会	格付会社に対する公的規制取引所の相互乗入れ，開示

照表（つづき）

ト	関連する制度改革	
象範囲，業規制，行為規制，キーム（ファンド），開示事責任規定・エンフォース	証券業における業規制・行為規制の横断化・柔軟化（2007年）	取引上における自主規制機能の強化（2007年）
	プロ向け市場の創設・枠組みの整備（2008年）	
言，目的信託，限定責任信		
取立て等に係る行為規制，	貸金業の適正化（2007年）	
創設	電子記録債権制度の創設（2008年）	
直し		
可能なビジネスモデルの確		
証間のファイアーウォール直し	ETF（上場投資信託）の多様化（2008年）	銀行・証券・保険会社間のファイアーウォール規制の見直し（2009年）
範囲の拡大，利益相反の弊和（資産別運用比率規制の	銀行・証券・保険会社間のファイアーウォール規制の見直し（2009年）（再掲）	銀行・保険会社等金融機関本体によるファイナンス・リース活用の解禁（2012年）（再掲）
	保険会社の資産運用比率規制の撤廃（2013年）（再掲）	
の見直し		
入，金融商品取引所と商品等の見直し	金融商品取引所・商品取引所の相互乗入れ（2010年）	信用格付業者に対する規制の導入（2010年）*

表1-5 各種報告書と規制

	報告書	年月日	報告主体	ポ
44	金融分野における裁判外紛争解決制度（金融ADR）のあり方について	2008年12月17日	金融審議会金融分科会第一部会・第二部会 合同部会	金融ADRの改善・充実の
45	資金決済に関する制度整備について：イノベーションの促進と利用者保護	2009年1月14日	金融審議会金融分科会第二部会	サーバー型の前払式支払い行以外に認める制度整備
46	上場会社等のコーポレート・ガバナンスの強化に向けて	2009年6月17日	金融審議会我が国金融市場の国際化に関するSG	少数株主等の保護のための構（取締役会・監査役等）使等，コーポレート・ガバ
47	今次の金融危機を踏まえた我が国金融システムの構築	2009年12月9日	金融審議会金融分科会基本問題懇談会	市場発の金融危機への対応
48	金融・資本市場に係る制度整備について	2010年1月21日	金融庁政務三役指示	店頭デリバティブ取引規制済・清算体制，証券会社の公正性の確保
49	金融資本市場・金融産業の活性化等のためのアクションプラン	2010年12月24日	金融庁	適切な資金供給，プロ向け見直し，保険会社グループ所の創設，クロスボーダーの規制緩和，保険会社の資け投資運用業の規制緩和
50	保険会社のグループ経営に関する規制の見直しについて	2011年12月2日	金融審議会保険会社のグループ経営に関する規制のあり方WG	外国保険会社の買収等に会社の子会社等への与信再委託，保険契約の移転
51	企業グループ化に対応したインサイダー取引規制の見直しについて	2011年12月15日	金融審議会金融分科会インサイダー取引規制に関するWG	純粋持株会社等に係る重要ンサイダー取引規制の適用開買付けに関する公表措置
52	我が国金融業の中長期的な在り方について（現状と展望）	2012年5月28日	金融審議会我が国金融業の中長期的な在り方に関するWG	金融機能の向上・活性化に企業向け金融サービス＝グ開 個人向け金融サービス

照表（つづき）

ト	関連する制度改革	
の具体的方策	金融ADR（裁判外紛争解決）制度の創設（2010年）	
の規定整備，為替取引を銀	サーバー型前払式支払い手段への規制の導入（2010年）	資金移動業者（登録制）の創設（2010年）
ナンス強化，ガバナンス機実，投資者による議決権行スに係る規律付け		
	貸付条件変更等の努力義務（2009年）	中小企業金融の円滑化（2009年）
ッジファンド規制，証券決決算，投資家保護・取引の	証券会社の連結規制・監督の導入（2011年）*	店頭デリバティブ取引等に関する清算機関の利用の義務付け（2012年）
の整備，開示制度・運用の の制度整備，総合的な取引関連，資産流動化スキーム用比率規制の撤廃，プロ向	資産流動化スキーム規制の弾力化（2011年）	ライツ・オファリングに係る制度整備（2012年）
	銀行・保険会社等金融機関本体によるファイナンス・リース活用の解禁（2012年）	保険会社の資産運用比率規制の撤廃（2013年）
	総合的な取引所の実現に向けた制度整備（2014年）	いわゆるプロ向けファンドに関する規制（2016年）
会社の業務範囲規制，保険人口与信規制，保険募集の規制のあり方	保険会社グループ内の業務代理等の届出制（2011年）	同一グループ内の保険会社を保険募集の再委託者とする制度の導入（2012年）
	子会社（外国の保険会社）の業務範囲規制の特例（2012年）	保険契約の包括移転に関する規制の見直し（2012年）
，企業の組織再編に係るイ，発行者以外の者が行う公	インサイダー取引規制に係る見直し（2013年）	
た官民「共働」の取組みバルな展開・ローカルな展		

表 1-5 各種報告書と規制

	報告書	年月日	報告主体	ポ
53	投資信託・投資法人法制の見直しに関するWG最終報告	2012年12月12日	金融審議会投資信託・投資法人法制の見直しに関するWG	【投資信託】投資信託運営判断のための環境整備, 複一層の顧客本位の目線 【投資法人】財政基盤の安されるための取引の透明性
54	近年の違反事案及び金融・企業実務を踏まえたインサイダー取引規制をめぐる制度整備について	2012年12月25日	金融審議会金融分科会インサイダー取引規制に関するWG	情報伝達・取引推奨行為による違反行為に対する課業実務を踏まえた規制 (公イダー取引等の未然防止か
55	金融システム安定等に資する銀行規制等の見直しについて	2013年1月25日	金融審議会金融分科会金融システム安定等に資する銀行規制等の有り方に関するWG	【国際的な潮流への対応】みの整備, 外国銀行支店に供与等規制の見直し 【我が国金融業の更なる機有規制 (いわゆる5%ルール理・直媒介に係る規制の見
56	新しい保険商品・サービス及び募集ルールのあり方について	2013年6月7日	金融審議会新しい保険商品・サービスの提供等の在り方に関するWG	【保険商品・サービス】新グループの業務範囲の拡大 【保険募集・販売ルール】保険募集人の義務, 募集規る規制の見直し
57	金融審議会新規・成長企業へのリスクマネーの供給のあり方等に関するWG報告	2013月12月25日	金融審議会新規・成長企業へのリスクマネーの供給のあり方等に関するWG	事業化段階等におけるリドファンディング, 非上場チャーキャピタルの活用の資金調達の円滑化
58	「責任ある機関投資家」の諸原則＜日本版スチュワードシップ・コード＞～投資と対話を通じて企業の持続的成長を促すために～	2014年2月26日	日本版スチュワードシップ・コードに関する有識者検討会	日本版スチュワードシップ
59	投資家の保護及び成長資金の円滑な供給を確保するためのプロ向けファンドを巡る制度のあり方	2015年1月28日	金融審議会投資運用等に関するWG	適格機関投資家等特例業務度 (追加届出の必要等) の

4. 制度改革とそれに関連する報告書との関係

表（つづき）

	関連する制度改革	
率性の向上，合理的な投資 するリスクへの対応，より の向上，資家からより信頼 呆，その他の規制の見直し	投資信託・投資法人に関する規制 （2014年）	
る規制等，「他人の計算」 の見直し，近年の金融・企 付け等）の見直し，インサ た取組み		
幾関の秩序ある処理の枠組 る規制の見直し，大口信用 化】銀行等による議決権保 見し，外国銀行の業務の代 等		
保険商品の販売，保険会社 同行為制度の活用促進 募集の基本ルールの創設， 適用範囲，保険仲立人に係	保険募集人の体制整備義務の創設 （2016年）	
ネーの供給促進策（クラウ の取引等，保険子会社ベン 規上場の推進策，上場企業	店頭デリバティブ取引規制の整備 （2015年）	
ード：7原則	日本版スチュワードシップ・コードの公表（2014年）	
例投資運用業務に係る新制		

表 1-5 各種報告書と規制

	報告書	年月日	報告主体	ホ
60	コーポレートガバナンス・コード原案〜会社の持続的な成長と中長期的な企業価値の向上のために〜	2015年3月5日	コーポレートガバナンス・コードの策定に関する有識者会議	5つの基本原則
61	金融グループを巡る制度のあり方に関する報告	2015年12月22日	金融審議会 金融グループを巡る制度のあり方に関するWG	金融グループにおける経営集約等を通じたシナジーITの進展に伴う技術革新
62	決済高度化に向けた戦略的取組み	2015月12月22日	金融審議会決済業務等の高度化に関するWG	金融・IT融合に対応した支える決済サービスの高度革),仮想通貨への対応
63	建設的な対話の促進に向けて	2016年4月18日	金融審議会ディスクロージャーWG	制度開示の開示内容の整理の開示の充実,より適切なるための見直し
64	投資家への公平・適時な情報開示の確保のために	2016年12月7日	金融審議会市場WG フェア・ディスクロージャー・ルールTF	フェア・ディスクロージャー発行者が第三者に提供するも提供されることを確保す
65	国民の安定的な資産形成に向けた取組みと市場・取引所を巡る制度整備について	2016年12月22日	金融審議会市場WG	顧客本位の業務運営（フティー），資産形成におけへの対応，取引所グループ所外の取引
66	オープン・イノベーションに向けた制度整備について	2016年12月27日	金融審議会金融制度WG	オープン・イノベーション代行業者の取扱い

(注) 1. 報告書の欄においては，金融審議会以外の報告書を網掛けしている．
  2. 関連する制度改革の欄においては，第Ⅰ期（1998〜2003年），第Ⅲ期（2009〜2012年）を網掛けし
  3. ＊印は監督・検査のための規制．
(出所) 筆者作成．

4. 制度改革とそれに関連する報告書との関係

照表（つづき）

ト		関連する制度改革	
		コーポレートガバナンス・コードの公表（2015年）	
の充実，共通・重複業務の・コスト削減効果の発揮，対応		IT進展等に対応するための銀行グループ規制の見直し（2017年）	
ベーション，企業の成長を済インフラ改革（5つの改		仮想通貨規制の創設（2017年）	電子端末型プリカへの対応（2017年）
		電子債権記録機関間のデータ移動を可能とする措置（2017年）	
通化・合理化，非財務情報総会日程の設定を用意とす			
ール（公表前の内部情報をに当該情報が他の投資家にール）			
ューシャリー・デューFの活用，取引の高度化務範囲，市場間競争と取引			
けた環境整備，電子決済等		仮想通貨規制の創設（2017年）（再掲）	

る．

【参考1】金融庁関連以外の会議

	報告書	年月日	報告主体	ポ
1	40の勧告（1996年改正）	1996年6月	FATF（資金洗浄に関する金融活動作業部会）	疑わしい取引の届出の対象
2	規制改革推進3か年計画（改定）	2002年3月29	総合規制改革会議	銀行等における投資信託等の改革　等
3	規制改革の推進に関する第2次答申－経済活性化のために重点的に推進すべき規制改革－	2002年12月12	総合規制改革会議	金融サービス業の発展のための制度整備，証券市場の
4	40の勧告（2003年改正）	2003年6	FATF（資金洗浄に関する金融活動作業部会）	本人確認等の措置を講ずべ
5	規制改革・民間開放推進3か年計画	2004年3月19	総合規制改革会議	銀証保分野における規制緩
6	最高裁判所判決	2006年1月13日	最高裁判所	グレーゾーン金利の原則無
7	最高裁判所判決	2008年6月20	最高裁判所	ヤミ金融業者に対する返済
8	成長ファイナンス推進会議　とりまとめ	2012年7月9日	成長ファイナンス推進会議	成長マネーの供給拡大策

【参考2】その他

	報告書	年月日	報告主体	ポ
1	事務ガイドライン・監督指針	1998年	金融監督庁	
2	異業種による銀行業参入等新たな形態の銀行業に対する免許審査・監督上の対応（運用上の指針）	2000年5月30	金融再生委員会・金融監督庁	
3	ヤミ金融対策法	2004年4月1	議員立法	
4	保険業法施行令・施行規則改正	2007年6月13	金融庁	
5	振り込め詐欺救済法	2008年6月21	議員立法	

4. 制度改革とそれに関連する報告書との関係

ト	関連する制度改革	
の拡大　等	組織的犯罪に対する処罰の強化 (2000年)	
口販売業務, 証券決済制度	銀行本体による信託業務の解禁 (2002年)	
基盤整備, 資産流動化のた 整備　等	許可外国証券業者制度の導入 (2003年)	
業者の班にの拡大　等	本人確認・疑わしい取引の届出義務等の対象事業者の拡大等 (2007年)	
	保険会社の子会社規制の緩和 (2006年)	銀行代理業制度の創設 (2006年)
	貸金業に対する上限金利の引下げ・総量規制の導入等 (2008年)	貸金業のグレーゾーン金利の廃止 (2010年)
更	貸金業に対する上限金利の引下げ・総量規制の導入等 (2008年)（再掲）	貸金業のグレーゾーン金利の廃止 (2010年)（再掲）
	休眠預金の活用 (2017・18年)	

ト	関連する制度改革	
	アームズ・レングス・ルールの導入 (1998年)	
	異業種による銀行業参入規制の導入 (2000年)	
	貸金業の登録要件の厳格化 (2004年)	違法な高金利での貸付け契約の無効化 (2004年)
	保険契約のクーリング・オフの適用の拡大 (2007年)	
	被害者の財産的被害の迅速な回復 (2008年)	

ここでは，制度改革の前年に報告書が公表されていると想定して，制度改革の時期と1年ずつずらして4つの区分に整理して分析している．この方法によれば，報告書数は第ⅰ期（1997～2002年）が20件，第ⅱ期（2003～2007年）が21件，第ⅲ期（2008～2011年）が10件，第ⅳ期（2012～2016年）が15件となる．

なお，第ⅲ期は，リーマンショック・世界金融危機の影響から，これ以外にも国際会議における検討が行われているため，他の時期よりもやや少なめとなっている．

(2) 検討の場と報告書
(a) 金融審議会における検討

金融審議会では，証券分野などの直接金融を扱う第一部会（証券取引審議会の後身），銀行・保険分野などの間接金融を扱う第二部会（金融制度調査会・保険審議会の後身）を中心にワーキング・グループなどを設けて検討しており，全報告書66件の8割弱にあたる51件が作成・公表されている．特に，中長期的な検討課題や規制の新設に関する制度改革については，必ずと言っていいほど金融審議会で検討されている．

報告書の形式としては，総会による報告書ではなく，第一部会，第二部会やワーキング・グループ（WG）等の報告書という形式が9割を占めている．

報告書の公表時期で比較してみると，第ⅰ期では総会または第一部会，第二部会の報告書という形式をとっていたものの，徐々にWG等の報告書という形式に移ってきた．このようななか，2009年に誕生した民主党政権が政治主導を掲げたため，2010年1月に金融庁政務三役指示の形式がとられるなど，民主党政権下では金融審議会やその傘下の部会・WG等は開催されず，金融審議会の見直しが検討された[15]．2011年3月になって第一部会・第二部会・特別部会とともに，既存のWGは廃止されることとなり，その後は，政務三役による諮問の都度，WG等が設けられることとなった[16]．このため，第ⅲ期の最

---

15) 金融庁三役とは，金融庁担当の大臣・副大臣・大臣政務官を指す．
16) 金融審議会傘下の公認会計士部会・自動車賠償責任保険制度部会については，金融庁設置法上，調査審議事項として明記されているため存続することとされた．

4. 制度改革とそれに関連する報告書との関係

表1-6 検討の場と報告書数の関係

	カテゴリー別	シェア (%)	i 1997～2002年	ii 2003～2007年	iii 2008～2011年	iv 2012～2016年
報告書数	66		20	21	10	15
金融審議会	51	77.3	13	17	8	13
総会	*4*	*7.8*	4			
第一部会	*9*	*17.6*	4	5	2**	
第二部会	*17*	*33.3*	5	10	2	
公認会計士制度部会	*1*	*2.0*		1		
WG等	*18*	*35.3*		1	4	13
金融審議会以外の会議	15		7	4	2	2
自動車損害賠償保険審議会	1		1			
企業会計審議会	1			1		
金融システム改革連絡協議会	1		1			
政府・与党協議会	2		2			
金融PT・懇談会	4		1	1		2
金融庁	6		2	2	2	

(注)　第一・第二部会合同部会報告書（2008年12月17日）については**印に含めている．
(出所)　著者作成．

後にあたる2011年以降，総会は事後報告の場として機能するだけで，WG中心の運営となっている．

この結果，金融審議会は，従前の重層的な構造からスリム化が図られている．

表1-7で示されているとおり，金融制度に関する制度改革，すなわち100の規制のうち58件が金融審議会の場で検討されている．報告書と制度改革の関係を見てみると，第i期・第ii期がそれぞれ3分の1ずつであり，第iii期・第iv期の2倍程度となっている．

また，報告書の公表時期と制度改革の実施時期を比べると，約85％の制度改革が同じ時期に実施されており，報告書が公表されるとすぐに実施されていることがわかる．これは，金融審議会においては，当然，何らかの目的をもって審議されており，また，一定の審議期間を経て公表されていることから，可能な限り制度改革を実施に移そうとしていることの現れである．逆に言えば，手元に保有している株券（いわゆるタンス株券）への対応が必要なために株券ペーパーレス化の本格導入に相当な時間を要した例など，種々の障害がある場合に限ってすぐに実施されないという例外的な対応がごく稀に存在している．

表 1-7 報告書と規制（制度改革）の関係

			報告書数	規制数	I 1998～ 2003年	II 2004～ 2008年	III 2009～ 2012年	IV 2013～ 2017年
金融審議会	i	1997～2002年	13	20	14	5	1	
	ii	2003～2007年	17	20 (24)		18 (19)	2 (4)	0 (1)
	iii	2008～2011年	8	11			10	1
	iv	2012～2016年	13	7 (8)				7 (8)
		小計	51	58 (63)	14	23 (24)	13 (15)	8 (10)
金融審議会以外	i	1997～2002年	7	17	17			
	ii	2003～2007年	4	1		1		
	iii	2008～2011年	2	7			4	3
	iv	2012～2016年	2	2				2
		小計	15	27	17	1	4	5
	i	1997～2002年	20	37	31	5	1	
	ii	2003～2007年	21	21 (25)		19 (20)	2 (4)	0 (1)
	iii	2008～2011年	10	18			14	4
	iv	2012～2016年	15	9 (10)				9 (10)
		総計	66	85 (90)	31	24 (25)	17 (19)	13 (15)

(注) （ ）内は再掲を含む件数.
(出所) 筆者作成.

【参考1】金融庁以外の会議等

	報告書数	規制数	I	II	III	IV
規制改革関連	3	4	2	2		
ＦＡＴＦ勧告	2	2	1	1		
政府関連会議	1	1				1
最高裁判所判決	2	2 (4)		1 (2)	1 (2)	
総計	8	9 (11)	3	4 (5)	1 (2)	1

(注) （ ）内は再掲を含む件数.

【参考2】その他

	報告書数	規制数	I	II	III	IV
監督指針等	2	2	2			
議員立法	2	3		3		
政省令	1	1		1		
総計	5	6	2	4		

(b) 金融審議会以外の場における検討

　表 1-7 に示すとおり，金融審議会以外の場で検討された制度改革が実施に移された事例は金融審議会の半分程度の 27 件となっている．しかしながら，こ

のうち 14 件は 1998 年金融システム改革法によるものであるので，これを除くと 13 件（金融審議会の 2 割強）となっており，制度改革は報告書数の 15 本とほぼ同数となっている．

　金融審議会以外の場としては，まずは自動車賠償責任保険審議会や企業会計審議会が挙げられる．これらは金融審議会以外ではあるものの，金融庁の審議会という点では同じ性格を持っている．

　また，金融システム改革連絡協議会についても，旧大蔵省（財務省・金融庁）傘下の審議会会長を構成員とする連合体であり，審議会の一形態といえる．

　次に，金融庁の前身である金融監督庁には，法律立案機能がなく，金融審議会等は大蔵省金融企画局に存在した．このため，1998～2000 年の間，金融の監督・検査に関係する課題，例えば不良債権問題に対する緊急対応などについては，事の重要性・緊急性もあり，国会議員主導の政府・与党金融再生トータルプラン推進協議会において議論されている．

　また，2002 年 10 月には金融担当大臣の交代に伴い生じた金融庁事務方との摩擦を解消するため，外部有識者が主導する金融分野緊急対応戦略プロジェクトチームが創設され，この場で不良債権問題への対応策である金融再生プログラムがまとめられた．

　上述したとおり，2009 年に発足した民主党政権では政治主導のもと，金融審議会を一時凍結し，2010 年 1 月には金融庁政務三役（大臣等）による指示に基づく「金融・資本市場に係る制度整備について」が作成・公表されている．

　このほか，金融審議会等での検討は経ずに，閣議決定された政府の方針に従って制度改革する事例がある．これらは次のとおり整理できる．

① 閣議決定された基本方針等を実施に移すためのアクションプラン（工程表）に基づくもの

　2001 年の小泉政権以降（2008～2012 年を除く），6 月頃に経済財政に関する基本方針等を閣議決定し，夏から年末に掛けて具体的な行動計画を示すというパターンが定着している[17]．

---

17)　2001～2006 年は「経済財政運営と構造改革に関する基本方針」，2007～2009 年は「経済財政改革の基本方針」，2013～2017 年は「経済財政運営と改革の基本方針」として閣議決定している．なお，2006 年の 7 月を除き，6 月に閣議決定されている．

この例としては，(i)「経済財政運営と構造改革に関する基本方針2001」・「同2002」に基づく行動計画として2か月後にそれぞれ作成された『証券市場の構造改革プログラム』・『証券市場の改革促進プログラム』，(ii)「経済財政改革の基本方針2007」に基づく行動計画として6か月後に作成された『金融・資本市場競争力強化プラン』，(iii) 2010年6月に閣議決定された「新成長戦略 ～「元気な日本」復活のシナリオ～」に基づく『金融資本市場・金融産業の活性化等のためのアクションプラン』が挙げられる[18]．

②閣議決定された規制改革推進計画に基づくもの

この例としては，(i) 2002年3月に閣議決定された規制改革推進3か年計画（改定）に基づき2002年に解禁された銀行本体による信託業務，(ii) 2004年3月に閣議決定された規制改革・民間開放推進3か年計画に基づき2006年に創設された銀行代理業制度等が挙げられる[19]．

(3) その他金融に関する諸課題への対応

(a) 社会問題への対応

金融の自由化・国際化に伴い，1998年からの20年間，経済が低迷し，金利も超低水準で推移したため，①不良債権問題に始まり，②生命保険会社を中心とした逆ざや問題，③生損保業界を巻き込んだ保険金不払い問題，④カネボウをはじめとする粉飾決算問題，⑤貸し渋り問題，さらには⑥ヤミ金問題と2006・2008年の最高裁判所判決（グレーゾーン金利の廃止等）などの社会問題が発生し，そのたびに制度改革が実施されてきた．ただし，これらの制度改革は金融審議会等で審議され，それらに基づき実施されている．

(b) 緊急対応

上述した社会問題のほか，リーマンショックによる世界金融危機や東日本大震災の発生に対して緊急対応や国際協調が求められ，それらに基づき制度改革

---

[18] 2010年12月の『金融資本市場・金融産業の活性化等のためのアクションプラン』は民主党政権において政治主導のもと，金融審議会での審議を経ずに作成・公表されている．

[19] 2002年12月に閣議決定された規制改革の推進に関する第2次答申に基づき2003年には許可外国証券業者制度が創設されている．2004年3月に閣議決定された規制改革・民間開放推進3か年計画に基づき2006年に保険会社の子会社規制が緩和されている．

が実施されてきた．

　近年では，予想を超える ICT の急速な進展に伴い，仮想通貨やフィンテックへの対応が求められている．

(4) まとめ

　制度改革（規制の緩和・強化・新設）の際には金融審議会等の審議を経て実施に移されることが基本となっており，特殊な事情がない限り1〜2年以内には実施に移されている[20]．なお，金融審議会においては，制度改革にとどまらず，金融業のあり方などの中長期的課題や不良債権処理問題をはじめとする社会問題への対応などの検討も行われている．

　しかしながら，閣議決定された政府方針など，金融審議会以外で検討されて実施に移される制度改革も少なからず存在している．

　第2章以降では，業態別に制度改革が与えた影響について計量分析も交えつつ紹介する．

◆参考文献

金融監督庁（1999〜2000）『金融監督庁の1年（平成10〜11事務年度版）』，金融庁ホームページ（https://www.fsa.go.jp/common/paper/）．

金融庁（2001〜2017）『金融庁の1年（平成12〜28事務年度版）』，金融庁ホームページ（https://www.fsa.go.jp/common/paper/）．

金融庁の政策・審議会等，金融庁ホームページ（https://www.fsa.go.jp/policy/index.html）．

金融審議会等の報告書，金融庁ホームページ（https://www.fsa.go.jp/singi/index.html）．

金融庁所管法令，金融庁ホームページ（https://www.fsa.go.jp/common/law/index.html）．

規制改革関連公表資料，内閣府ホームページ（http://www8.cao.go.jp/kisei-kaikaku/index.html）．

預金保険機構（2007〜2017）『年報（平成18〜28年度）』，預金保険機構ホームページ（https://www.dic.go.jp/happyo/page_001991.html）．

---

[20] 85の規制について報告書が公表されてから実施に移されるまでは，平均してみると，翌々年となっている．

FDIC (1997), "Chapter 4 The Saving and Loan and Its Relation to Banking", *History of the 80s – Lessons for the Falure Volume I An Examination of Banking Crises of the 1980s and Early 1990s*, pp.167-188, FDIC Homepage (www.fdic.gov/bank/historical/history/167_188.pdf).

第 2 章　メガバンク：日本版金融ビッグバン後の経営動向

廉　　了

1. はじめに

　1996 年 11 月に「日本版金融ビッグバン」構想が公表され，金融機関の不良債権処理を進めるとともに，改革を通じてわが国金融・資本市場の自由度や信頼性を高め，ニューヨーク，ロンドン並みの国際市場に再生させることを標榜してから 20 年が過ぎた．

　この間，バブル崩壊後のデフレの長期化で景気が低迷し，不良債権問題が深刻化して金融システムの安定性確保に向けた制度整備が優先されたものの，かなり幅広く内容の濃い規制緩和や制度改革が実行されてきた．これにより，取引の公正性・透明性を確保する枠組み等が整備され，市場の発展や金融構造の転換を自由な競争を通じて進める環境が整ってきた．

　そうしたなか，不良債権の処理負担は重く，各行公的資金を受けながらも，大手行の再編が進み，日本版金融ビックバン以前は，都市銀行，信託銀行，長期信用銀行の大手行は 21 行あったが，現在では，その 21 行はメガバンク[1]を中心に 7 グループに再編されている．こうした再編にも制度改革が大きく寄与した．

　しかし，2008 年に，リーマンショックを契機とした欧米発で世界中に伝播

---

1)　本章におけるメガバンクとは，三菱 UFJ フィナンシャル・グループ，みずほフィナンシャルグループ，三井住友フィナンシャルグループ，りそなホールディングスの 4 グループを指す．

した金融危機が発生したが，従来の金融規制ではこうした金融危機を防ぐことができなかった反省と教訓を踏まえ，グローバルに業務展開している銀行を主に対象としたバーゼルⅢが2013年より段階的に導入されている．世界各地においても，米国独自の金融規制であるドッド・フランク法やEUにおける独自の金融規制強化など，各国・各地域独自の金融規制強化も進められている．

　また，近年の急速なデジタルイノベーションの進展を受け，銀行界においても，大手ICT[2]企業やベンチャー企業が積極的に進出し，デジタル技術を活用した金融サービスを提供されるようになっている．金融（Finance）と技術（Technology）が融合する，特にスマートフォン決済サービスを中心とする金融サービスの進化をフィンテックと呼ぶことが増えている．既存の銀行も，こうしたデジタル技術をとりこみ，新しい金融サービスを提供しつつ，新しい時代にマッチした自身のビジネスモデルの見直しや進化を模索している．

　以上のように，日本版金融ビッグバン以降，金融システムの発展・強化を目的に規制緩和や制度改正が進展しながら同時に，リーマンショックなどの新しい金融危機に対応すべく規制強化も世界的に同時に進行した．また，新しい技術革新の波が銀行業界にも押し寄せ新たな対応が求められる状況となっている．こうした事態は，銀行業界全体に影響するが，特にメガバンクは，展開している業務範囲も広く，地域についてもグローバルに広がっていることもあり，規制緩和・制度改革や新しい金融サービスを提供する企業と競合するケースが多い．メガバンクは，こうした環境の劇的変化に対し，いち早く対応することが求められる．

　ここでは，まず，この20年以上に及ぶ日本版金融ビッグバン後の規制緩和や制度改革がメガバンクの収益構造や財務内容にどう影響したのかを検証する．次に，日本版金融ビッグバン以降において，日本内外の銀行業や金融規制・制度に大きな影響を及ぼした2008年のリーマンショック・金融危機がどのようなものであったか，また，日本はどのようにして対応したかを，日本の金融危機と比較しながら検証する．その後バーゼルⅢについても概要を紹介しながら，

---

[2] Information and Communication Technology の略．従来のIT（Information Technology）と概ね同じ意味であるが，近年情報技術については，技術よりも，技術の活用や「人と人」「人とモノ」の情報伝達「コミュニケーション」に焦点が当たることが増えており，ICTを使うケースが増えている．

この規制を評価したい．最後に，今の銀行業にとっての最大のテーマで世間的な関心も強いフィンテックやキャッシュレスについて業務的な観点を中心に捉え，現状や業界の取組み状況を紹介し，今後どう取り組むかについて述べたい．

2. 規制緩和や制度改正がメガバンクの業績にどう影響しているか

　日本版金融ビッグバン以降の規制緩和がメガバンクの業績にどの程度影響を及ぼしたのだろうか．それを見るために，メガバンクの銀行単体とグループ全体の業務粗利益で検証した．

(1) 銀行単体の業績の推移

　銀行単体の収益構造の変化を見るため，業務粗利益の推移を見ると，過去20年間増えておらず，むしろ減っている（図2-1）．この減少の主要因は，資金運用収支の減少で日本銀行による低金利政策（ゼロ金利やマイナス金利政策）や量的金融緩和政策によるイールドカーブのフラット化により，銀行の利鞘が長期間縮小し，今後も低下することが見込まれている影響が大きい．近年は，国内業務の収益減少をカバーすべく，海外貸出の増強が図られていたが，FRBの利上げに伴うドル調達コストが上昇したため，こうした国際業務の収益も不芳となっている．

　運用資産残高についても，過去20年間で見ると，貸出は近年増えてはいるものの，20年前の水準に止まり，保有株式も持ち合い解消が進展しているため減少が続いている．また，保有国債については，2011年までは増加していたが，近年急速に減少している．一方，日銀当座預金を含む現金預け金は，保有国債が減少するのに代わり，近年急増している（図2-2）．特に日銀当座預金については，2001年3月以降，中断がありながらも導入した日本銀行の量的金融緩和政策（Quantitative Easing : QE）や，日銀の黒田総裁が2013年4月に導入し今日まで続く量的・質的金融緩和政策（Quantitative-Qualitative Easing : QQE）により激増した．メガバンクは，日本銀行に保有国債を売却することにより，代金として日銀当座預金を受け取り，同預金に歩留まっている．メガバンクが日本銀行に保有国債を売却している背景には，日本国債を多額に保有

するリスクを懸念する声が内外で高まり，そうしたリスクを回避する目的もあったと思われる．国債日銀当座預金については，基本的に利息は付かず，付いても QE における超過準備預金に対する 0.1％程度であり，貸出や債券の金利と比べれば少ない．マイナス金利導入により，マイナス金利が適用されるケースもある[3]．

こうした運用の金利面と量面での運用環境が悪化したことで，銀行の資金運用収支が悪化し，業務粗利益全体が減少したものと思われる．

しかし，手数料収入である役務取引等収支を見ると増えている．1997 年度におけるメガバンクの主要子銀行である都市銀行[4] の役務取引等収支は 5,419 億円と業務粗利益全体の 10％程度であったが，2017 年度には 1 兆 2,762 億円

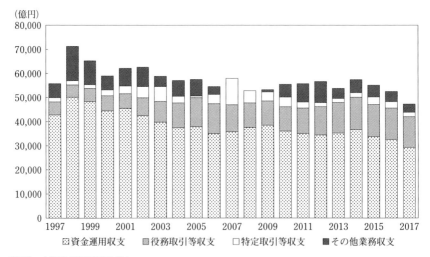

図 2-1　都市銀行の粗利益構成の推移

(資料)　全銀協「財務諸表分析」．

---

3)　メガバンクの主要子銀行については，マイナス金利が適用される日銀当座預金はないが，傘下信託銀行についてはマイナス金利を適用される日銀当座預金が多額存在する．これは，投資家から預かった運用資金の余資をマイナス金利の影響で短期金融市場において運用できないため，銀行勘定で預かるケースが増えたためと思われる．
4)　ここでの都市銀行は，三菱 UFJ 銀行，みずほ銀行，三井住友銀行，りそな銀行，埼玉りそな銀行を指す．

図2-2 都市銀行の主要バランスシート項目の推移

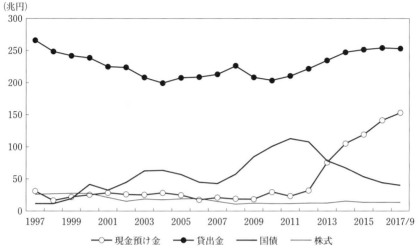

―○― 現金預け金　―●― 貸出金　―― 国債　―― 株式

(資料) 全国銀行協会「財務諸表分析」.

と激増し，業務粗利益の27％を占めるまでに至っている．ここ5年間の役務取引等収支は横ばい状態となっているが，安定的に1.2兆円以上の水準が続いており，資金運用収支の減少が続いているだけに，銀行の収益を下支えしている．

　これは，①銀行における投資信託の窓口販売解禁（1998年12月）や保険商品の窓口販売解禁（2001年4月）により，銀行窓口での投信・保険販売が拡大しそれに伴い販売手数料や信託報酬が増加したこと，②銀行による信託業務解禁（2002年2月）や信託銀行以外での相続関連業務解禁（2004年12月）によるグループ信託銀行の代理店としての遺言信託取扱い開始等により，信託商品取扱い手数料が増えたこと，③その他，シンジケートローンや流動化・証券化商品等，法人関連の投資銀行関連商品を取り扱うことによる手数料増加，などの要因によるものと思われる[5]．つまり，銀行が取扱い可能な商品が，規制緩和により著しく増え，その効果が手数料増加＝役務取引等収支に反映したものと

---

[5] 保険商品の銀行窓口販売は，対象が徐々に拡大しながら解禁され，全面解禁は2007年12月である．

思われる．

これまで，メガバンクは，利鞘の縮小に苦しみ手数料増強を戦略の中心に据え，投信・保険窓販増強や投資銀行業務の強化を行ってきたが，業務粗利益全体を底上げするまでではないが，着実に成果が出ており，手数料はすでに業務の根幹を形成するまで当該業務が成長しているといえる．

(2) メガバンクの業績

メガバンクのグループ連結粗利益の構成を見ると，主要子銀行の粗利益は2005年度の6兆4,885億円から2017年度は5兆2,607億円に減少する一方，銀行以外の子会社の粗利益は，2005年度の1兆9,826億円から2017年度には4兆425億円と大きく増えている（図2-3）．メガバンクのグループ全体の業務粗利益も2005年度の8兆4,711億円から2017年度には9兆3,032億円と増えていることからわかるように，メガバンクのグループ全体の収益は，中核である主要子銀行が収益の減少に苦しむなか，銀行以外の子会社の収益で支えられている．

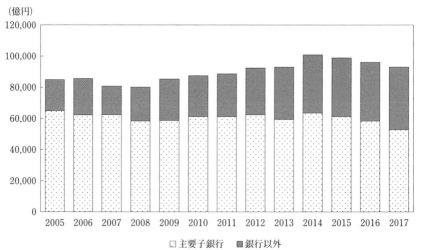

図2-3　メガバンクの連結粗利益の推移

(注)　主要子銀行には、メガバンク内の信託銀行や埼玉りそな銀行、近畿大阪銀行も含む。
(資料)　各行決算資料をもとに筆者作成。

メガバンクの銀行以外の子会社の収益が拡大したのは，各行が銀行以外の証券会社やリース会社，カード会社，消費者金融会社，投信会社，投資顧問業，海外の会社等多様な会社を買収や出資比率引上げによりグループの傘下にしたことに加え，各種の規制緩和が貢献している．

　特にメガバンク傘下の証券子会社については，従来禁止されていた株式関連業務への新規参入が認められ，1997年10月に，①転換社債，ワラント債の発行・流通業務，②株価指数先物や株価先物オプションの流通業務が，1999年10月に③現物株式の発行，流通業務が可能となった．こうした業務範囲の拡大に関する規制緩和が証券子会社の業容拡大に寄与したものと思われる．

　また銀行の証券子会社については，従来，証券会社の役員と親銀行等の役職員兼任禁止や親銀行メイン先の主幹事就任禁止（メインバンク規制）をはじめとしたさまざまな弊害防止措置があったが，その後こうした弊害防止措置も徐々に撤廃・緩和された．こうした規制緩和も証券子会社の業容拡大に貢献したものと考えられる．

(3) メガバンクの業容拡大に貢献した金融持株会社の解禁

　特に，メガバンクの銀行以外の子会社のプレゼンス拡大については，金融持株会社を中心とする組織体制も大きな影響を与えている．

　1997年12月に改正独占禁止法が施行され，持株会社の設立が50年ぶりに解禁されたのを受け，銀行や証券会社，保険会社などの金融機関を傘下に持つ金融持株会社も1998年3月に解禁された．そのため，2000年以降，メガバンクは次々に持株会社を設立させた（表2-1）．

　これにより，銀行の業務範囲拡大や銀行持株会社傘下の銀行以外の子会社の規制緩和も進んだため，メガバンクは，組織体制の見直しや買収などの戦略上のとりうる選択肢が増えた．そのため，従来だと自ら子会社を一から立ち上げ展開せざるをえなかったが，国内の銀行以外の業態の買収や提携，海外の金融会社の買収など，戦略上の選択肢が広がり，かつ戦略を実行しやすくなった．つまりメガバンクは戦略性を持った買収や業務運営を行う環境が整ったといえ，それが銀行以外の子会社の業務拡大にも貢献していると思われる．

　また，銀行グループ規制の見直しも進められ，フィンテック企業の取り込み

表 2-1 金融持株会社に関わる制度改正とメガバンクの持株会社設立

時期	制度改革	メガバンクの持株会社設立
1998 年	金融持株会社整備法施行	
1999 年	株式交換・株式移転制度創設	
2000 年		「みずほホールディングス」設立
2001 年	会社分割制度創設 企業組織再編税制導入	「三菱東京フィナンシャル・グループ」設立 「UFJ ホールディングス」設立 「りそなホールディングス」設立
2002 年		「三井住友フィナンシャルグループ」設立
2003 年		「みずほフィナンシャルグループ」設立
2005 年		「三菱 UFJ フィナンシャル・グループ」誕生

(出所) 各種資料をもとに筆者作成.

やグループ管理の高度化を進めやすくなるような制度改正も進められたこともそうしたメガバンクの戦略上の選択肢の拡大に寄与している.

(4) 持株会社体制におけるコーポレートガバナンス改革

メガバンクはすべて持株会社体制となり,多くのかつ幅広い子会社を傘下にするようになると,各社,市場からの要請もありコーポレートガバナンス体制の改革を実行している.各社のコーポレートガバナンス体制は,すべて一致しているわけではないが,共通して言えることは,グループ経営の高度化の一環として,①持株会社の執行と監督の分離による取締役会の監督機能の強化と,②委員会の再編による実効的・効率的なガバナンス態勢の構築である.その背景にあるのは,メガバンクの中の 3 グループがバーゼル Ⅲ における G-SIBs [6] [7] とされており,海外のステークホルダーがより理解しやすいコーポレートガバナンス態勢の構築を望まれているためである.

具体的には,①取締役会は,グループの経営監督機能を担い過半数は社外取締役で構成.社外取締役の経歴は,企業経営者,金融専門家,弁護士,公認会

---

6) Global Systemically Important Banks の略で「グローバルなシステム上重要な銀行」のこと.金融安定理事会 (FSB) が世界的な金融システムの安定に欠かせないと認定した銀行.認定された銀行は,世界の主要行 30 行.

7) 2012 年までは G-SIFIs (Global Systemically Important Financial Institutions) が使われていたが,2013 年に G-SIIs (Global Systemically Important Insurers,グローバルなシステム上重要な保険会社) も公表されているため,銀行については G-SIBs と呼ぶ.つまり,G-SIFIs = G-SIBs + G-SIIs.

計士等,多様な知見・専門性を備えた人材.②取締役会には,会社法が定める法定の「指名委員会」,「報酬委員会」,「監査委員会」や,任意で設置している「リスク委員会」などが設けられており,すべての委員会は,少なくとも委員の過半数が社外取締役で構成され,各委員会の委員長も社外取締役とするケースが多く業務執行から離れた客観的な審議が行われる態勢が構築されている(図2-4).

こうしたコーポレートガバナンス体制の構築は株主サイドからの要請に応えるだけでなく,各メガバンクの業務が主たる銀行以外にも拡大しているため,

図2-4 邦銀大手行のコーポレートガバナンス体制
〜三菱UFJフィナンシャル・グループの事例〜

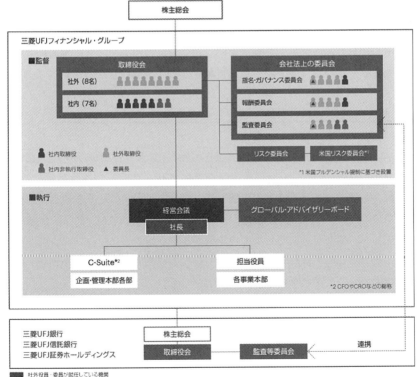

(資料) 三菱UFJフィナンシャル・グループ.

新たなガバナンス体制を構築することが必要となった面も大きいと思われる．つまり，日本版金融ビッグバンによる規制緩和により，メガバンクの体制改革も不可避となったともいえる．

(4) 日本版金融ビッグバンの規制緩和はメガバンクにおいて一定の成果あり

メガバンクの業績を見ると，日本版金融ビッグバンの規制緩和の成果は，銀行単体の役務取引等収支（＝手数料収入）の増加や，グループの銀行以外の子会社の業容拡大となって表れている．もちろん，過去20年の日本経済の低成長やデフレ持続，低金利・マイナス金利政策の導入により，銀行の収益は芳しくない環境が続いており，全体の収益が低迷しているため，こうした規制緩和の効果が，銀行の収益を押し上げるまでには至っていないが，下支えしていることは確かである．また，こうした規制緩和は，メガバンクのコーポレート・ガバナンス改革にもつながっていると思われる．

今後も銀行にとって厳しい環境が続くが，規制緩和や制度改正が銀行の収益構造の変革やビジネスモデル改革に貢献することを期待したい．

3. 日本版金融ビッグバン後の新たな変化：リーマンショック

日本版金融ビッグバン以降，100兆円以上の不良債権処理損失を出しながらも，邦銀は2004年には不良債権問題を終結させ金融システムは正常化した．その後，金融ビッグバンによる規制緩和の効果を実現すべく，各銀行は業務運営していたが，2008年に発生したリーマンショックにより，世界の金融地図が一変し，欧米を中心にそれまでの規制緩和から規制強化へと当局の舵が切り換えられた．ここでは，銀行の規制環境を大きく変えたリーマンショックの発生の経緯について触れたい[8]．

(1) リーマンショックのきっかけはサブプライム問題の発生

2008年9月15日に米大手証券会社であるリーマン・ブラザーズが破綻したことをきっかけに世界的な金融危機が発生したが，そのきっかけとなったのは，

---
[8] リーマンショックの詳細については，第7章第8節参照．

3. 日本版金融ビッグバン後の新たな変化：リーマンショック

表2-2　リーマンショック前後の年表

<2007年>	6月22日	ベア・スターンズ，傘下ファンドへ資金支援
	8月9日	BNPパリバ，傘下ファンドの新規募集や解約を凍結
		サブプライム問題発生
	9月14日	英当局，ノーザンロックに緊急融資（英国で140年ぶりの取り付け騒ぎ）
<2008年>	3月16日	JPモルガン，ベア・スターンズを買収
	9月7日	米財務省，ファニーメイ，フレディマックへの支援策を発表
	9月15日	リーマン・ブラザーズ，連邦倒産法第11章適用を申請し破綻
	9月15日	バンク・オブ・アメリカがメリルリンチを救済合併
		リーマンショック発生
	9月16日	FRBがAIG救済策を公表
	9月19日	ポールソン財務長官，金融安定化策（公的資金7,000億ドル等）発表
	10月3日	緊急経済安定化法成立（9月29日，下院で一旦否決）

(資料)　各種資料をもとに筆者作成．

前年の2007年8月9日にBNPパリバの傘下ファンドの新規募集や解約が凍結され，サブプライム問題が顕在化したことである．

　サブプライム問題により，欧米金融機関が大量に保有する証券化商品から多額の損失が発生することとなり大手金融機関が次々と破綻，米当局は他の大手行に救済させてきたが，こうした手法は弥縫策に過ぎず，リーマン・ブラザーズが破綻したのは，この手法が限界に達したことを意味したのである．

(2) サブプライム問題とは

　サブプライムローンとは，クレジットカードで延滞を発生させるなど信用力の低い個人や低所得者層を対象にした高金利の住宅ローンである．米国では住宅ブームを背景に2004年頃から住宅ローン専門会社などが貸付けを増やし，融資残高は2006年末には1.3兆ドル程度に達し住宅ローン全体の1割を占めるまでに至った．しかし，このサブプライムローンの延滞が2007年頃より急増し，2008年には30日超の延滞債権の比率が20％を超えるようになり，サブプライム問題が意識されるようになった．

　サブプライムローンは昔から存在しており，しっかりリスク管理がされてい

れば問題はない．しかし，サブプライムローンが急増した背景には，新型の商品が取り扱われたため問題が深刻化したことが挙げられる．特に問題が多かった商品は，①インタレストオンリー（当初の2～10年間は固定金利の利払いのみで，元本支払いは据え置かれる商品），②オプションARM（最低支払金額を自ら設定．支払額を金利以下に設定することも可），③提出書類軽減（ローン申込時における証明書類提出を軽減．所得証明不要の場合も），などの商品であり，こうした商品はサブプライムローンだけでなく，プライムローンにおいても導入された．

　こうした商品は，実質購入住宅を転売することが前提となっているケースも多く，実質投機に使われていた思われる．しかし住宅価格が上昇している間は担保価値が高まり，ローンの借換えなどが可能になるため，貸し倒れなどは少なかった．また住宅価格の上昇が止まり，金利が上昇したことから，返済不能に陥るケースが相次ぎ問題を深刻化させた．

(3) 証券化商品にサブプライムローンを組み込んだことで問題が広く伝播

　こうしたサブプライムローンを証券化商品に組み込んだことで，問題を複雑にした．そもそも，証券化することを前提にローンが実行される場合，組成する業者は損失リスクを負わないため，審査が杜撰となるケースも多かったようで，その分ローンの質も劣化していた．こうしたローンを担保に，証券会社が証券化商品（RMBS）を組成し，さらにRMBSを裏付けにした債務担保証券（CDO）を生成した（図2-5）．こうしたRMBSやCDOを世界中の金融機関やヘッジファンドなどに売ったため，サブプライムローンの損失リスクを誰がどれだけ抱えているかが見えなくなり，投資家は疑心暗鬼に陥ったことで，欧米金融機関の証券化商品に関する業務が機能不全に陥り，問題が広く全世界に広がり，リーマンショックへと結びついたのである（図2-6）．

(4) リーマンショックの教訓とは：日本の金融危機との比較

　われわれがリーマンショックや日本の金融危機から学べる点は多く，次の金融危機発生を未然に防いだり，仮に金融危機が発生しても的確に対応できる教訓が多く存在する．しかし，リーマンショックと日本の金融危機と比較すると

図2-5 住宅ローン証券化商品の組成プロセス

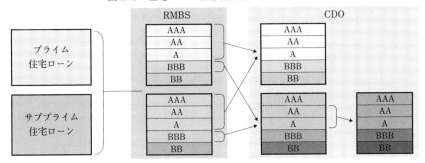

(資料) 各種資料をもとに筆者作成.

図2-6 サブプライム問題の波及経路

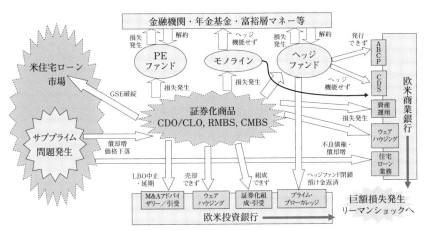

(資料) 各種資料をもとに筆者作成.

共通点と相違点が存在し,すべて同じではない.

共通点として挙げられるのは,①両者ともに不動産価格の値上がりを前提として融資が行われたこと,②不動産価格の下落が金融危機発生の発端となっていること,③金融機関の業務や金融市場の混乱が実体経済に波及したこと,④金融システムの危機につながったことであろう.

また,相違点として挙げられるのは,①日本の金融危機は日本国内に限定さ

れたのと違い，リーマンショックは証券化商品を通じ，リスクが世界中に伝播した地域的広がりが異なること，②日本では，銀行のバランスシートにリスクが集中していたのと異なり，リーマンショックは，商業銀行，投資銀行のみならず，ファンドなどの機関投資家にまで波及した業態的広がりが異なること，③日本の金融危機時は，日本銀行が金融機関や市場に潤沢に資金を供給したのと異なり，リーマンショックでは急速に資金（特にドル資金）が枯渇した流動性の状況の相違，④日本の金融危機の波及速度は比較的遅かったが，リーマンショックは早かった危機の進展のスピード感の相違，があげられる．こうした相違は，欧米の場合，直接金融中心で，銀行がO&D（Originate & Distribute）ビジネスモデルで必ずしも銀行がリスクを抱えているわけではなく，リスクが投資家に分散しやすい構造であるのに対し，日本の場合，間接金融中心で，リスクが商業銀行に集約しやすいこととも関係している．

　いずれにしても，日本の金融危機とリーマンショックから学べるのは，①迅速かつ正確な損失額を認識することの重要性，②バランスシートから不良資産をいち早く切り離し，追加損失の発生を避けること，③潤沢に市場に流動性を供給することが危機の伝播スピードを和らげること，④金融機関が資本不足に陥ったとき，公的資金の活用も視野に入れ，迅速に資本注入等を実行すること，などであろう．こうした教訓は，日本の当局の政策対応や邦銀の業務運営に活かされることとなろう．

(5) リーマンショック時の日本政府の対応

　リーマンショックは欧米発であり，邦銀は，欧米のサブプライムローン業務や証券化業務への関与が限定的であったため，邦銀のリーマンショックに関する直接的影響は少なかったが，欧米経済への打撃は大きく，2009年の米国経済の成長率は▲2.8％，欧州の場合で▲4.5％と大きく落ちこんだため，輸出等を通じて，日本も大きく影響を受けることとなった．そのため，日本政府は，銀行の外貨資金繰り支援や日本企業の資金繰り支援を中心に行うことで，リーマンショックの影響を和らげ，不測の事態発生を回避し成功したといえる（表2-3）．その意味では，日本の場合，日本の金融危機時の経験がリーマンショックの対応において活かせたといえる．

表2-3 日本のリーマンショック時の危機対応策一覧

銀行等の自己資本比率規制の一部弾力化
✓ 国内基準行は,国債,株式・社債等の含み損を Tier1 控除せず.
✓ 国際基準行は,国債の含み損を Tier1 控除せずを認める.
時価会計の見直し
✓ 流動性が乏しい金融商品の内部算出理論価格での評価を容認
✓ 一旦「売買目的」とした有価証券について,「満期保有目的」や「その他有価証券」への振替可能に.
金融機能強化法
✓ 旧同法の適用期限延長,経営強化計画,公的資金注入要件,協同組織中央機関への注入の枠組み等を見直し・拡充.
✓ 公的資金を予防的に金融機関へ注入することが可能に.
日銀,銀行等保有株式取得機構による株式取得の再開
✓ 取得機構・・期限 2012 年 3 月末,枠 20 兆円.売却期限 2022 年 3 月末.
✓ 日銀・・・・期限 2010 年 4 月末,枠 1 兆円.売却期限 2017 年 9 月末.対象先は株式保有額が Tier1 の 5 割超,5000 億円超,国際基準行.
日銀による銀行の資本増強支援(劣後ローン資金供与)
✓ 対象は国際基準行(大手行・地銀),総額 1 兆円.
日本銀行による米ドル資金供給オペ
✓ FRB から通貨スワップ協定に基づき調達した米ドル資金を直接供給.
一般企業向け出資への損失補填(産業再生法の活用)
✓ 産業再生法の認定企業に対し,指定金融機関(DBJ,民間銀行)が優先株等で出資.損失が出た場合,政府が損失の 5〜8 割を補填.
一般企業向け企業金融支援
✓ DBJ による CP 買取り,金融危機対応融資.
✓ 日銀による CP・社債買入れ(限度額:CP3 兆円,社債 1 兆円).

(資料) 各種資料をもとに筆者作成.

4. 規制緩和から規制強化へ:バーゼルⅢの導入

リーマンショック時の反省と教訓をもとに,欧米主導で,バーゼル規制がさまざまな観点で見直され,規制強化がなされ,2013 年以降,バーゼルⅢが段階的に導入されている.ここでは,バーゼル規制の概要を紹介したい.

(1) バーゼル規制導入の経緯

バーゼル規制とは,日本を含む 28 の国と地域の銀行監督と中央銀行により構成されるバーゼル銀行監督委員会(以下,バーゼル委員会)が公表している

銀行の自己資本比率や流動性比率等に関する国際統一基準のことであり，多くの国で銀行規制として採用されている．バーゼル規制は，これまでも何度か見直しがなされており，1988年にバーゼルⅠが最初に策定され，2004年にバーゼルⅡに改定され，2010年に新しい枠組みであるバーゼルⅢが成立している．

当初，バーゼル規制が導入されることとなった背景には，1980年代以降，国際金融市場が，IT技術の飛躍的進歩等と相まって急速に拡大する一方，途上国の累積債務問題の深刻化や米国での大手銀行の破綻によるシステミックリスク（金融機関の破綻が世界中に伝播する金融システムが動揺するリスク）が認識されるようになったことがある．また，1980年代以降，日本の銀行の海外でのプレゼンスが拡大し，欧米勢が邦銀を牽制するためと見る向きもある．いずれにしても，バーゼル規制は，さまざまな問題はあるものの，今や国際金融規制のインフラとも呼べるまで定着しているといえる．

バーゼルⅠでは，国際的な銀行システムの健全性強化と国際業務に関わる銀行間の競争上の不平等の軽減を目的に，銀行の自己資本比率の測定方法や所要最低水準（8％）が決められ，日本では1992年度末から本格的に適用された．

(2) バーゼルⅡの概要

しかし，年々リスクが複雑化・高度化するなかで，バーゼルⅠの枠組みの限界が認識され，金融機関の自己規律と市場規律を活用する枠組みの導入が検討され，バーゼルⅡが導入された．バーゼルⅡでは，最低所要自己資本比率は8％と変わらないものの，バーゼルⅠで貸出等の信用リスクを顧客の信用力を問わず一律で計測していたものを，3つの計測手法（標準的手法と2つの内部格付手法）の選択肢を銀行に与え，事務事故や不正行為等による損失発生リスク（オペレーショナルリスク）の概念を導入するなど，リスク計測を精緻化することとした．また，銀行自身が経営上必要な自己資本額を検討し当局が妥当性を検証することとした．加えて充実した情報開示を通じ市場規律の実行性を向上させることもしている．日本では2006年度末からバーゼルⅡに移行した．

1998年からバーゼル銀行監督委員会で，①金融機関の抱えるリスクの複雑化，高度化，②金融機関の業務内容やリスク管理手法の多様化，③従来の規制の限界（リスク計測手法が精緻でないなど）といった観点から自己資本比率規

制の見直しが始まり，2004年6月までに3つの柱からなる新しい自己資本比率規制（バーゼルⅡ）の枠組みがとりまとめられた．

具体的には，従来より精緻な最低自己資本比率規制（第1の柱）に加え，金融機関が自己資本の充実度を自己管理して監督当局がこれを検証し（第2の柱），広範な情報開示を通じて市場規律の実効性を高める（第3の柱）こととされた．

わが国では2006年3月までに自己資本比率規制に係る告示が発出され，金融機関が抱える多様化・複雑化したリスクを自ら適切に管理し，リスクに見合う適正な自己資本を維持するとともに，当局や市場がそのリスク管理方法を検証・評価するといった金融機関の健全性向上を促す枠組みが整備された．

(3) バーゼルⅢ

しかし，バーゼルⅡの枠組みでもリーマンショック発生を防ぐことができなかったことから，その反省を踏まえ，金融危機の再発防止と国際金融システムのリスク耐性を高めるため，国際金融規制の見直しと強化を検討し，バーゼルⅢが導入された．バーゼルⅢでは，自己資本比率規制の厳格化や定量的な流動性規制の導入，過度なリスクテイクを抑制するためのレバレッジ比率の導入，デリバティブズ規制など，各種さまざまな規制が導入される．

(a) 自己資本比率規制

バーゼルⅢにおいては，自己資本の概念に従来のTier1の中に，普通株等Tier1（Common Equity Tier1：CET1）が設けられた．

Tier1は，バーゼル委員会が，1983年6月に定めた銀行の自己資本比率に対する規制の中で使われる自己資本の概念の一つで，資本金，法定準備金，利益剰余金や優先株，優先出資証券などから構成され，損失を吸収する良質な資本と位置付けられてきた．

しかし，リーマンショックを教訓に銀行の自己資本の質のさらなる向上を図る必要性が認識され，Tier1から優先株や優先出資証券などを除いたより損失吸収力の高いCET1の概念が導入され，CET1の一定比率の確保を求められることとなった．したがって，財務内容の健全性を表す「自己資本比率（＝自己

図2-7 バーゼルⅠⅡとバーゼルⅢの自己資本比率構成比較

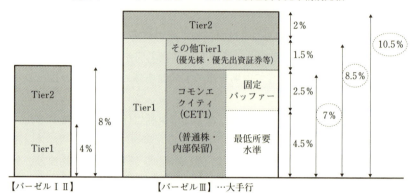

(出所) バーゼル発表資料，金融庁資料，各種報道等をもとに筆者作成．

資本／リスク資産)」の中でも，CET1比率は，より質の高い自己資本の割合を示した指標といえる．また，CET1比率は，同時に，固定バッファー（資本保全バッファー）の概念が導入されるなど，最低限要求される比率の水準も実質的に引き上げられており，実質的最低水準はCET1比率7％，Tier1比率8.5％，Tier1+Tier2比率10.5％と，バーゼルⅠ・ⅡのTier1比率4％，Tier1+Tier2比率8％より上昇している[9]．

(b) レバレッジ比率規制

リーマンショック時において，自己資本比率の最低基準である8％を大きく上回るグローバル銀行においても破綻の危機に瀕した事実がある．これは，グローバル銀行の中に，レポ取引等を中心とした借入を巨額に実行し総資産が膨れ上がっていたことが大きく影響している．こうした借入の場合，国債等を活用しているため，いくら借入を増やしても，バーゼル規制における自己資本比率には全く影響していない（国債のリスクウェイトはゼロ）．

そのため，バーゼル委員会は，自己資本比率を補完するリスク指標としてレ

---

[9] 固定バッファーとは，内部留保の蓄積を促すための制度．最低所要水準（CET1比率4.5％）に上乗せして2.5％の積上げが求められる．最低水準を満たすが固定バッファーを満たさない場合，社外流出（配当，役員報酬）が制限される．

バレッジ比率（Leverage Ratio）を導入した．これは，リスクウェイト等の調整をすることなく，会計上の総資産にオフバランス分を加えたものを分母とし，分子を Tier1 で計算するもので，3％以上になることを求めている[10]．

$$
レバレッジ比率 = \frac{資本（Tier\ 1）}{バランスシート上の総資産 + オフバランス} \geqq 3\%
$$

(c) 流動性カバレッジ比率（Liquidity Coverage Ratio : LCR）

　バーゼルⅢでは，流動性規制において具体的なリスク指標を2つ設けている．その一つ LCR は，預金流出等のストレスに加え，短期金融市場からの資金調達の困難化等の調達市場のストレスが発生した場合でも，30日間の流動性需要に対応できる流動性資産の保有を義務付ける指標であり，G-SIBs や国際業務を行う国際統一基準行は，100％以上を求められている．

　この規制については，従来中銀預金や国債などの資産のみが，高流動性資産として認められていたが，2013年1月の見直しで，RMBS・社債・株なども一定の掛け目はあるものの高流動性資産に追加することが認められ，金融危機発生等ストレスについては，一時的な LCR 100％割れも許容されるなど等，緩和されている．

$$
流動性カバレッジ比率(LCR) = \frac{高流動性資産}{30日間のストレス期間に必要となる流動性（資金流出項目 - 資金流入項目）} \geqq 100\%
$$

(d) 安定調達比率（Net Stable Funding Ratio : NSFR）

　流動性規制に関するもう一つのリスク指標 NSFR は，保有資産ごとの流動性リスク（1年以内に現金化できないリスク）の総和（所要安定調達額）に対して，安定的な調達（預金・長期借入・資本等）を義務付ける指標である．G-SIBs と国際統一基準行に対し，100％を上回ることが求められている．

---

10) G-SIBs は資本サーチャージの50％を上乗せしたものがレバレッジ比率の最低基準となる．

表 2-4　流動性カバレッジ比率の構成

高流動性資産

項目	掛け目
（レベル1資産） 現金，中銀預金，リスクウェイト0%の国債，中銀発行証券，政府／中銀保証債等	100%
（レベル2資産）…高流動性資産の40%が上限	
（うちレベル2A） リスクウェイトが20%の政府・公共部門の資産，非金融社債（AA-以上），カバードボンド（AA-格以上）	85%
（うちレベル2B）…高流動性資産の15%が上限	レベル2資産が85%
RMBS（AA以上）	75%
社債（A+～BBB-），株式	50%

(注1)　資金流入総額の上限は資金流入額の75%．
(注2)　リテール・中小企業預金の安定性を判断する基準は，預金保険制度の保護対象かつ給与振込先口座である等，顧客との関係が強固であること．
(注3)　オペレーショナル預金とは，清算，カストディ，CMSサービスを提供している預金．
(注4)　レベル1資産を担保とした場合0%，レベル2A資産の場合15%，レベル2B資産の場合25%～50%，それ以外は100%．

主な資金流出項目

項目	掛け目
リテール預金（個人・中小企業預金）	
安定預金 (注2)	3%
その他預金	10%
ホールセール調達	
無担保調達	
オペレーショナル預金 (注3) 　　（付保対象）	5%
オペレーショナル預金 　　（付保対象外）	25%
上記以外の事業法人，政府・中銀等からの調達（付保対象）	20%
上記以外の事業法人，政府・中銀等からの調達（付保対象外）	40%
上記以外の金融機関からの調達	100%
有担保調達 (注4)	0%～100%
非金融機関向け未使用の流動性枠，クレジット枠	30%，10%
銀行向け未使用の流動性枠，クレジット枠	40%
その他金融機関向け未使用の流動性枠，クレジット枠	100%，40%

主な資金流出項目 (注1)

項目	掛け目
30日以内に満期を迎える金融機関向け健全債権	100%
30日以内に満期を迎えるその他の健全債権	50%

（出所）　バーゼル発表資料，金融庁資料をもとに筆者作成．

安定調達比率（NFSR）
$$= \frac{\text{安定調達額（ASF，資本＋預金・市場性調達の一部）}}{\text{所要安定調達額（RSF，資産×流動性に応じたヘアカット）}} > 100\%$$

表 2-5 安定調達比率の構成

安定調達額

主な項目	掛け目
資本（Tier1, Tier2 等）	100%
残存期間が 1 年以上の負債	100%
個人・中小企業からの安定預金(注1)	95%
個人・中小企業からのその他預金	90%
オペレーショナル預金	50%
非金融機関からのホールセール調達（残存期間 1 年未満）	50%
金融機関からの調達（残存期間 6 か月以上 1 年未満）	50%
金融機関からの調達（残存期間 6 か月未満）	0%

所要安定調達額

主な項目	掛け目
現金，中銀預け金，残存期間 6 か月未満の金融機関向け貸出	0%
レベル 1 資産（国債，政府保証債等）	5%
レベル 2A 資産（国際機関債等）	15%
レベル 2B 資産（RMBS 等），非金融機関発行の社債等（A- ～ AA-），上場株式	50%
高品質の貸出(注2)	65%
個人向け貸出（残存期間 1 年未満，抵当付住宅ローンを除く）	50%
残存期間 6 か月以上 1 年未満の金融機関向け貸出	50%
残存期間 1 年未満の非金融機関向け貸出	50%
残存期間 1 年以上の資産（金融機関向けを除く）	85%
金融機関向け貸出（残存期間 1 年以上の資産）	100%

(注1) 預金の安定性を判断する基準案は，LCR と同じ．
(注2) バーゼル II の標準的手法において，リスク・ウェイトが 35% 以下貸出．
(出所) バーゼル発表資料，金融庁資料をもとに筆者作成．

(e) 実行段階に入っているバーゼル III

G-SIBs 各行は，自己資本比率を中心に，バーゼル委員会が 2019 年に達成を求められている基準を 2016 年末の段階においてすでに満たし，各国が，独自に設定しているバーゼル委員会の基準をさらに上回る基準をも満たしている（図 2-8）．

自己資本比率規制や流動性規制以外にもさまざまな規制がバーゼル III には盛り込まれており，民間金融機関を規制しようとしている．バーゼル III の大枠の項目はすでに合意し，自己資本比率規制を中心に 2013 年より段階的に導入する段階に入っており，概ね 2019 年には完成するのが当初予定であった．しかし，その後新たな問題が発生するごとに，新しい規制項目が追加・強化され，完成の時期も 2019 年以降となるものも増えている（表 2-6）．

つまり，バーゼル委員会をはじめとした規制当局は，規制を緩めることなく，むしろ長期間にわたり強化していく姿勢を示しているように見える．今後，現時点でも予想・予定していないさらなる新規制項目の導入が検討され，新たな

図2-8　G-SIBs 30行のバーゼルⅢ CET1比率（2016年末）

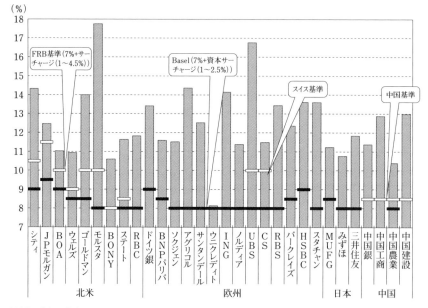

（資料）　各行決算資料をもとに筆者作成．

規制項目が追加される可能性も否定できない．民間銀行としては，規制対応が非常に難しくなっておりやっかいな問題となっている．

　しかし，リーマンショックを教訓に，今後金融危機が発生しないよう，仮に発生しても公的資金を使うことがないよう，欧米当局を中心に金融機関への規制強化を図っているが，近年の規制強化の動きを見ると，やや目的を逸脱し，欧米の金融機関への厳しい世論への配慮が中心となっている印象がある．リーマンショックにおいては，特に欧米金融機関の過度のリスクをとったことが危機発生の原因となっているが，それを適切に対応できなかった当局にも問題があった．いたずらに，自己資本比率規制や流動性規制を強化しても問題解決にならない．

　当局は，今後，すでに導入している各種バーゼルⅢ規制の効果について検証し，規制の取り止めも含め見直す必要があろう．

5. 近年の新たな変化：フィンテック 91

表 2-6 バーゼルIIIの導入スケジュール

	2013年	2014年	2015年	2016年	2017年	2018年	2019年	2020年	2021年	2022年
コモンエクイティ比率（CET1比率）	3.5%	4.0%	4.5%	5.125%	5.75%	6.375%	7.0%			
最低所要水準	3.5%	4.0%	4.5%							
固定バッファー	-	-	-	0.625%	1.25%	1.875%	2.5%			
G-SIBs資本サーチャージ（1〜2.5%）				段階的運用			完全実施			
コモンエクイティ控除項目導入割合	-	20%	40%	60%	80%	100%				
Tier1比率（固定バッファー含む）	4.5%	5.5%	6.0%	6.625%	7.25%	7.875%	8.5%			
Tier1+Tier2（固定バッファー除く）	8.0%	8.0%	8.0%							
Tier1+Tier2（固定バッファー含む）	8.0%	8.0%	8.0%	8.625%	9.25%	9.875%	10.5%			
可変（カウンターシクリカル）バッファー	-	-	-	規程の25%	〃 50%	〃 75%	〃 100%			
既存Tier1・2証券のうち不適格となる割合	10%	20%	30%	40%	50%	60%	70%	80%	90%	100%
TLAC（対リスクアセット比）	-	-	-	-	-	-	16%			18%
レバレッジ比率（≥3%）	施行期間		（開示）		調整	第一の柱				バッファー導入
流動性カバレッジ比率（LCR ≥ 100%）	観察期間	60%	60%	70%	80%	90%	100%			
安定調達比率（NSFR ≥ 100%）	観察期間				-	導入				
与信集中リスク管理	-	-	-	-	-	-	導入			
IRRBBへの規制強化	-	-	-	-	-	導入				
デリバの評価手法 SA-CCR 導入	-	-	-	導入						
実効的なリスクデータ集計とリスク報告	-	-	-							
信用リスク標準的手法の見直し		一次案	二次案		最終案発表					導入
信用リスクIRBの見直し・利用制限（資本フロア）					最終案発表					50%⇒2027年 72.5%
CVAの取扱い見直し		一次案	一次案		最終案発表					導入
ソブリンリスクの見直し					最終案発表					導入
気候変動が金融に与える影響					取り下げ					
				Task force	（報告書=活動継続（monitoring））					

（資料）各種資料をもとに筆者作成。

5. 近年の新たな変化：フィンテック

　今後の規制対応で注目されるのは，フィンテックへの対応である．近年，"フィンテック"という言葉が流行語のようになり，議論が活発となっている．"フィンテック (Fintech)"とは，Finance（金融）と Technology（技術）を合わせた造語であり，インターネット・スマートフォンを使った資金決済や，外為・証券取引，資産運用などにおけるビッグデータ，人工知能（AI）など最新技術を駆使した金融サービスを概念的に指す言葉である．

　フィンテックの定義は曖昧であり，使う人によって異なる．実際，金融機関のシステムは，オンラインシステムと呼ばれていることからもわかるように，1950年代と早くからコンピュータを導入してきたが，その後のIT技術の進展に伴い幅広い金融サービスにおいてITを活用した商品・サービスが展開・提供できるようになった．そういう意味では，現代の金融機関はすべてフィンテック企業ともいえる．ただし一般的に"フィンテック"といった場合，金融機関以外の企業，特に新興ベンチャー企業が提供するインターネット・スマートフォンを通じた最先端技術を駆使した金融サービスを指すことが多い．

(1) フィンテックの事例

　仮想通貨の他に，フィンテック企業が提供するサービスとしては，スマートフォンのモバイル決済サービスや，指紋や虹彩など生体認証技術を用いた決済手段サービス，インターネット上でお金の借り手と貸し手を結び個人間での融資を行う仲介サービスであるソーシャル・レンディング（P2Pレンディングとも呼ぶ），ロボットによる資産運用アドバイス，家計簿管理サービス，クラウド会計サービスなどが挙げられる．

　海外の著名なフィンテック企業やスキームには，オンライン決済サービス会社「PayPal（ペイパル）」や，アップルとグーグルが提供するスマートフォンのモバイル決済サービス「Apple Pay（アップルペイ）」，「Android Pay（アンドロイドペイ）」，中国のモバイル決済サービス「Alipay（アリペイ）」，「WeChat Pay（ウィーチャットペイ）」，米国のソーシャル・レンディング大手のレンディ

ング・クラブ（Lending Club）などが代表例としてあるが，これ以外にもさまざまな企業・サービスがある．

(2) なぜフィンテックに期待が集まるか：“ブロックチェーン”技術
　フィンテックに仮想通貨が注目を集める理由は，新しい通貨であることももちろんだが，それ以上に仮想通貨を支える技術であるブロックチェーンが，銀行システムを劇的に変革させる潜在力を秘めているからである．
　ブロックチェーンとは，金融取引などの情報をコンピューターネットワーク上で管理する技術である．一定の時間内に発生した取引記録情報をまとめたもの（ブロック）を，不特定多数の参加者が検証しながら，チェーンのようにつないで蓄積し，インターネット上の膨大な数のコンピュータで情報を共有するのである．このシステムは，基本的に誰でも参加できるオープンかつ分散型のコンピュータネットワークであり，決済情報を外部に出さない銀行の決済システムのようなクローズ型の中央集権的なネットワークとは，その点で決定的に異なる．銀行の決済システムは，閉じられたネットワークを司る銀行が管理し責任を持つが，オープン型のネットワークは，そうした責任者は存在せず，衆人環視の中で，決済の信憑性の合意を得る仕組みとなっている．こうした，オープンなネットワークを支える技術がブロックチェーンである．決済取引記録を集中管理する巨大コンピュータが不要であり，一つの機関においてかかわる人も少なくてすむため，運営コストが著しく低いことが特徴である．その一方で，このような衆人環視であるため取引記録の改竄や不正取引が防げるとはいうものの，決済の信憑性をどこまで保証するのかが現時点では確証がない．わかりやすく言えば，ウィキペディア（無料で使うことができるインターネット上のオンライン百科事典．不特定多数の人たちが，自由に執筆，加筆，修正できる点が特徴である）をどこまで信頼できるのか，に似ている．したがって，現時点では仮想通貨での利用レベルや各種の実験段階に止まっている．
　しかし，このオープンなネットワークが，決済の信憑性の保証に有効であると確証されれば状況は一変する．これまで銀行は膨大な決済システム・コストを負担してきたが，オープンなネットワークを活用した場合，大幅なコスト縮減が可能となる．その場合，銀行のビジネスモデルも劇的に変化するであろう．

また，ブロックチェーンの応用分野は広く，金融分野を超えさまざまな分野に影響を与えうる．例えば行政サービス分野で言えば，公証や登記，登録への応用も期待でき，実現した場合，行政組織を大幅に変えることとなろう．実際，土地の登記活用について，スウェーデンでは実証実験を行っているが，結論がでて実務に活用できるようになるまでにはもうしばらく時間を要しよう．

(3) 金融当局の対応

　フィンテックに関する当局の動きは早い．日本銀行は，2016年4月にFinTechセンターを日銀内に設置し，フィンテックへの取り組みを強化している．経済産業省も2016年7月に「FinTechの課題と今後の方向性に関する検討会合（FinTech検討会合）」を設置し，フィンテックが経済社会に与えるインパクトや課題，今後の政策の方向性等に関し検討している．

　金融庁については，2016年5月に成立した銀行法等改正法により，金融機関によるフィンテック・ベンチャー企業への投資条件を緩和しており，また先述のとおり，仮想通貨法が2017年4月1日より施行された．また，2016年5月には「フィンテック・ベンチャーに関する有識者会議」を設置し，フィンテック・ベンチャー企業の登場・成長が進んでいく環境（エコシステム）の実現に向けた方策を検討している．

　今後の政府の動きの中で，特に注目されるのが，金融庁が検討している，2017年5月に成立したオープン・イノベーション推進に向けた銀行法改正法である．これは，金融審議会の金融制度ワーキング・グループで検討されていたもので，フィンテック企業に対し登録制を導入するとともに，この登録業者に対し銀行がシステム開放する努力義務を負うことにより，欧州のようなオープンな決済システムの構築を目指すものである．登録対象となるフィンテック企業としては，家計簿アプリ業者やクラウド会計ソフト業者などが想定され，2018年6月1日に施行されている．銀行システムへの接続仕様をフィンテック企業等外部事業者に公開することを「オープンAPI」というが，今回の銀行法改正によりオープンAPIが進展することとなる（図2-9）．

　しかし，このオープンAPIの日本における導入については，課題が山積している．これまで免許業者のみのクローズド型であることを前提に銀行システ

5. 近年の新たな変化：フィンテック

図2-9 当局のオープン・イノベーション推進のための制度的枠組みの概要

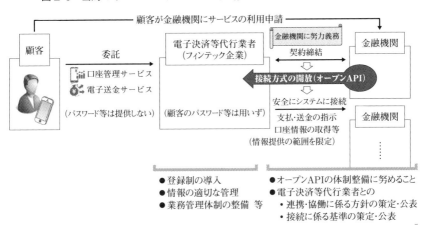

(出所) 金融庁.

ムは運営され安定していたが，そうした免許業者のシステムネットワークに登録業者が接続することとなる．したがって，決済システムが革新し利便性が高まる可能性もあるが，逆に銀行システムの安定性が損なわれる懸念も出てくる．そうした懸念を払拭するための制度設計が当局側に求められよう．また民間側についても受け入れるためのさまざまな体制整備が必要となる．

　今回の銀行法改正を睨み2016年10月に全国銀行協会で，官民連携イニシアティブとして「オープンAPIのあり方に関する検討会」が設置されており，2017年3月に報告書をまとめている．この報告書には，オープンAPI推進のために検討すべき，API仕様の標準化，セキュリティ対策，利用者保護等の検討項目多数を提示している（表2-7）．また，ほぼ同時期の2016年12月に全国銀行協会にで，官民連携イニシアティブとして「ブロックチェーン技術の活用可能性と課題に関する検討会」が設置されており，2017年3月に報告書が出されている．この報告書では，ブロックチェーン技術が銀行業務に変革をもたらす可能性を見据え，複数の金融機関や関係業者で共同運営する"コンソーシアム型ブロックチェーン"を推奨し後押しする「ブロックチェーン官民

表2-7 「オープンAPIのあり方に関する検討会報告書」の概要

【API仕様の標準化】 ● 開発原則…関係者が留意すべきハイレベルの開発上の理念 　・原則1：API利用者を意識した平易・シンプルな設計・記述 　・原則2：APIの種類に応じた適切なセキュリティレベルの確保 　・原則3：デファクトスタンダード，外国のAPI標準，国際標準規格との整合性 　・原則4：仕様変更によるAPI利用者への影響をコントロール ● 開発標準…推奨されるAPIの基本的な仕様 　・①アーキテクチャー・スタイル，②データ表現形式，③認可プロトコル，④バージョン管理，について推奨される仕様を示す． ● 電文仕様標準…APIのメッセージ上の標準的な項目やその定義等の目安
【セキュリティ対策】 ● API接続先の適格性事前審査とモニタリング ● 外部からの不正アクセス対策（アクセス権限付与・取引認証，不正検知，監視等） ● 内部からの不正アクセス対策（銀行やAPI接続先の内部不正対策） ● 不正アクセス発生時の対応（システム設計・仕様，情報連携，対策協議） ● セキュリティ対策の継続的な改善・見直し，高度化
【利用者保護】 ● 説明・表示，同意取得 ● 不正アクセス，被害発生・拡大の未然防止 ● 利用者に対する責任・補償

（出所）全銀協「オープンAPIのあり方に関する検討会報告書」．

表2-8 「ブロックチェーン官民連携イニシアティブ」の概要

●「ブロックチェーン連携プラットフォーム※1」（仮称）の整備 　※1 銀行・フィンテック企業連携での協働型実証実験環境． 　　　パートナーベンダーとして，NTTデータ，日立，bitFlyer，富士通の4社を選定．2017年10月中に本プラットフォームの稼動開始． ● 国際的な標準規格への対応戦略 ● 金融インフラにおける活用可能性の検討 ● ブロックチェーン技術／DLT※の活用に向けた関係当局との連携 　※分散型台帳技術（Distributed Ledger Technology） ● ブロックチェーン技術／DLTの活用に向けた中央銀行との連携 ● 安全対策基準の適用関係に関する整理 ● ブロックチェーン・コミュニティの形成

（出所）全銀協「ブロックチェーン技術の活用可能性と課題に関する検討会報告書」．

連携イニシアティブ」整備を提言している（表2-8）．

現時点での対応状況を見ると，オープンAPIの導入は早い．政府の目標としては，2020年6月までに80行以上の銀行についてオープンAPI導入を目指しているが，2018年3月において，全銀行139行のうち130行がオープンAPI導入を表明しており，うち122行が2020年6月までに導入する予定であり，早晩達成されよう．

(4) 政府の対応：キャッシュレス社会の実現

政府は，成長戦略の司令塔である未来投資会議[11]において，2017年6月に「未来投資会議2017」を発表．基本的な考え方として，①狩猟社会，②農耕社会，③工業社会，④情報社会に続く，人類史上5番目の新しい社会「Society5.0の実現」を目指すとしており，Society5.0に向けた戦略分野としてフィンテックが取り上げられている．

フィンテック推進の取り組みとしては，①イノベーションに向けたチャレンジを加速させるため，「FinTech実証実験ハブ（仮称）」を設置したり，電子記録債権取引や本人確認，決済・物流情報の管理等にかかわる実証実験を推進することとしている，②オープン・イノベーションを推進するため，オープンAPI導入を進める，③企業の成長力強化のためのフィンテックの活用推進のため，XML[12]新システムの2018年の稼働と2020年の全面的な移行を進める，④キャッシュレス化を推進し，キャッシュレス比率[13]を現状の20％から2025年には40％へ引き上げる，などの項目が挙げられている（図2-10）．

政府は，「未来投資戦略2018」において，新たに講ずべき具体的施策を挙げ

---

11) 従来の「産業競争力会議」と「未来投資に向けた官民対話（官民対話）」を統合し2016年9月に「未来投資会議」を設置．「官民対話」は，日本の経済が歩むべき道筋を明らかにして，日本政府が取り組むべき環境整備のあり方や民間投資の目指すべき方向性の共有を目的に開催されていた．「これまで3年間の成長戦略，構造改革を総ざらいして，民間部門の活動の本格化には何が足りないのか，近年のめざましい技術革新を国民生活や社会に取り入れるためには何が障害となるのかを明らかにし，躊躇なく改革を断行するための『未来投資会議』は，成長戦略の新たな司令塔」（2016年9月12日安倍首相）．

12) 現行のシステムでは，振込依頼や入金通知に自由に付記できる情報は20文字までであり，商流情報を付記することは困難だが，XML新システムでは無制限に情報を付記することができ，決済情報に商流情報を添付することが可能となる．

13) クレジットカードやデビットカード，電子マネーの決済額が個人消費支出に占める割合．

図 2-10　キャッシュレス決済比率の国際比較（2015 年）

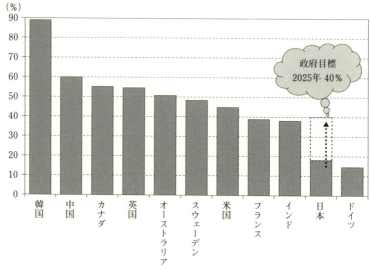

（出所）経済産業省.

ている（表2-9）．この中で，本人確認手続きの負担軽減が取り上げられていることを受け，警察庁は，2018年7月2日，犯罪による収益防止に関する法律施行規則の一部を改正する命令案を公表し，主にオンライン上で完結する本人確認の方法等の新設等が提案されている．

(5) キャッシュレス社会の実現は他国以上に困難：日本は現金大国

キャッシュレス比率については，2017年時点では21％に過ぎない．キャッシュレス社会の実現には程遠い状況にある．

米国と比較すると，日本のキャッシュレス比率が低い主因はデビットカードやクレジットカードの利用率が低いことが主因であり，電子マネーについては他国と比べても多く利用されている．したがってデビットカードがあまり利用されていないことを考えると，クレジットカードの利用を進めねばならないが，クレジットカードは業界が長年取り組んできた課題であり，利用率が高まってはいるもののなかなか急速に向上しないのが現状である．店舗においては，約

表2-9 「未来投資戦略2018」で講ずべきとして取り上げられた具体的施策

ⅰ．イノベーションの進展を踏まえた法制度の見直し
・機能別・横断的法制の見直し（本年度中に中間整理）
・郵便を用いた本人確認手続きの負担軽減（顔画像等オンラインで完結する本人確認手法の導入）
・仮想通貨交換業等に関する制度的な対応の検討
ⅱ．ブロックチェーン技術の実用化等イノベーションの推進
・貿易手続き全般にわたる電子化推進とブロックチェーン技術を活用した官民連携した実証実験の実施
・AI 等を活用した規制・監督対応（RegTech）の推進（本人確認手続，マネロン対策，市場監視業務等）
・FinTech 企業とクレジットカード会社との API 連携推進
・海外当局との FinTech に関する国際協力枠組み拡大
ⅲ．金・商流連携等に向けたインフラの整備
・全銀 EDI システム稼働（2018 年 12 月），送金電文の全面的 XML 化（2020 年）の着実な実現
・金融 EDI と商流 EDI の連携推進
・手形・小切手の電子化に向け課題を整理（2018 年度中）
・地方税共通納税システム稼働（2019 年 10 月）に関し，IT による利用者利便向上・効率化の課題について検討（2018 年度中）
ⅳ．キャッシュレス社会の実現に向けた取組の加速
・産官学による「キャッシュレス推進協議会」の 2018 年中設立
・QR コード等のフォーマットに係るルール整備（2018 年度中に対応策），モバイル決済のフォローアップと環境整備

(出所) 首相官邸「未来投資戦略 2018」．

3％水準にある加盟店手数料の高さに対する批判も強い．簡単には解決しない課題である．

加盟店手数料以上にクレジットカードの利用が進まない最大の原因は，日本社会が世界でも突出した現金社会であり，特に高額紙幣（1万円札）が多く流通する社会であることにある．こうした国は世界的に珍しい（図2-11）．他国は高額紙幣が決済に利用されないためクレジットカードやデビットカード利用が進んでいる．

近年，世界的には 2017 年にインドが高額紙幣を廃止し，EU においては 2018 年中に 500 ユーロ紙幣を廃止する予定である．世界的には，高額紙幣はマネーロンダリングの温床となるとして批判も強く，日本においても 1 万円札を廃止するよう迫る圧力も高まっている．こうした高額紙幣の利便性の高さが日本におけるフィンテックやキャッシュレス社会の実現を阻む要因となってい

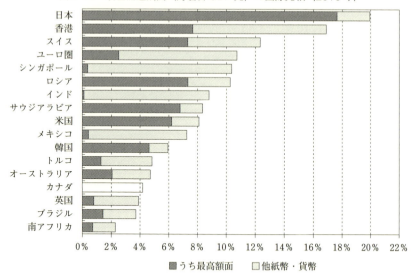

図2-11 現金流通残高（対名目GDP比）の国際比較（2016年）

（資料） BIS, "Statistics on payment, clearing and settlement systems in the CPMI countries".

る．しかし，高額紙幣の利便性が高く，紙幣の偽造が難しいだけに，高額紙幣の廃止はハードルが高い．

フランスでは現金での支払いは1,000ユーロまでと上限を設定しているが，日本では高額紙幣の廃止や現金支払いに上限を設定することは困難だろう．政府はキャッシュレス比率向上策をいろいろ検討しているが，キャッシュレス比率の向上は容易ではない．

また，この「キャッシュレス比率」という指標の位置付けの再検討が必要である．この指標は個人消費に対するクレジットカード，デビットカード，電子マネーでの支払額の比率であるが，日本は他国と比べ公共料金やローン返済等の口座振込や口座自動引落が多く利用されている．実際金融庁によると，3メガバンクの給与口座の資金のうち前述の現金を伴わない支払いの割合は54%に達する．基準は異なるものの日本のキャッシュレスはそれなりに進んでいるように見える．ただ，日本が現金大国であるのは確かであり，キャッシュレスの実態を正しく把握するためにはもっと多面的に捉えることが肝要だろう．

6. まとめ

　メガバンクは日本版金融ビッグバンによる規制緩和を活用し，収益構造の変革を試み一定の成果をあげていることは確かである．また，リーマンショックの影響が他の先進国と比べ最小限に止まったのも，日本の金融危機時の教訓を活かした金融システムの安定性が寄与している．しかし，この20年間のデフレ経済や低金利の影響は大きく，収益構造改革が収益拡大に結びついていない．

　現在，メガバンクは，フィンテックという新たな革新の波にさらされている．この新たな波を乗り切らねばならない．各行さまざまな改革すべき課題があろう．そうした課題を一つ一つ克服していった先に新たな未来が広がる．

◆参考文献

廉　了（2016），『銀行激変を読み解く』日本経済新聞出版社．
廉　了（2017），「フィンテックの現状と展望」三菱UFJリサーチ＆コンサルティング『季刊　政策・経営研究2017』Vol. 3.
佐久間浩司（2015），『国際金融の世界』日本経済新聞出版社．
加藤洋輝・桜井駿（2016），『決定版　フィンテック　金融革命の全貌』東洋経済新報社．
浪川攻（2018），『銀行員はどう生きるか』講談社．
みずほ総合研究所編（2017），『国際金融規制と銀行経営』中央経済社．
Davis, Howard（2015），*Can Financial Markets be Controlled?*, Polity Press.
IOSCO（2017），*IOSCO Research Report on Financial Technologies（Fintech）*.
金融庁，日本銀行，首相官邸，全国銀行協会，バーゼル委員会の公表資料．
三菱UFJフィナンシャル・グループ，みずほフィナンシャルグループ，三井住友フィナンシャルグループ，りそなホールディングス公表資料．

第3章　地域銀行：投信窓販に見る収益源多様化の効果

森　祐司

1. はじめに

　1990年代の地域銀行（地方銀行と第二地銀を指す）を取り巻く金融経済環境は，バブル経済崩壊の影響によって非常に厳しく，地域銀行は不良債権処理に苦しみ，銀行経営の転換に長い時間を要した．政府はいく度も景気回復政策をとったが，経済成長率は低水準で推移していくことになる．このようなかつての日本経済と異なる姿になったのは，「人口減少」と「少子高齢化」の顕在化という大きな構造変化が要因だとの認識が広がっている．

　本章では，地域銀行の営業地盤である地域経済の構造変化について振り返り，地域銀行の経営行動の変容について見ていく．さらに，2000年代における地域銀行の業務内容と，再編，海外進出などさまざまな経営課題について検討する．特に，日本版金融ビッグバンという金融自由化の中で，収益力が減少する地域銀行の業務に大きな変化をもたらした金融商品販売，中でも投信窓販について取り上げ，地域銀行経営への効果について分析する．

2. 地域経済環境の変化と地域銀行の行動への影響

　1990年代後半の地域銀行は最大の課題である不良債権処理に取り組んでいた．不良債権処理による銀行の損失拡大は銀行経営の安定性を損ね，信用不安

を拡大させた．その最初のピークは1997，1998年の大規模金融機関の破綻であった．その後も不良債権残高は増加し，ようやく減少するのは2001年度からであった．不良債権比率も同様に2001年度（地方銀行で7.7％，第二地銀で9.0％）まで上昇した後に低下していった．

こういった中で，1990年代末期の金融制度改革，いわゆる「日本版金融ビッグバン」が行われた．銀行はさまざまな金融商品の提供が可能となり，単なる預金・貸出業務だけでなく，銀行経営の自由度が広がることになった．また金融監督体制も大蔵省から金融監督庁あるいは，金融庁へと監督主体が変わる一方で，金融システムの健全性が維持されれば，個々の金融機関の破綻も容認するように金融監督体制を移行させていった[1]．

2001年からの小泉内閣では，金融機関の不良債権処理を積極的に促し，産業再生機構を設立して破綻した企業の再生を目指すようになった（いわゆる「金融再生プラン」）．1990年代から続けてきた企業のリストラによる収益体質の改善のほか，輸出拡大によって2003年度以降に景気は回復していく．ただし，金融システムが安定を取り戻すも景気回復はかつてのような力強さに欠けているのも明らかであった．地方では少子高齢化と人口減少が顕著になり始め，中核都市を持たない地方の県では特に深刻化していた．その影響は各地域銀行の営業地盤である地域経済にも表れ始め，地域経済構造の変化が地域銀行経営に明らかに影響を与えてくるようになってきたのである．

1996年から2016年までの地域別の人口変化率を見ると（図3-1），関東，特に東京のみ人口流入を主な要因として増加するが，いずれの地方も低下している．地方では2030年までにさらに大きな低下率となっている[2]．

次に，地域別の高齢化の進行状況を見ると（図3-2），1996年から2015年まで10％ポイント以上増加した地域が多く，その水準も1996年の2倍近くにまで増加した地域もあり，急速に地域の高齢化が進んでいることがわかる．こういった人口構成の変化は生産年齢層の減少となる一方，地域での稼ぐ力を削ぐことになる．また近年では一部産業で労働者不足も顕在化していくこととなり，

---

1) もちろん，金融システムの安定のために金融機関を安全に「破綻処理」させるスキームを整備することも不可欠であった．金融監督行政の変更については第1章を参照されたい．
2) なお，東京においても2040年にはマイナスの人口変化率になることが指摘されている．

2. 地域経済環境の変化と地域銀行の行動への影響

図 3-1 地域別人口と人口変化率の推移

地域別人口の推移

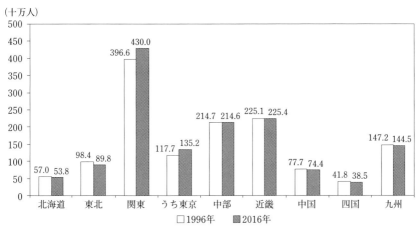

地域別人口変化率

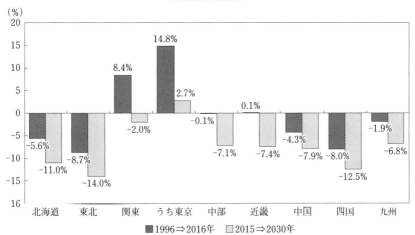

（出所）　総務省統計局『人口推計』から筆者作成．

景気回復や成長率加速の足かせとなっている．

他方，地域の企業数や事業所数も減少が続いている（図 3-3）．1990 年代初期から事業所数減少は続いている現象であるが，人口減少・高齢化を背景にさ

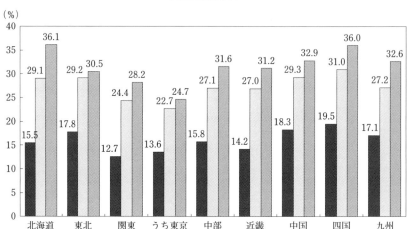

図 3-2 地域別の高齢化の推移
地域別高齢者比率

(出所) 総務省統計局『人口統計』から筆者作成.

らに減少傾向を強めている．全国では1991年に675万事業所をピークに減少に転じ，2016年には534万事業所と1996年の672万事業所から20％も減少した．地域別で見ると，1996年から2016年の20年間で減少率が大きいのは四国で26％も減少した．減少幅の小さい関東でも17％もの事業所が減少し，人口が流入し増加した東京でも事業所数は19％も減少したのである．こういった事業所数の減少には製造業の海外移転なども寄与したと見られるが，人口減少・高齢化の影響が大きいと考えられる．事業所数の減少は地域での雇用状況の悪化を招き，さらなる人口流出を引き起こし地域経済の低迷を深刻化させたと見られる．このような長期にわたる地域の事業所数の減少は，地域銀行の優良な貸出先の減少・融資額の縮小となり，地域銀行の長期的な収益低迷に影響していったのである．

　次節以降では，1990年代から2000年代にかけての地域金融の状況を確認し，地域銀行の業務内容や経営パフォーマンスなどの動向をさまざまな角度から見ていく．さらに，日本版金融ビッグバンという金融制度改革が地域銀行の行動に最も顕著な変化をもたらしたと見られる投資信託の窓口販売の解禁とその地

図3-3　全国・地域別の事業所数の推移

全国の事業所別の推移

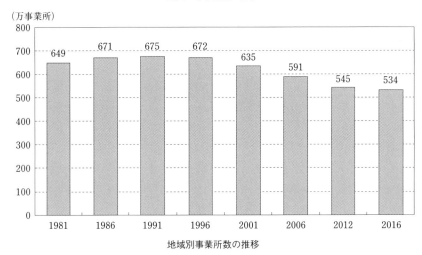

地域別事業所数の推移

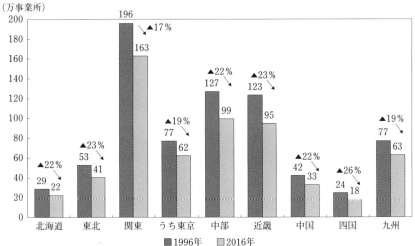

(出所)　『事業所・企業統計調査』および経済センサスから筆者作成.

域銀行経営への効果について，実証的に分析を行う．

3. 地域別の地域金融と地域銀行の動向

(1) 地域別の動向

日本版金融ビッグバン以降の地域銀行の動向について，まずは各地方の地域金融の状況を預金や貸出の地域別構成から見ていこう[3]．戦後のわが国の経済発展の特徴として関東や近畿の大都市への集中化が挙げられることは周知の事実であるが，民間金融機関の預金や貸出も戦後の復興期から高度成長期まで「一貫して関東（うち東京）と近畿（うち大阪）に集中・増大」（地方金融史研究会編（1994））する傾向があった．その後，安定成長期を経て，1980年代末からのバブル形成・崩壊時にも引き続きその傾向はうかがえる．

表3-1で2000年代の預金額・貸出金額の地域別構成比を見ると，2000年代以降でも，地域別預金・貸出の集中化に大きな変化はない．預金は関東以外の地域で微増あるいは横ばいで推移したが，関東では1995年の37.3％から2015年には42.9％と他地域よりも大きく増加した．このうち，東京の比率は相変わらず圧倒的で，22.2％から25.1％と増加し，2000年代でも東京への集中が進んでいたことがわかる．これに対して，近畿は17.2％から16.3％へと減少し，大阪の比率も8.8％から7.7％へと下落し，他地域よりも落ち込みが大きいことが指摘される．

貸出の地域別構成（表3-2）についても預金と同様の集中化傾向が認められ，その水準は預金の場合よりも高い．関東は50％以上の比率で，東京の比率はやや低下したものの2015年は36.1％を占め，東京への集中度が極めて高い．近畿以外の地方では微増ないし横ばいであるが，近畿は18.3％から14.5％へと低下傾向が顕著である．高度成長期やその後の安定成長期ではまだ近畿地方にも集中していた傾向が見られたが，1990年代後半からの状況は異なり，近畿でも低下して，さらに東京への集中が進んだことがわかる．

ただし，預金と貸出でその構成比の推移は同様の特徴が認められるにしても，その総額の特徴は明らかに相異する．すなわち全国でも関東においても預金総

---
3) 本節の分析は地方金融史研究会編（1994）を参考にした．

3. 地域別の地域金融と地域銀行の動向

表 3-1　全国銀行の預金総額と構成比の推移

預貯金合計　　　　　　　　　　　　　　　　　　　　　　　　　　　　（単位：億円）

	1996 年	2001 年	2005 年	2010 年	2015 年
北海道	275,094	312,170	308,896	310,327	334,843
東　北	452,536	501,446	485,840	485,450	605,842
関　東	3,679,830	3,901,766	3,938,021	4,260,191	4,894,960
うち東京	2,187,325	2,187,325	2,163,552	2,430,090	2,860,216
甲信越	354,836	389,835	377,275	374,799	399,911
北　陸	221,048	244,907	235,509	236,168	253,172
東　海	1,008,430	1,161,776	1,158,291	1,199,357	1,319,293
近　畿	1,695,264	1,729,791	1,696,694	1,718,607	1,862,970
うち大阪	864,479	812,960	799,290	805,173	875,223
中　国	480,492	532,545	518,298	520,210	563,908
四　国	279,465	314,837	305,134	307,399	331,376
九　州	684,949	771,904	753,123	756,534	835,213
全　国	9,860,763	9,860,763	9,778,291	10,170,818	11,401,487

構成比　　　　　　　　　　　　　　　　　　　　　　　　　　　　　　（単位：％）

	1995 年	2000 年	2005 年	2010 年	2015 年
北海道	2.8	3.2	3.2	3.1	2.9
東　北	4.6	5.1	5.0	4.8	5.3
関　東	37.3	39.6	40.3	41.9	42.9
うち東京	22.2	22.2	22.1	23.9	25.1
甲信越	3.6	4.0	3.9	3.7	3.5
北　陸	2.2	2.5	2.4	2.3	2.2
東　海	10.2	11.8	11.8	11.8	11.6
近　畿	17.2	17.5	17.4	16.9	16.3
うち大阪	8.8	8.2	8.2	7.9	7.7
中　国	4.9	5.4	5.3	5.1	4.9
四　国	2.8	3.2	3.1	3.0	2.9
九　州	6.9	7.8	7.7	7.4	7.3
全　国	100.0	100.0	100.0	100.0	100.0

（出所）　金融ジャーナル社『金融マップ』各号をもとに筆者作成．

額は 1996 年から 2015 年までの間で増加したが（全国で 15.6％増），貸出総額は減少した（6.3％減）．銀行貸出が減少した要因は，①バブル崩壊後の不良債権処理が長期化し，貸出増加に慎重になったこと，②地域の人口減少や高齢化の進行が明確になり，低成長経済に移行したこと，③日本版金融ビッグバンを背景に大企業の資金調達が多様化し，資本市場からの資金調達が増えたことなどが要因である．

表3-2 全国銀行の貸出総額と構成比の推移

貸出金合計 (単位；億円)

	1996年	2001年	2005年	2010年	2015年
北海道	156,822	141,771	134,285	141,536	141,536
東 北	216,644	228,279	212,884	215,009	236,940
関 東	3,000,599	2,797,343	2,339,223	2,644,817	2,814,085
うち東京	2,220,371	2,046,066	1,613,772	1,889,036	2,015,601
甲信越	163,175	160,255	144,013	144,445	144,301
北 陸	105,160	106,269	102,097	101,997	103,731
東 海	502,343	517,840	481,275	507,937	540,953
近 畿	1,094,814	982,829	816,478	795,625	809,946
うち大阪	692,313	599,117	472,835	446,308	453,449
中 国	232,143	227,198	211,332	226,470	243,455
四 国	120,322	125,155	121,568	128,753	135,062
九 州	371,835	381,494	354,091	368,019	421,014
全 国	5,967,215	5,664,481	4,917,346	5,274,549	5,591,022

構成比 (単位：％)

	1996年	2001年	2005年	2010年	2015年
北海道	2.6	2.5	2.7	2.7	2.5
東 北	3.6	4.0	4.3	4.1	4.2
関 東	50.3	49.4	47.6	50.1	50.3
うち東京	37.2	36.1	32.8	35.8	36.1
甲信越	2.7	2.8	2.9	2.7	2.6
北 陸	1.8	1.9	2.1	1.9	1.9
東 海	8.4	9.1	9.8	9.6	9.7
近 畿	18.3	17.4	16.6	15.1	14.5
うち大阪	11.6	10.6	9.6	8.5	8.1
中 国	3.9	4.0	4.3	4.3	4.4
四 国	2.0	2.2	2.5	2.4	2.4
九 州	6.2	6.7	7.2	7.0	7.5
全 国	100.0	100.0	100.0	100.0	100.0

(出所) 金融ジャーナル社『金融マップ』各号から筆者作成.

　他方，低成長経済に移行し，所得水準が上昇しないなかでも預金は低下しなかった．一部の個人投資家が預金から株式投資などに振り向けたが微々たるもので，預金の伸びは高度成長期ほど大きくはないが，預金総額は低成長経済においても安定して積み上がっていったのであった．

表 3-3　業態別預貯金シェアの推移（全国）

預貯金シェア　　　　　　　　　　　　　　　　　　　　　　　　（単位：％）

	1995 年	2000 年	2005 年	2010 年	2015 年
メガバンクなど	29.4	28.8	31.1	33.8	34.6
地方銀行	19.1	17.9	19.5	20.9	22.1
第二地銀	7.1	6.1	5.5	5.6	5.7
信用金庫	10.6	10.4	11.0	11.5	11.6
信用組合	2.0	2.0	1.6	1.6	1.7
労働金庫	1.2	2.0	1.4	1.6	1.6
農協	7.2	7.2	7.9	8.3	8.2
ゆうちょ銀行	26.5	26.5	21.9	16.5	14.5

貸出シェア　　　　　　　　　　　　　　　　　　　　　　　　　（単位：％）

	1995 年	2000 年	2005 年	2010 年	2015 年
メガバンクなど	50.0	48.4	43.4	42.0	40.1
地方銀行	22.3	23.3	27.7	29.3	31.9
第二地銀	8.9	8.8	8.2	8.2	8.5
信用金庫	11.5	11.9	12.6	12.2	11.8
信用組合	3.2	2.5	1.9	1.8	1.8
労働金庫	0.9	1.3	1.9	2.2	2.1
農協	3.2	3.8	4.2	4.3	3.8
ゆうちょ銀行	-	-	-	-	-

（注）「メガバンクなど」は都市銀行や信託銀行などを指す．
（出所）金融ジャーナル社『金融マップ』各号から筆者作成．

(2) 業態別の預金・貸出シェアの動向

　次に，全国ベースでの業態別の預貯金や貸出シェアの推移を見ていこう．表 3-3 は 1995 年から 2015 年までの動向を示している．預貯金シェアは 2000 年頃にやや低下しているが，メガバンク，地方銀行は概ね増加傾向にある．信用金庫も微増傾向にあり，第二地銀および信用組合・労働金庫は低下傾向にある．2000 年前後のメガバンクや地方銀行の落ち込みは大手金融機関の破綻や不良債権処理にあえぐ銀行への信頼感が薄れたために預金流出したことによると見られる．ゆうちょ銀行（郵貯）については，金融危機前後での民間金融機関への信頼度の低下を背景に貯金を集めたが，高金利時代に集めた貯金が満期を迎え引き出されていったことや，預入限度額ルールの厳格適用を求められたことなどから，貯金が流出することになった．その受け皿として，都市部ではメガバンクなどを中心に，地方部では地方銀行を中心に吸収していったと見られる．

貸出については，メガバンクなどは減少傾向にあり，1995年の50％から2015年の40％程度まで10％ポイントも低下した．この大幅な低下は，自己資本比率の維持など銀行側の要因もあるが，先述のように，メガバンクの主な貸出先である大企業が低成長経済移行により大型の設備投資を控える一方，資金調達手段の多様化による資本市場の利用が広がったことが要因である．このため，メガバンクは貸出先を求めて，これまで主な営業領域ではなかった地方や中小企業あるいは海外へと貸出先の拡大を図っていった．他方，地方銀行は1995年に22.3％から2015年には31.9％へと9.6％ポイントも増加している．メガバンクのシェア減少分を相殺する形となっているが，地方での事業所数減少や貸出総額の減少が顕著であったことから，地元での貸出を継続して注力したほか，あまり取引していなかった零細企業まで営業対象を広げていったことなどが要因として考えられよう．また，後述するが，隣県や東京進出も含めた県外進出なども，地方銀行の貸出行動を変化させ増加に寄与したのかもしれない．第二地銀は地方銀行よりも経営規模が小さく，他県への進出などは難しいが，より零細な企業への取引を拡大するなどで貸出先の確保に注力したと見られる．このようなことから，この時期の地方の貸出市場は，中小零細企業を中心に競争はより激化していったと見られる．

(3) 都道府県別での地域銀行の地位

各都道府県での地域銀行のシェアから，県内での地位を確認しよう（表3-4，3-5参照）．先に見たように地方銀行の県内シェアは預金も貸出も1990年代半ばに比べて2000年代以降に増大した．地方銀行の預金シェアは1996年には23の県で30％台を，40％台は4県，50％以上は1県となっていたが，2015年では16の県で30％台を，16の県で40％台を，6の県で50％台を占め，都市圏以外の地方の県で圧倒的なシェアを占めるようになった．貸出シェアはゆうちょ銀行が存在しないためにさらに水準が高く，1995年には40％台が最も多く19県であったが，2015年には50％台が最多で22県となった．1995年には70％以上の県は一つのみであったが，2015年には6県に増加した．しかし，東京，大阪，愛知，兵庫でのシェアは極端に低く10％を切っている（ただし，大阪では地方銀行のシェアは2015年には増大した）．これは都市銀行が営業地

表 3-4 地方銀行の都道府県別シェアの変化

(単位%)

	預金シェア			貸出シェア		
	2015年	1996年	変化	2015年	1996年	変化
北海道	15.9	13.0	2.9	24.2	20.6	3.6
青森	57.7	48.1	9.6	73.8	68.6	5.2
岩手	44.8	33.6	11.2	53.6	47.3	6.3
宮城	49.0	35.5	13.5	54.6	43.0	11.6
秋田	59.2	52.0	7.2	77.3	72.5	4.8
山形	41.6	30.3	11.3	53.3	41.8	11.5
福島	41.2	27.0	14.2	45.4	41.7	3.7
茨城	46.1	37.0	9.1	65.4	51.3	14.1
栃木	35.7	34.6	1.1	54.2	52.3	1.9
群馬	37.8	33.5	4.3	47.4	47.8	▲0.4
埼玉	10.6	9.0	1.6	23.7	16.3	7.4
千葉	31.5	27.3	4.2	53.0	41.8	11.2
東京	3.6	5.9	▲2.3	13.8	8.2	5.6
神奈川	20.0	19.0	1.0	33.5	26.8	6.7
新潟	40.4	32.8	7.6	52.2	46.8	5.4
富山	39.8	38.7	1.1	55.7	50.8	4.9
石川	44.6	36.9	7.7	64.4	54.5	9.9
福井	38.0	33.6	4.4	53.2	53.0	0.2
山梨	41.1	29.0	12.1	43.3	35.9	7.4
長野	33.7	28.7	5.0	46.1	42.0	4.1
岐阜	37.8	28.3	9.5	47.6	42.7	4.9
静岡	35.0	30.3	4.7	53.2	41.3	11.9
愛知	6.7	5.1	1.6	21.0	10.0	11.0
三重	38.8	29.4	9.4	50.0	44.9	5.1
滋賀	40.7	31.4	9.3	54.1	43.1	11.0
京都	26.0	18.9	7.1	34.5	22.7	11.8
大阪	11.0	7.3	3.7	24.1	11.5	12.6
兵庫	6.0	4.0	2.0	15.1	8.2	6.9
奈良	35.4	31.0	4.4	51.0	50.7	0.3
和歌山	34.9	26.9	8.0	51.7	42.9	8.8
鳥取	53.9	42.7	11.2	73.2	69.1	4.1
島根	42.1	33.4	8.7	50.1	50.1	0.0
岡山	37.3	27.6	9.7	49.7	47.5	2.2
広島	32.6	27.1	5.5	45.6	39.6	6.0
山口	42.1	32.7	9.4	56.0	50.3	5.7
徳島	42.6	36.8	5.8	59.7	57.6	2.1
香川	36.8	31.8	5.0	52.8	45.9	6.9
愛媛	41.3	32.2	9.1	51.1	52.8	▲1.7
高知	29.6	28.0	1.6	47.4	43.4	4.0
福岡	53.1	35.0	18.1	71.7	45.8	25.9
佐賀	40.5	32.3	8.2	54.4	54.7	▲0.3
長崎	56.6	40.7	15.9	76.9	66.6	10.3
熊本	38.6	30.3	8.3	51.2	42.1	9.1
大分	41.6	33.2	8.4	57.3	51.1	6.2
宮崎	41.7	34.5	7.2	62.3	54.4	7.9
鹿児島	38.1	26.6	11.5	55.8	42.5	13.3
沖縄	58.8	46.7	12.1	71.0	66.6	4.4
全国	22.1	18.6	3.5	31.9	22.7	9.2

(出所) 金融ジャーナル社『金融マップ』各号から筆者作成.

表 3-5 第二地銀の都道府県別シェアの変化

(単位%)

	預金シェア			貸出シェア		
	2015年	1996年	変化	2015年	1996年	変化
北海道	22.5	8.0	14.5	35.1	12.3	22.8
青森	0.6	0.8	▲0.2	1.5	2.2	▲0.7
岩手	12.5	11.4	1.1	19.7	18.8	0.9
宮城	8.2	12.4	▲4.2	13.4	15.3	▲1.9
秋田	0.9	0.9	0.0	1.4	1.7	▲0.3
山形	14.7	15.8	▲1.1	19.0	26.7	▲7.7
福島	9.6	12.6	▲3.0	18.2	21.2	▲3.0
茨城	1.6	7.2	▲5.6	2.2	12.7	▲10.5
栃木	15.9	10.7	5.2	21.8	18.9	2.9
群馬	5.8	6.7	▲0.9	8.9	11.0	▲2.1
埼玉	3.2	3.9	▲0.7	4.9	6.5	▲1.6
千葉	10.0	8.3	1.7	17.2	14.1	3.1
東京	1.7	3.1	▲1.4	3.5	3.1	0.4
神奈川	3.9	3.7	0.2	4.9	4.6	0.3
新潟	7.3	10.8	▲3.5	12.0	15.8	▲3.8
富山	10.6	8.0	2.6	17.6	14.0	3.6
石川	0.3	5.7	▲5.4	0.8	7.6	▲6.8
福井	5.7	6.3	▲0.6	10.9	11.2	▲0.3
山梨	0.0	1.3	▲1.3	0.0	1.9	▲1.9
長野	5.9	4.8	1.1	9.7	8.8	0.9
岐阜	0.7	4.6	▲3.9	1.4	8.0	▲6.6
静岡	1.1	3.4	▲2.3	1.9	5.7	▲3.8
愛知	10.7	10.9	▲0.2	16.6	16.2	0.4
三重	10.3	10.9	▲0.6	18.1	20.7	▲2.6
滋賀	9.6	13.0	▲3.4	15.9	24.8	▲8.9
京都	1.0	2.7	▲1.7	2.9	5.1	▲2.2
大阪	3.3	2.5	0.8	6.9	9.9	▲3.0
兵庫	7.5	9.0	▲1.5	14.7	13.7	1.0
奈良	0.9	5.7	▲4.8	2.2	9.6	▲7.4
和歌山	2.1	10.6	▲8.5	4.5	16.3	▲11.8
鳥取	1.9	1.6	0.3	2.5	3.8	▲1.3
島根	6.0	5.4	0.6	12.6	10.8	1.8
岡山	8.1	6.4	1.7	15.7	13.0	2.7
広島	12.1	12.0	0.1	17.3	18.4	▲1.1
山口	10.1	8.6	1.5	19.2	16.9	2.3
徳島	18.3	12.7	5.6	23.6	25.5	▲1.9
香川	11.7	10.4	1.3	17.1	17.2	▲0.1
愛媛	15.4	13.4	2.0	23.0	25.5	▲2.5
高知	16.3	16.2	0.1	29.9	31.3	▲1.4
福岡	2.0	12.4	▲10.4	3.2	17.6	▲14.4
佐賀	4.3	7.7	▲3.4	8.6	14.5	▲5.9
長崎	2.6	9.7	▲7.1	6.9	13.5	▲6.6
熊本	13.3	14.3	▲1.0	24.2	27.2	▲3.0
大分	7.0	8.2	▲1.2	11.8	14.2	▲2.4
宮崎	10.0	8.5	1.5	14.6	15.4	▲0.8
鹿児島	7.6	7.8	▲0.2	13.0	14.9	▲1.9
沖縄	10.1	8.8	1.3	11.5	11.4	0.1
全国	5.7	6.8	▲1.1	8.5	8.9	▲0.4

(出所) 金融ジャーナル社『金融マップ』各号から筆者作成.

盤とする都府県であり，都市銀行のシェアが高いからである．地方銀行の県内預金シェアが2015年時点で50％以上の県は，青森，秋田，鳥取，福岡，長崎，沖縄で，これら6県では預金シェアは70％を超えている．ただし，県内市場への参入・退出は少ないという意味では非競争的であるが，県内で競合する金融機関間の競争は激しいため，貸出金利が高止まりして，利鞘も特別に厚いということはあまりないようである．

　第二地銀の県内預金シェア・貸出シェアは，地方銀行ほど高い水準にはなく10％未満および10％台の県がほとんどを占めている（表3-5）．やはり都市部の都府県では比率は低く，地方の県でのシェアが高い．なお，地方銀行，第二地銀のシェアの大小は他の競合する地域金融機関の多寡や勢力，京都のような特定の大型信用金庫の存在など，個別の県の事情によって左右されることは注意すべきであろう．

　次にシェアの変化を見ると，地方銀行では2000年代にかけてシェアが増加する県が多く，第二地銀では逆にシェアが減少する県が多い．地方銀行では2桁以上のポイントでシェアが増加した県は，預金では10県，貸出では12県ある．合併・再編を要因とするものが多いが，愛知での貸出シェアの増大のように他県の地方銀行の進出・拡大を主な要因とするものもあり，この時期の地域銀行の経営行動の変化を反映している．

　第二地銀のシェアは，預金では27県，貸出では33県で減少している．2000年代から地方銀行はゆうちょ銀行からの資金を吸収し，競争が激しいなかでも，貸出シェアの増加につなげたが，第二地銀は2000年代初期にあった信用不安などなかなか困難な問題もあり，シェアの増加にまでは至らなかったように見られる．また，後述する合併・再編によって第二地銀のシェアが変化したケースもあった．例えば，北海道では第二地銀である北洋銀行が北海道拓殖銀行の破綻に伴い道内事業譲受により，預金・貸出ともに大きなシェアを占めるようになった．福岡では地方銀行の西日本銀行と第二地銀の福岡シティ銀行が合併し地方銀行となったため，第二地銀のシェアは大きく減少している．

(4) 地域銀行の階層性

　表3-6は地方銀行および第二地銀各行の貸出額について上位から10行ごと

表 3-6　地方銀行・第二地銀の貸出額の階層別推移

貸出の階層別構成比　　　　　　　　　　　　　　　　　　（単位：億円、%）

	1998 年		2008 年		2017 年	
1 ～ 10 位	505,150	26.4	523,937	28.1	709,684	29.1
11 ～ 20 位	286,398	15.0	307,907	16.5	422,110	17.3
21 ～ 30 位	214,697	11.2	242,487	13.0	330,710	13.6
31 ～ 40 位	181,954	9.5	194,532	10.4	261,920	10.7
41 ～ 50 位	155,130	8.1	153,412	8.2	179,273	7.3
51 ～ 60 位	132,103	6.9	131,769	7.1	161,551	6.6
61 位～	436,976	22.8	312,503	16.7	373,849	15.3
合計	1,912,408		1,866,547		2,439,097	
平均	14,941		17,444		23,229	
中央値	12,179		13,590		16,691	
最小値	1,136		1,750		1,808	
最大値	80,501		85,790		103,153	
標準偏差	13,215		14,686		20,203	
銀行数	128		112		105	

1 行当たり貸出額の階層差　　　　　　　　　　　　　　　　　　（単位：倍）

	1998 年	2008 年	2017 年
1 ～ 10 位	7.9	7.9	8.5
11 ～ 20 位	4.5	4.6	5.1
21 ～ 30 位	3.3	3.6	4.0
31 ～ 40 位	2.8	2.9	3.2
41 ～ 50 位	2.4	2.3	2.2
51 ～ 60 位	2.1	2.0	1.9
61 位～	1.0	1.0	1.0

（注）　各年は 3 月末時．階層差は各階層の平均値と 61 位以下の階層の平均値との倍率．
（出所）　全国銀行協会『全国銀行財務諸表分析』から筆者作成．

に区分し，およそ 10 年間隔で階層性を示したものである．1998 年から貸出額は合計，平均値，中央値などいずれも増大し，各階層別構成額も 2008 年に 41 位以下の階層で減少したものの，2017 年では増大してきている．しかし，階層別の構成比を見ると 1 位から 40 位までの階層の比率は増大し，41 位から 60 位まではほぼ横ばい，61 位以下は縮小したことがわかる．さらに 2017 年では 40 位までの階層の比率はさらに増大する一方，41 位以下の階層は比率が縮小している．これは，上位 40 位までの地域銀行に集中化が進んだことを示している．これは「1 行当たり貸出額の階層差」を見ても，2008 年以降 40 位以上の階層は 61 位以下の階層とは倍率が拡大してきていることからもうかがえる．

表 3-7　地方銀行・第二地銀の貸出額上位 10 行の推移

貸出額上位 10 行の貸出額　　　　　　　　　　　　　　　　　　　　　　　　　（単位：億円）

1998 年		2008 年		2017 年	
横浜銀行	80,501	横浜銀行	85,790	横浜銀行	103,153
千葉銀行	57,932	千葉銀行	66,562	千葉銀行	93,054
福岡銀行	52,268	静岡銀行	59,419	福岡銀行	89,254
静岡銀行	50,041	福岡銀行	57,431	静岡銀行	79,553
常陽銀行	49,518	西日本シティ銀行	46,772	西日本シティ銀行	65,746
北陸銀行	48,450	常陽銀行	46,695	北洋銀行	61,089
足利銀行	45,432	広島銀行	43,366	常陽銀行	59,670
広島銀行	43,065	北陸銀行	41,971	広島銀行	56,052
八十二銀行	39,358	八十二銀行	39,739	群馬銀行	52,243
群馬銀行	38,586	群馬銀行	36,192	京都銀行	49,870

（注）　各年は 3 月末時．
（出所）　全国銀行協会『全国銀行財務諸表分析』から筆者作成．

　表 3-7 で貸出額上位 10 行を見ると，その多くを占めるのは地方銀行で，首都圏あるいは各地方の中核都市に所在，もしくは再編統合を経験した地方銀行が多い．本拠県を越えて広域展開を進めてきていると見られるが，やはり比較的良好な営業地盤を本拠県とする地域銀行が上位に位置している．なお，地方金融史研究会編（1994）には高度成長期（1955 年から 1970 年まで）の貸出額上位 10 行が掲載されている．多少の順位変動はあるものの，横浜，静岡，常陽など当時と現在で顔ぶれにあまり大きな相違がないことは興味深い．

　地域銀行の階層性を地域銀行の最大の収益源である貸出額から見てきたが，上位行と下位行との間での格差はいずれの時期でも存在していた．しかし，ここ 10 年程度で 40 位以上とそれ以下で格差がより鮮明になってきたことも興味深い事実として確認できよう．

　地域銀行が営業地盤とする貸出市場では，新規参入者がほとんどいないという意味では地域内で安定した地位を得ているとの見解もある．しかし，今後は少子高齢化がさらに進み，貸出先や貸出額がさらに先細っていくことが予想されていく一方で，貸出先の事業支援の内容も広がったり，フィンテックの発展に合わせたサービスの拡充の必要など，経営体力の充実や新しい経営スタイルの確立が求められる状況になってきている．ここ 10 年程度で上位行と下位行で格差が広がっていることに鑑みると，今後は再編を含め下位行の動向が注目

されるようになるかもしれない．

(5) 地域銀行の収益環境の変化とその動向

これまで述べてきたように，わが国法人企業の資金需要は，1990年代半ば以降急速に縮小していた．前節の表3-2で見たように，2000年代半ばまで貸出は減少し，その後回復するものの1990年代の水準には戻ってはいない．

他方，家計部門は「貯蓄から投資へ」というかねてからの政府のスローガンをよそに，その資産のほとんどを預金で運用する姿勢に変化がなかった．このため銀行部門は資金運用・調達面でミスマッチの状況に立たされることになった．銀行部門の国債投資の比重は大きくなり，その他の有価証券にも投資を広げていくようになった．そのような銀行行動の変容は預貸率・預証率の推移にも反映されている（図3-3）．地方銀行と第二地銀の預貸率は2000年代になると低下する一方，預証率は上昇し始める．地方銀行も第二地銀も貸出は中小企業向けが主力であるため，貸出減少の影響は都市銀行ほどではないが，両業態ともに証券投資を拡大した結果，預証率はいずれも1990年代中盤から比べて

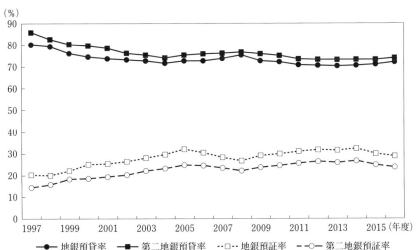

図3-3　地方銀行・第二地銀の預貸率・預証率の推移

(出所)　全国銀行協会『全国銀行財務諸表分析』から筆者作成．

表 3-8　地方銀行・第二地銀の資金運用利回り・資金調達原価・利鞘

(単位：%)

年度	地　方　銀　行				第　二　地　銀			
	貸出金利回り	資金運用利回(A)	資金調達原価(B)	総資金利鞘(A−B)	貸出金利回り	資金運用利回(A)	資金調達原価(B)	総資金利鞘(A−B)
1997	2.51	2.57	2.10	0.47	2.94	2.86	2.40	0.46
1998	2.44	2.43	1.94	0.49	2.80	2.66	2.20	0.46
1999	2.36	2.27	1.76	0.51	2.75	2.52	1.99	0.53
2000	2.33	2.09	1.64	0.45	2.71	2.37	1.89	0.48
2001	2.23	1.92	1.50	0.42	2.62	2.22	1.72	0.50
2002	2.15	1.81	1.37	0.44	2.60	2.17	1.60	0.57
2003	2.12	1.75	1.30	0.45	2.55	2.10	1.50	0.60
2004	2.06	1.70	1.26	0.44	2.47	2.04	1.46	0.58
2005	1.98	1.66	1.22	0.44	2.35	2.00	1.44	0.56
2006	2.00	1.72	1.29	0.43	2.33	2.02	1.54	0.48
2007	2.17	1.85	1.44	0.41	2.44	2.12	1.67	0.45
2008	2.12	1.83	1.44	0.39	2.37	2.03	1.67	0.36
2009	1.94	1.67	1.32	0.35	2.20	1.89	1.55	0.34
2010	1.83	1.56	1.24	0.32	2.08	1.76	1.44	0.32
2011	1.72	1.45	1.16	0.29	1.97	1.64	1.37	0.27
2012	1.60	1.35	1.08	0.27	1.85	1.54	1.28	0.26
2013	1.49	1.27	1.03	0.24	1.74	1.54	1.23	0.31
2014	1.39	1.20	0.99	0.21	1.63	1.37	1.19	0.18
2015	1.31	1.15	0.93	0.22	1.53	1.30	1.14	0.16
2016	1.20	1.06	0.87	0.19	1.40	1.22	1.09	0.13

（注）国内業務部門を対象．
（出所）全国銀行協会『各年度決算』付属表から筆者作成．

10ポイント程度上昇したのである．

　次に，地方銀行と第二地銀の資金運用利回り，資金調達原価，利鞘の推移を見てみよう（表3-8）．この期間中は総じて地方銀行の方が第二地銀よりも低い水準にあった．表には示していないが，都市銀行の水準は地方銀行よりも高い水準となっている．各数値の推移について見ると，貸出金利回りは両業態ともに2007年に若干上昇した以外は，期間中低下し続けている．金利低下の影響でこの時期の有価証券利回りも低下し，結果として，資金運用利回りは並行して低下していくことになった．また，両業態ともに資金調達原価も低下が続き，総資金利鞘もかなり大きく低下している．特に総資金利鞘は2005年頃まで上下動を示したが，それ以降は一貫して低下するようになり，現在まで至っ

表 3-9　地方銀行・第二地銀の預金原価・貸出利回り等の推移

(単位:％)

		1997年	1999年	2001年	2003年	2005年	2007年	2009年	2011年	2013年	2015年
地方銀行	資金運用利回り	2.57	2.27	1.92	1.75	1.66	1.85	1.67	1.45	1.27	1.15
	貸出金利回り	2.51	2.36	2.23	2.12	1.98	2.17	1.94	1.72	1.49	1.31
	有価証券利回り	3.43	2.58	1.48	1.09	1.11	1.28	1.18	1.03	0.97	1.04
	預金債券等原価	2.00	1.67	1.46	1.27	1.22	1.44	1.31	1.15	1.03	0.95
	経費率	1.53	1.41	1.34	1.23	1.19	1.18	1.12	1.06	0.97	0.90
	人件費率	0.82	0.75	0.69	0.62	0.58	0.56	0.55	0.52	0.49	0.46
	物件費率	0.62	0.59	0.59	0.55	0.54	0.55	0.52	0.49	0.43	0.39
	資金調達原価	2.10	1.76	1.50	1.30	1.22	1.44	1.32	1.16	1.03	0.93
	総資金利鞘	0.47	0.51	0.42	0.45	0.44	0.41	0.35	0.29	0.24	0.22
第二地銀	資金運用利回り	2.86	2.52	2.22	2.10	2.00	2.12	1.89	1.64	1.54	1.30
	貸出金利回り	2.94	2.75	2.62	2.55	2.35	2.44	2.20	1.97	1.74	1.53
	有価証券利回り	2.96	2.22	1.25	0.97	1.15	1.37	1.22	1.01	1.39	1.11
	預金債券等原価	2.39	1.97	1.70	1.48	1.43	1.66	1.54	1.36	1.23	1.15
	経費率	1.83	1.65	1.54	1.40	1.36	1.35	1.29	1.23	1.13	1.08
	人件費率	1.03	0.89	0.82	0.73	0.70	0.68	0.65	0.62	0.58	0.56
	物件費率	0.71	0.67	0.64	0.60	0.59	0.60	0.57	0.55	0.50	0.46
	資金調達原価	2.40	1.99	1.72	1.50	1.44	1.67	1.55	1.37	1.23	1.14
	総資金利鞘	0.46	0.53	0.50	0.60	0.56	0.45	0.34	0.27	0.31	0.16

(注)　国内業務部門を対象.
(出所)　全国銀行協会『各年度決算』付属表から筆者作成.

ている．このような総資金利鞘の長期間にわたる低下は地域銀行の収益を悪化させていくことになる．金利低下・利鞘縮小の要因は，第1に，長期間にわたる金融緩和政策の結果，金利低下が長期にわたり浸透したことであろう．第2に，先に見たように少子高齢化と人口減少による地域経済の低迷がこの期間により深刻さを増し，地方の優良な貸出先の減少・貸出額縮小が続いたことであろう．第3に，日本版金融ビッグバンにより資金調達手段が多様化し，特に大企業を中心に資本市場からの資金調達が低コストで容易になったことであろう．地域銀行の主な貸出先である地方の中小企業は，資本市場の利用は大企業ほど容易ではないが，資金調達コストの低下は裁定が働く結果，地域銀行の貸出金利等にも影響していく．第4に，都市銀行等は大企業の貸出需要減退のため，地方の中小企業までも取引対象を広げた結果，地域銀行との競争が激化していったことが挙げられる．以上の要因から，地域銀行の総資金利鞘は低下していったと見られる．

図 3-4　地方銀行・第二地銀の当期純利益の推移

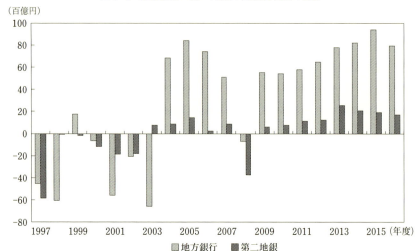

(出所)　全国協会『全国銀行財務諸表分析』から筆者作成.

　次に，表 3-9 で地方銀行と第二地銀の収益・費用の源泉である預金利率と貸出利回りを比較しよう．総じて，第二地銀の方が地方銀行よりも資金運用利回り，貸出金利回りは高い．資金調達コストである預金債券等原価も第二地銀で高く，その内訳である経費率，人件費率，物件費率も高く，資金調達原価は第二地銀の方が高い．地方銀行よりも第二地銀で貸出金利回り等が高いのは，第二地銀がより零細な企業を取引先にしているために信用コストがより高いことが一つの要因であろう．また，預金債券等原価や経費率・人件費率・物件費率が高いのは，第二地銀の方が経営規模が小さいために，地方銀行よりも規模の経済性が働きにくいことがあるからではないかと見られる．

　しかし，地域銀行の最大の問題は金利低下と利鞘縮小が長引いた結果，収益性がかなり悪化してきていることであろう．利鞘の縮小とその長期化に伴い，人件費の抑制など経費削減に地域銀行は取り組んできたが，限界に近づきつつあるように見られる．

　地域銀行の当期純利益の推移を見ると，2000 年代初期は不良債権処理に伴う損失として定義される信用コストの増大を主な要因として，赤字が続いた．

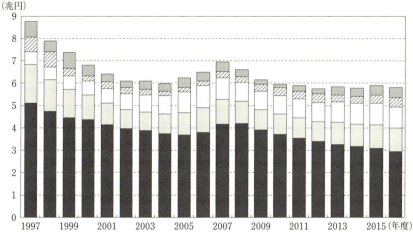

図3-5 地域銀行の経常収益主要項目の内訳とその推移

(出所) 全国銀行協会「全国銀行財務諸表分析」から筆者作成.

その後改善していくのはこの信用コストが減少するようになる2004年度からである. 近年は地方銀行は2015年 (第二地銀は2013年度) まで拡大してはいるものの, その後はやや低下して推移しているのは, 先述したコスト削減などの努力が限界に近づきつつあるからのように考えられる (図3-4).

地域銀行の利益構成を見ると, 2000年代入り後に徐々に変化していく. 図3-5で地域銀行の経常収益主要項目の内訳の推移を見ると, 全体的に収益水準が低下していくなかで貸出金利息は最大の構成項目ではあるが60％程度で推移し, 貸出金利息と有価証券利息配当金の和である資金運用収益は80％程度を占めて推移している. しかし, 先述のように貸出先や貸出需要の減少による貸出額の減少や貸出金利の低下・利鞘縮小が続き, また有価証券投資においても金利低下による証券利回り低下もあったことから収益力が低下していったのである.

このため, 地域銀行は収益源の多様化も急いで企図する必要が出てきたのである.「日本版金融ビッグバン」により取扱が可能となった投資信託や保険商品の窓口販売や企業向けのフィー・ビジネス (シンジケート・ローンの組成や

デリバティブ取引など）を推進するようになったのである．

その結果，それら金融サービスを提供することによる収益である役務取引等収益の経常収益全体に占める比重も趨勢的に高くなってきた．役務取引等収益（その大半は投資信託と生命保険販売関連である）が占める比率は1997年度に6.5%であったが，2010年度頃には14%程度まで拡大している．詳細は後節で検討するが，地域銀行は2000年代から投信や保険の販売に注力し，販売手数料や信託報酬等による非金利収入の拡大によって収益を下支えしたのであった．

4. 地域銀行の業界としての動向

(1) 合併・再編の動向

戦後の地方銀行の合併等の再編は，必ずしも頻繁に生じていた現象ではなかった．また第二地銀は相互銀行からの転換なども経験し，経営難から救済合併される銀行もあったが，件数としては少なかった．しかし，表3-10からわかるように地域銀行は2000年代に合併・再編が非常に多く行われるようになったのである．その理由は，①バブル経済崩壊後の銀行の財務内容の悪化により，経営が立ち行かなくなった銀行が増えたこと，②日本版金融ビッグバンにより，金融持株会社の解禁など，銀行の再編に利用しやすい制度面の後押しがあったこと，が指摘される．事実，1990年代までの再編は，主に第二地銀が中心でバブル崩壊後の不良債権が積み上がり，経営が悪化して破綻した結果，その処理に伴う合併，営業譲渡を中心に起きていた．しかし，2000年代以降，金融持株会社が解禁されてからは，破綻する以前に金融持株会社を共同で設立し，その傘下に現行の銀行が子会社となって入るというグループ化戦略を選択する金融機関が多く，同一県内ではなく，異なる県間での再編が進行する（表3-11および図3-6参照）．

また，近年では，グループ会社傘下の子銀行同士の合併・再編も増加する傾向にある．

金融持株会社設立による再編・統合は，結果として規模を拡大し，（最大限発揮したとはいえないまでも）費用削減効果をもたらした結果，証券子会社の設立など，グループ会社としての業務拡大効果ももたらしている（表3-11参

表 3-10　1990 年代以降の地域銀行の再編

年月	被合併行	合併行	誕生（存続）行／再編後
1998 年 10 月	なにわ銀行	福徳銀行	なみはや銀行
1999 年 4 月	みどり銀行	阪神銀行	みなと銀行
2000 年 4 月	近畿銀行	大阪銀行	近畿大阪銀行
2000 年 8 月	国民銀行	八千代銀行	八千代銀行
2001 年 12 月	近畿大阪銀行	大和銀行	大和ホールディングスの完全子会社
2001 年 9 月	せとうち銀行	広島総合銀行	もみじ HD 設立し，両社子会社に
2002 年 4 月	九州銀行	親和銀行	九州親和 HD 設立し，両社子会社に
2003 年 3 月	三井住友銀行	わかしお銀行	三井住友銀行（逆さ合併）
2003 年 3 月	足利銀行	—	あしぎん FG 設立し，子会社に
2003 年 4 月	つくば銀行	関東銀行	関東つくば銀行
2003 年 4 月	九州銀行	親和銀行	親和銀行
2003 年 9 月	北陸銀行	—	ほくぎん FG 設立し，子会社に
2004 年 2 月	関西さわやか銀行	関西銀行	関西アーバン銀行
2004 年 5 月	せとうち銀行	広島総合銀行	もみじ銀行（もみじ HD の子会社）
2004 年 9 月	北陸銀行	北海道銀行	ほくほく FG 設立し，両社子会社に
2004 年 10 月	福岡シティ銀行	西日本銀行	西日本シティ銀行
2005 年 10 月	山形しあわせ銀行	殖産銀行	きらやか HD 設立し，両社子会社に
2006 年 1 月	奈良銀行	りそな銀行	りそな銀行
2006 年 2 月	和歌山銀行	紀陽銀行	紀陽 HD 設立し，両社子会社に
2006 年 10 月	もみじ HD	山口銀行	山口 FG 設立し，両社子会社に
2006 年 10 月	和歌山銀行	紀陽銀行	紀陽銀行
2007 年 4 月	熊本ファミリー銀行	福岡銀行	ふくおか FG 設立し，両社子会社に
2007 年 4 月	もみじ HD	もみじ銀行	もみじ銀行となり山口 FG の子会社に
2007 年 5 月	山形しあわせ銀行	殖産銀行	きらやか銀行
2007 年 10 月	親和銀行	ふくおか FG	ふくおか FG の完全子会社に
2007 年 10 月	池田銀行	泉州銀行	池田泉州 HD 設立し，両社子会社に
2008 年 7 月	あしぎん FG	—	足利 HD に改称
2008 年 10 月	きらやか HD	きらやか銀行	きらやか銀行
2008 年 10 月	札幌銀行	北洋銀行	北洋銀行（札幌北洋 HD 設立・傘下）
2009 年 11 月	荘内銀行	北都銀行	フィデア HD 設立し，両社子会社に
2010 年 3 月	茨城銀行	関東つくば銀行	筑波銀行
2010 年 3 月	びわこ銀行	関西アーバン銀行	関西アーバン銀行
2010 年 4 月	徳島銀行	香川銀行	トモニ HD 設立し，両社子会社に
2010 年 5 月	泉州銀行	池田銀行	池田泉州銀行（池田泉州 HD の子会社）
2011 年 10 月	北九州銀行	山口銀行	山口銀行から北九州銀行を分割，両社山口 FG の子会社に
2012 年 9 月	岐阜銀行	十六銀行	十六銀行
2012 年 10 月	仙台銀行	きらやか銀行	じもと HD 設立し，両社子会社に
2013 年 10 月	紀陽銀行	紀陽 HD	紀陽銀行
2014 年 10 月	東京都民銀行	八千代銀行	東京 TY FG 設立し，両社子会社に
2015 年 10 月	肥後銀行	鹿児島銀行	九州 FG 設立し，両社子会社に
2016 年 4 月	東日本銀行	横浜銀行	コンコルディア FG 設立し，両社子会社に
2016 年 4 月	新銀行東京	東京 TYFG	東京 TY FG の子会社に
2016 年 4 月	大正銀行	トモニ HD	トモニ HD の完全子会社に
2016 年 10 月	長崎銀行	西日本シティ銀行	西日本 FHD 設立し，両社子会社に
2016 年 10 月	足利 HD	常陽銀行	めぶき FG 設立し，両社子会社に
2018 年 4 月	近畿大阪銀行・みなと銀行	関西アーバン銀行	関西みらい FG 設立し，子会社に（りそな HD の子会社）
2018 年 4 月	第三銀行	三重銀行	三十三 FG 設立し，両社子会社に
2018 年 5 月	新銀行東京・八千代銀行	東京都民銀行	3 行合併きらぼし銀行設立・きらぼし HD 設立し傘下に
2018 年 10 月	第四銀行	北越銀行	第四北越 FG 設立し，両社子会社に
2019 年 4 月	近畿大阪銀行	関西アーバン銀行	関西みらい銀行（関西みらい FG の傘下）（予定）

（注）　「被合併行」は対等の場合は合併行．
（出所）　全国銀行協会 HP から筆者作成．

表3-11　地域銀行の金融持株会社

持株会社の名称	設立年	銀行子会社	証券子会社
ほくほくフィナンシャルグループ	2003年	北陸銀行, 北海道銀行	ほくほくTT証券
フィデアホールディングス	2009年	北都銀行, 荘内銀行	—
じもとホールディングス	2012年	きらやか銀行, 仙台銀行	—
めぶきフィナンシャルグループ	2008年	常陽銀行, 足利銀行	めぶき証券
東京TYフィナンシャルグループ	2014年	東京都民銀行, 新銀行東京, 八千代銀行	—
コンコルディア・フィナンシャルグループ	2016年	横浜銀行, 東日本銀行	浜銀TT証券
関西みらいフィナンシャルグループ	2017年	近畿大阪銀行	—
池田泉州ホールディングス	2009年	池田泉州銀行	池田泉州TT証券
山口フィナンシャルグループ	2006年	山口銀行, もみじ銀行, 北九州銀行	ワイエム証券
トモニホールディングス	2010年	香川銀行, 徳島銀行, 大正銀行	—
ふくおかフィナンシャルグループ	2007年	福岡銀行, 熊本銀行, 親和銀行	ふくおか証券
西日本フィナンシャルホールディングス	2016年	西日本シティ銀行, 長崎銀行	西日本シティTT証券
九州フィナンシャルグループ	2015年	肥後銀行, 鹿児島銀行	—

(出所)　各社WEBサイト等より筆者作成.

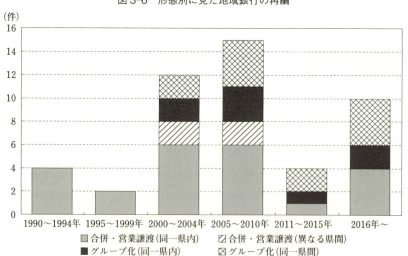

図3-6　形態別に見た地域銀行の再編

(出所)　各社WEBサイト等より筆者作成.

照).今後は地域銀行の持続可能性からさらなる再編も予想されているが,持株会社を用いた方式は,地元銀行のブランドを残しつつ再編できることなどから,今後も利用されていくと考えられる.

(2) 県外への進出の動向

　2000年代における地域銀行(上位行を中心に)の経営行動の変化として,本拠とする地元都道府県から,他県に対し進出(支店の開設および県外貸出の増加)する動きがあることである.この点については先行研究でも指摘されており(堀江(2008)や品田(2008)など),本節ではそれらの研究成果を紹介しつつ考察する.

　これまで指摘してきたように,地域銀行の収益性は2000年代から悪化した一方,上位行と下位行で貸出規模も格差が鮮明となってきている.ただし,上位行といえどもその本拠とする都道府県の経済活動が下位行の本拠地と極端に差異があるわけではない.上位行のこの時期の本拠地の生産活動は停滞していたのであった.品田(2008)によると,地域銀行,特に上位行が他県へ進出する背景には,地元経済の伸び悩み(人口減少,事業所数の減少)があり,収益向上を求めたためにやむをえずとられた方策だったという.また,そのような県外進出の結果,貸出金に占める他県貸出の比率も上昇するが,バブル期とは異なり,他県預金の比率はそれほど高まっていないという.

　堀江(2008)は,地域銀行の他県進出についてはさらに詳細に分析している.堀江(2008)は「規模の大きい上位行については,県内の生産活動規模が大きいほど県内の貸出シェアが高くなり,さらなる拡大を求めて県外での貸出に注力する傾向」があったと指摘する.ただし,「地銀上位行の大都市(東京・大阪)向けの貸出ウェイトは2割前後が多く,……(中略),大都市から離れた地域に本拠を構える地銀は,大都市よりも近隣の府県向けが主体」(堀江(2008))であるという[4].

　ただし,他県や大都市に進出したからといって,すぐに収益性が向上するわ

---

4) 2007年3月末時点.なお,堀江(2008)によれば,横浜・静岡・常陽・八十二・南都等は,大都市向け貸出ウェイトは2～3割に達するほか,静岡・群馬・山口等はその他府県向け貸出ウェイトも高いという.これに対し福岡,西日本シティ・広島・中国等は大都市向け貸出は必ずしも大きくないという.

けではない．品田（2008）は「他県進出が利益率の向上に結びついているとは言いがたい．また，他県進出が進むにつれ，競争激化と，それに伴う全体的な収益力低下は避けられない」という．その理由としては，①大都市では貸出先も豊富ではあるが，貸出競争も激しいこと，②他県から進出しているため，情報の非対称性が高く貸出規模も小さくなる中小企業向け融資ではなく，情報の非対称性が低く貸出規模が大きい（しかし，貸出金利が低くならざるをえない）中堅規模の企業への融資に狙いを定める傾向があることから，利鞘が小さくなるのである[5]．

なお，近年においても，県外進出，特に大都市から離れた県に所在する地域銀行は隣県などへの進出を活発化させる傾向が見られる[6]．地元経済の伸び悩みが少子高齢化と事業所数減少でさらに深刻化していることが最大の要因であるが，金融持株会社化などにより，金融機関の地元の定義（あるいは意識）をより広げ，広域展開を目指した動きがあることも理由の一つとして考えられる[7]．また，前節で指摘したように他県の銀行を金融持株会社を用いた再編で傘下に置くことで，実質的に金融グループで広域化を実現するという動きも見られ，地域銀行の他県への進出はより複雑な経営戦略を伴いながら進展していくと見られる[8]．

(3) 海外への進出の動向

2000年代入り後，中堅・中小企業の海外進出の積極化が明確になった．それらを顧客とする地域銀行も海外進出を盛んにするようになった．しかし，海外での預金・融資業務，すなわち海外子会社や海外支店の設立は許されていな

---

[5] 堀江（2008）は，地銀上位行が大都市向け貸出が多いのは，相対的に自己資本比率も高く，貸出競争にも伍していく余裕があることを表していると指摘している．
[6] 例えば，山口FGは子会社化した銀行を通して福岡，広島という本店所在県よりも経済規模の大きい隣県への進出を活発化しているし，伊予は大分，福岡まで含めた瀬戸内海周辺の県に積極的に店舗を展開している．
[7] 例えば，山形の荘内銀行と秋田の北都銀行は，フィデアホールディングスという持株会社のもとで経営統合し，東北全体を営業エリアとする視野を持ち仙台市に本社を置いている．
[8] 近年ではトモニHLDの大正の統合，横浜と東日本のフィデアFG設立による経営統合がある．鹿児島と肥後は九州FGを設立し経営統合する一方，九州全体を視野に福岡の拠点を強化し，他都府県にグループとして進出していくことを実質的に実現している．

表3-12 地方銀行の海外拠点数

国	都市	拠点数	国	都市	拠点数
中国	香港	17	フィリピン	マニラ	1
	青島	1	ベトナム	ハノイ	1
	瀋陽	1		ホーチミン	2
	大連	6	英国	ロンドン	3
	上海	27	ベルギー	ブリュッセル	1
	蘇州	1	ロシア	ウラジオストック	1
台湾	台北	2		ユジノサハリンスク	1
韓国	ソウル	1	米国	ニューヨーク	9
	プサン	1		ロサンゼルス	1
シンガポール	シンガポール	15	その他		2
タイ	バンコク	17			
			合計		111

(注) 支店, 駐在員事務所, 現地法人の合計. 2017年8月1日現在.
(出所) 地方銀行協会HP等より筆者作成.

い地域銀行が多く，海外進出も限定されたものにとどまらざるをえなくなっている．これに対して，都市銀行等のメガバンクは，国内業務が振るわないために，支店や現地法人を開設して海外業務を積極化し，大企業だけでなく海外進出した中堅・中小企業（それらは本来地域銀行の顧客だった）に対しても，包括的な金融サービスを提供するようになってきている．さらに，メガバンクは海外現地でのリテール業務や地場企業向けの取引拡大を目指して，東南アジアの地場銀行に対しての買収や資本参加を近年積極化させている．

地域銀行が海外進出する先は地元の企業が進出している東南アジア諸国が多い（表3-12）．現地では現地銀行の口座開設支援，法律・税制についての情報提供，海外でのビジネスマッチングなどを行っているようである．スタンドバイ融資やクロスボーダー融資も行われるが，円建ての親子ローンを日本の本社向けに実施することも多いことから，為替リスクへの対応が課題となっている．

また，地域銀行は，国際協力銀行（JBIC）が海外地場金融機関等との間で覚書を締結し，わが国の地域金融機関を通じた中堅・中小企業の現地進出支援体制の整備を行っている（表3-13）．この覚書のもとで，海外の地場金融機関等による日系企業担当窓口（ジャパンデスク）の開設・拡充，進出企業の日本での取引先である地域金融機関を交えた具体的な協力・連携について協議する枠

表 3-13 地銀連携協定の覚書締結先と参加金融機関の状況

国	締結先	覚書締結時期	参加金融機関
タイ	カシコン銀行	2011 年 5 月	28 行
インドネシア	バンクネガラ・インドネシア	2011 年 7 月	33 行
インド	インドステイト銀行	2012 年 8 月	45 行
フィリピン	BDO	2013 年 3 月	7 行
フィリピン	メトロバンク	2013 年 3 月	45 行
ベトナム	ベトナム投資開発銀行（BIDV）	2013 年 7 月	5 行
ベトナム	ベトコム銀行	2013 年 8 月	45 行
メキシコ	アグアスカリエンテス州	2015 年 10 月	68 機関
メキシコ	ハリスコ州	2015 年 11 月	68 機関
メキシコ	グアナファト州	2016 年 2 月	67 機関
メキシコ	Banamex	2016 年 2 月	57 機関
メキシコ	ヌエボ・レオン州	2016 年 3 月	67 機関

（注）2016 年 10 月現在．
（出所）国際協力銀行 HP から筆者作成．

組みが構築され，現地に進出した企業のビジネス・サポートを確保している（国際協力銀行（2018））．この枠組みは当初はタイで始まり，その後，各国・地域間で広がっていったが，参加金融機関数も信用金庫等も含め急速に拡大している．

(4) 証券子会社・投信子会社の設立

近年の地域銀行業界における注目される動きとして，投資信託子会社設立がある．従来型の地域銀行の投資信託の窓口販売（以下，投信窓販）は，外部の投信会社の商品を選定・調達して店頭で販売するという手法であり，地域銀行が投信子会社を設立・運営することはなかったが，近年上位の地域銀行で設立が相次いでいる（表 3-14）．

この背景には，日本版金融ビッグバンによって解禁された投信窓販の動向がある（詳細は後節参照）．投信窓販はメガバンクを中心に販売額を伸ばし，地域銀行も参入した．2000 年代前半の発展は『グローバル・ソブリン・オープン』に代表される毎月決算型投信の人気によるところが大きかったが，長期積立にそぐわない商品性や販売手数料目当ての販売姿勢に批判が広がった．またその他商品では金融庁からは高齢者の顧客に対するハイリスク商品の販売などが問

4. 地域銀行の業界としての動向

表3-14 地域銀行等の投信子会社設立の動き

親会社名	証券子会社	設立／完全子会社化	投信子会社	設立	株主
横浜銀行	浜銀TT証券	2008年5月	スカイオーシャン・アセットマネジメント	2014年11月	横浜銀行34%, 三井住友信託銀行21%, 京都銀行15%, 群馬銀行15%, 東京TYフィナンシャルグループ15%
群馬銀行	ぐんぎん証券	2016年2月			
京都銀行	京銀証券	2017年5月[*1]			
東京TYFG					
千葉銀行	ちばぎん証券	2011年10月[*2]	ちば銀アセットマネジメント	1986年3月[*4]	ちばぎんグループ100%
中国銀行	中銀証券	2009年6月[*3]	中銀アセットマネジメント	1987年11月[*5]	中国銀行グループ100%
静岡銀行	静銀ティーエム証券	2000年12月	(コモンズ投信)[*6]	2007年11月	静岡銀行22.4%
山口FG	ワイエム証券	2007年7月	ワイエムアセットマネジメント	2016年1月	山口フィナンシャルグループ90%, 大和証券グループ本社10%
ゆうちょ銀行	-	-	JP投信	2015年8月	ゆうちょ銀行45%, 日本郵便5%, 三井住友信託銀行30%, 野村ホールディングス20%
農林中央金庫	-	-	農中全共連AM	1985年10月[*7]	農林中金と全国共済農業協同組合連合会による共同会社
信金中央金庫	しんきん証券	1996年9月	しんきんAM	1990年12月	信金中央金庫100%

(注) *1：京銀証券は開業予定年月，*2：完全子会社になった年月，*3：完全子会社になった年月，*4：投資運用業（投資信託委託業）」の登録は2015年1月，*5：投資信託委託業務の届出は2013年11月，*6：コモンズ投信は静岡銀行の持分法適用会社であるが，子会社ではない，*7：前身の農中投信は1993年9月設立．
(出所) 各社WEBサイトより筆者作成．

題視され，いわゆる「適合性の原則」の適用が注意喚起された．また近年は「フィデューシャリー・デューティー」（受託者責任）の重視が打ち出され，投信窓販は監督行政面からも変化している．このような局面で，地域銀行が投信子会社を設立するようになったのである．

　具体的には，横浜銀行と三井住友信託銀行が「スカイオーシャン・アセットマネジメント」を共同で設立し，その後，京都銀行，群馬銀行，東京TYフィナンシャルグループも出資した．山口フィナンシャルグループは2016年1月に投信子会社を設立し，武蔵野銀行は千葉銀行傘下の「ちばぎんアセットマネ

ジメント」に提携の一環として出資した．静岡銀行は子会社ではないが，「コモンズ投信」に出資して持分法適用会社にする一方，業務提携で資産運用サービスを強化している．

このように，地域銀行が近年，投信子会社を設立（または自社主導で運営できる会社との関係強化）する目的は，独自性があり新しい運用サービスに合致する商品の必要性が高まってきているからである．

預貸業務中心の地銀経営の将来性が懸念されるまで危機感が高まってきている一方，投信窓販での競争激化も高まり，これまで補完的な意味合いに過ぎなかった金融リテールサービス，中でも資産運用サービスを地域銀行の安定した収益源としていく必要がある．そのためには顧客資産の長期的な蓄積・成長とともに地域銀行も拡大していくようなビジネスモデルを確立する必要がある．

そのためには，顧客のニーズをとらえ，他社と差別化した商品開発を自社グループの投信会社で提供し，長期的な視野のもとで販売していくことが必要なのである．

表 3-14 を見ると，投信子会社を設立した地域銀行は，合わせて証券子会社も設立している（東京 TYFG を除く）．その設立目的も，概ねリテール向けの資産預り業務が主である．顧客の金融リテラシーが向上し，ニーズがさらに多様化・高度化していくなかでは，銀行では対応できないケースも多くなってくる．手際のよい顧客対応のためには，証券子会社へ金融商品販売に特化した専門職員を配置したり，幅広い金融商品の開発と高度なコンサルティング・サービスの提供が，優良顧客を囲い込み，顧客満足度の向上のために必要とされ始めているのである[9]．

上述のように，地域銀行が証券子会社を持つ戦略的意味は，金融リテール・ビジネスにおける資産運用・管理業務の強化にある．このような証券子会社を持つ地域銀行は上位行に多いが，それらは資産運用・管理業務に先行して取り組んできた地域銀行だと見ることができる[10]．

このように，金融（投信）商品の上流から下流までのシームレスなサービス，

---

9) 地域銀行の証券子会社については第4章を参照されたい．
10) 山口 FG のように保険代理業の会社を買収するなど，生命保険商品を含めた販売強化策を打ち出している地域銀行もある．

すなわち顧客・潜在顧客のニーズをマーケティングし，企画・設定から自行独自の商品を選択・用意し，顧客の選好に合った販売チャネルを通じて，さまざまなレベルのコンサルティング・サービスを提供する体制をつくりあげることで，将来的な地域銀行の金融リテール・ビジネスを完成させる．このようなグループ全体で収益の最大化を図っていくことが最適な金融リテール戦略のモデルであることが先行する上位行には見えてきたのではなかろうか．

5. 地域銀行の地域密着型金融への取組み

(1) 地域銀行とリレーションシップ・バンキング

　地域銀行の貸出業務は銀行業務の中核であり，本拠県に所在する企業への貸出を収益構造の中の柱としてきた．当然ながら地方に所在する企業は中小企業が多く，資金調達手段も限られていたなかでは銀行からの借入がその中心となっていた．

　これら中小企業は事業内容や財務状況が不透明な場合も多く，借り手と貸し手の情報の非対称性が大きい．このため，金融仲介機関は，情報の非対称性に伴う金融取引上の困難に対処するため，審査やモニタリング等の情報生産活動を行い，それら情報生産にかかわるコストを預貸利鞘の中で回収する[11]．

　このような中小企業への銀行貸出をめぐる問題は，日本版金融ビッグバン以前においても存在し，「リレーションシップ・バンキング」ないし「リレーションシップ貸出」と呼ばれるビジネスモデルとして研究が蓄積されてきた．

　日本の金融監督行政においてリレーションシップ・バンキングの概念が正式に導入されたのは 2003 年であるという（渡部（2010））[12]．不良債権処理と収益性の回復を迫られていた銀行界において，主要行においては急進的な不良債権処理の収束を要請し，地域の中小企業との密着度が高く，その支援まで含めた取引関係が必要な地域金融機関にはリレーションシップ・バンキングの拡大による新たなビジネスモデルの再構築が求められたのである．このような背景か

---

11)　情報生産コストは固定費的な側面が強く，規模の経済が働くともいわれている．
12)　2003 年 3 月金融審議会金融分科会第二部会報告書「リレーションシップ・バンキングの機能強化に向けて」であるという．

らリレーションシップ・バンキング推進行政（リレバン推進政策）がとられていくことになる．ただし，リレバン推進政策の中では，リレバンと対立する概念であるトランザクションズ・バンキング（トラバン）に分類される各種融資手法も推進している．トラバンにはスコアリング貸出など，うまく機能させることができれば，コスト削減効果が高いと見られる手法もあり，リレバン推進政策は，「地域金融機関の総合的な収益力強化策としての側面が強い」（渡部(2010)）という．

さて，以上のような背景を持つリレーションシップ・バンキングや中小企業金融については，これまで膨大な数の学術的研究が存在する．また，中小企業金融やリレーションシップ・バンキングに関連するトピックとして，この時期に大きな問題となった信用保証についても，地域銀行の貸出行動を理解するためには重要である．中小企業金融やリレーションシップ・バンキング，あるいは信用保証などのテーマの重要性は十分認識しているが，これらは地域銀行のみならず信用金庫や信用組合も対象となることや，それらテーマの詳細を論ずることは必ずしも本章の目的ではなく，またそのための紙幅に余裕もない．このため，本章では地域銀行の貸出に関連する2000年代の動向について以下で紹介するにとどめることとする．

(2) 地域銀行と地域密着型金融への取組み

地域金融機関の機能強化を通じた地域経済の活性化効果を目論んだリレバン推進行政は，「地域密着型金融」との名称で，10年以上も経過することになった．2008年の世界金融危機のほか，マイナス金利政策の導入など地域金融機関を取り巻く環境はさらに厳しくなってきているが，2度の強化期間（アクションプログラム）を経て，2007年にリレバン推進の恒久化が行政方針となってからも地域金融機関への働きかけに大きな変化もなく推移している．このような地域銀行の「地域密着型金融」の動向について見ていこう．まず地域金融機関がかかわった創業・新事業支援にかかわる融資件数・金額の推移を見よう（表3-15）．

1990年代から事業所数が減少していったことはすでに述べたが，地域密着型金融で期待された役割の一つとして地域の創業を促すことで，雇用を増やし

5. 地域銀行の地域密着型金融への取組み

表 3-15 地域銀行による地域密着型金融への取組み状況

①創業・新事業支援 (単位：件，億円)

		2003年	2004年	2005年	2006年	2007年	2008年	2009年
創業・新事業支援融資	件数	737	846	2,379	3,088	6,532	6,522	7,270
	金額	85	102	241	323	823	810	877
企業育成ファンドへの出資	出資額	79	128	186	147	125	163	21

②経営改善支援 (単位：％，件)

	2003年	2004年	2005年	2006年	2007年	2008年	2009年
経営改善支援取組み先のランクアップ率	15.2	18.2	15.9	14.2	11.4	18.0	11.0
ビジネスマッチングの成約件数	5,741	8,997	13,152	19,542	21,462	23,729	26,965

③事業再生支援 (単位：件，億円)

		2003年	2004年	2005年	2006年	2007年	2008年	2009年
中小企業再生支援協議会と連携して支援し，再生計画策定に至った先	件数	133	210	284	270	204	198	331
	金額	1,691	2,933	3,101	2,311	1,496	1,498	2,678
金融機関独自に支援し，再生計画策定に至った先	件数	NA	NA	NA	NA	4,297	6,082	7,986
	金額					25,085	31,586	38,857
整理回収機構の支援決定先	件数	2	10	22	35	27	19	11
	金額	606	631	914	1,154	615	541	404
DDS	件数	6	38	42	37	17	34	71
	金額	55	216	164	142	76	197	240
DES	件数	27	26	22	29	12	20	31
	金額	173	242	186	249	49	202	149
企業再生ファンドへの出資	金額	106	157	145	143	104	69	70

(出所) 金融庁『平成21年度における地域密着型金融の取組み状況について』より筆者作成．

て人口流出を抑制し，地域経済の活性化を図ることがある．このため，地域銀行は制度融資などを利用しつつも中小零細企業支援で貢献していった．また，地域の中小企業のライフサイクルに応じた経営改善指導・アドバイスを行うほか，取引先の販路拡大を図るための展示・商談会を開催し，取引深耕とリレーション強化を図り，事業アドバイスまで踏みこむようになってきている．特にビジネスマッチングは国内だけにとどまらず，海外でも開催され広がりを見せてきている．また，一部では無料で提供していたコンサルティング業務やビジネスマッチングを有料化する動きも見られるようになり，銀行の手数料収入拡大に寄与するとともに，銀行側のインセンティブも向上し，より積極的になっ

表3-16 地域銀行によるトランザクション貸出への取組み状況

(単位:件,億円)

		2003年	2004年	2005年	2006年	2007年	2008年	2009年
動産・債権譲渡担保融資	件数	6,473	11,169	11,857	8,547	6,747	6,009	3,902
	金額	788	1,263	1,307	1,265	1,205	1,312	1,332
うち 動産担保融資	件数			18	118	351	986	1,000
	金額			36	118	303	499	555
財務制限条項を活用した商品による融資	件数	474	1,153	1,834	1,681	2,525	3,242	3,155
	金額	278	833	1,500	1,784	3,930	6,192	7,173

(出所) 金融庁『平成21年度における地域密着型金融の取組み状況について』より筆者作成.

てきている.

　事業再生支援は,新規事業者ばかりではない地域の産業・経済にとって,きわめて重要である.産業再生・事業再生がなければ,地方創生もないということに行政サイドも金融機関も認識し始めた結果,事業再生支援も地域密着型金融にとって重要な柱となっていったのであった.表3-15③でその推移を見ると,概ね2005年度ないし2006年度頃まで件数・金額ともに実績が積み上がったが,その後,2007年度に減少している.これは事業再生支援が必要な企業が少なくなったことや景気回復が要因だと見られるが,その社会的使命が終了したわけではなく,2008年度から再び増加している.これは世界金融危機による不況の影響があると見られる.

　最後に,表3-16でトランザクション貸出について見てみよう.リレバン推進行政では,事業価値を見極める融資手法をはじめ,中小企業に適した資金供給手法の徹底を図るとしており,不動産担保・個人保証に過度に依存しない融資等への取組みも必要とされる.動産担保融資(ABL)や財務制限条項を活用した商品による融資(いわゆるコベナンツ融資)は徐々に拡大してきており,さらなる拡大も期待される.また,農業金融や医療機関への融資なども広がりを見せ始めており,地域銀行もこれまでの事業融資ではなかった実績と経験を積むことでさらに取組みを積極化していくことも考えられ,引き続き行政的な後押しも含め,拡大していくことが期待されている.

表3-17　銀行窓販による生保保険商品の販売実績

年度	新規契約件数（万件）					新規契約保険金額（億円）				
	2006	2007	2008	2009	2010	2006	2007	2008	2009	2010
全チャネル	1,225	1,254	1,524	1,686	1,682	773,318	688,415	676,931	677,587	698,868
銀行窓販実績	76	62	80	103	118	46,673	39,112	40,762	50,758	60,070
銀行窓販のシェア	6.2%	4.9%	5.2%	6.1%	7.0%	6.0%	5.7%	6.0%	7.5%	8.6%

(出所) 金融庁『銀行等による保険募集に関するモニタリング結果』より筆者作成

6. 地域銀行の投信窓販とその効果

(1) 日本版金融ビッグバンと投信窓販・生保窓販

日本版金融ビッグバンという大きな金融制度改革が地域銀行の経営行動に影響を及ぼした代表的な分野を挙げるとすれば，第1はこの投資信託と生保商品の窓口販売（銀行窓販）の解禁ではなかろうか．もちろん，その預り資産などは預金総額に比べてまだ小さいが，①預貸ビジネスの収益性が悪化し，回復の目途も立たないなかで，手数料ビジネスがある程度の下支えをしたこと，②地域銀行にとってはメガバンク等のようにシンジケート・ローンの組成などの機会が少なく，銀行窓販が非金利収入の大きな柱となっていること，③窓販解禁後，投信も生保商品も一時的な停滞はあったが順調に販売額は拡大してきたこと，さらに④地域銀行が金融マーケティングについても注力し始め，金融リテール・ビジネスの今後をこれら金融商品販売から取り組ませるきっかけとなったことなどから，日本版金融ビッグバン以後の地域銀行の経営行動を考えると軽視できない業務のように考えられるからである[13]．

さらに前節で見たように近年においても貸出収益は低迷が続き，証券投資(国債投資)による収益補完もほぼ限界にあるとも見られている．このため，資金運用収益の増加が困難となるなかで，地域銀行にとって非金利収入の重要性が高まる一方，2014年1月に少額投資非課税制度（NISA）が開始されたり，個人型確定拠出年金「iDeCo（イデコ）」の拡充が図られたりなど，銀行窓販を後押しする材料が多く，ますます非金利収入の拡大に寄与していくことが期待

---

13)　金融マーケティングの分野は学術的にも実務的にも金融ビッグバン以降急速に関心が高まっている．

されている.

　生命保険の銀行窓販については，金融庁（2011）によると，生命保険商品の新規契約件数・保険金額ともに増加傾向にある（2006～2010年度）．生保商品の全チャネルに占める銀行窓販の販売シェアは，2010年度で件数7.0％，保険金額8.6％である[14]．ただし，商品による格差が激しく，年金商品，中でも変額年金保険は件数・保険金額ともに88％程度を銀行窓販が占め，ほぼ銀行窓販用につくられた商品だといってよい．

　生保の窓販商品は，銀行で販売できる保険商品の範囲が数次にわたって解禁されていったことのほか，手数料の高さや，銀行にとっての売りやすさ・説明のしやすさという点などから，各時代によって主力商品が入れ替わるという経緯をたどっている．村上（2011）によれば，「地方銀行の販売額は窓販普及期初期の5,000億円から2010年度上期の1兆2,000億円まで堅調に拡大してきており，（都銀，信託，地銀，第二地銀，信用金庫による生保商品の）窓販販売額全体のうちの5割を占める」（括弧内は引用者補足）という．また，第二地銀も販売額の水準は地銀ほどではないが（2010年度上期で2500億円程度），「成長率は地銀とひけをとらないほどであった」という（村上（2011））．

　このように，生保の銀行窓販も地域銀行の手数料収入に貢献しているが，①変額年金など株価や為替など市況に販売額が左右される傾向があったこと，②長期的視野でのライフプランにおける資産形成に必ずしも寄与しない商品特性を持つ商品が主力だったこと，③契約者保護の面から問題があったこと，④金融庁からは複雑な仕組みや手数料の高さに批判があったこと，⑤また近年では手数料開示の問題などもあったことなど，銀行窓販解禁から15年以上を経過したが課題も多く抱えている[15]．

　このような銀行窓販の状況を踏まえ，以下では投資信託を中心に銀行窓販を分析する．それは，概ね投信窓販からの収益の方が生保窓販（個人年金）からの収益よりも大きいと見られること（村上（2011）），窓販解禁以後の長期間にわたる窓販関連データは個別行ベースでは投信の方が比較的入手しやすかった

---

14) 損害保険商品の銀行窓販の販売シェアは2010年度で件数0.3％，保険料0.5％でしかなく本章では生保保険商品にのみ焦点をしぼっている．
15) もちろん，投信窓販も手数料の高い売りやすい商品を回転売買させているなどの批判もある．

図 3-7　銀行の投信窓販の実績

契約型公募投資信託の販売業態別純資産残高

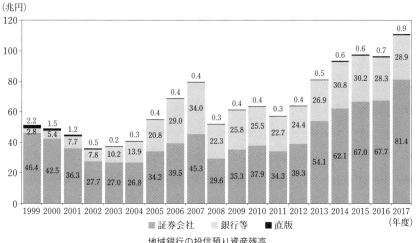

地域銀行の投信預り資産残高

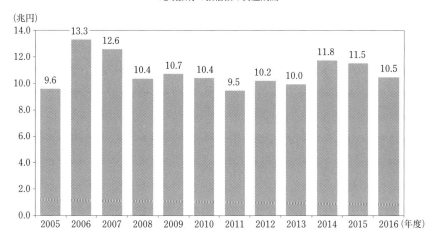

（出所）投資信託協会および日本金融通信社『ニッキン投信情報』各号より筆者作成．

ことが理由である．

図 3-7 で業態別の投信窓販の純資産残高の状況を見ると，地域銀行を含む「銀行等」は解禁後順調に残高を伸ばしたが，2008 年の投信販売の姿勢に批判が

集まり，また世界金融危機が発生すると残高は一旦縮小した．しかし，その後一進一退はあるが徐々に残高を増加させ，証券会社も2012年以降に拡大させ，全体で100兆円を超えるまでになった．銀行等では2017年度で28.9兆円の残高になっている．

次に，地域銀行全体での投信窓販業務の状況を見ると，2006年度にピークをつけるが，その後10兆円から11兆円程度で推移している．市況の変動等で左右される面はあるものの，一定の水準を維持しており，別言すれば，地域銀行では投信窓販は手数料収益業務の一環として安定的な地位を占めるようになっているとも解釈されよう．

本節では，このような非金利収入の地域銀行の経営パフォーマンス（収益性および収益の変動）への影響について分析する．特に，投信窓販業務の非金利収入への効果のほか，非金利収入が地域銀行の経営パフォーマンスにもたらす影響，また，収益内容の分散化の進展が地域銀行の収益性に与える効果についても考察する[16]．

(2) 非金利収入についての先行研究

銀行の投信窓販，あるいはそれを包括する非金利収入に関する先行研究については，日本の銀行を対象とした研究では，以下の例が挙げられる．稲葉・服部（2006）が手数料ビジネスの拡大が収益変動性と経営安定性にもたらす影響について商業銀行を対象に分析している[17]．手数料ビジネスの拡大は2001年から2005年の期間では，収益の落ち込みを抑えるとともに，自己資本の増強への寄与を通じて，経営安定性の向上に貢献した可能性を指摘する．日本銀行（2008）では，非金利収入に相当する内容として「非資金利益比率」[18] を定義し，その推移をメガバンクと地域銀行に分けて分析している．その結果，メガバンク・地域銀行の「非資金利益比率」は2000年代に上昇し，地域銀行の役務取引等利益の内訳では，投信・保険販売による寄与分が2003年度から2007年度で上昇したことも示唆する．森（2008a,b）は，地域銀行は投信窓販の拡大によっ

---
16) 本節は森（2014）を参考としつつモデルの修正や推定期間を拡大して再考察したものである．
17) 都市銀行6行および地方銀行64行を対象としている．
18) 非資金利益／（資金利益＋非資金利益）で定義している．非資金利益は非金利収入と同義である．

て収益源の多様化や顧客の囲い込みなどによる寄与のほか，既存業務との範囲の経済性の面での効果も享受できたことを示唆する．立花・畠田 (2009) は，銀行業務や貸出先の分散化による銀行業績への影響について分析し，非金利収入の拡大や有価証券関連収益の拡大などによる業務内容の分散化は銀行の収益性で見たリスクを低めるものの，それ以上に利益も低めたとの結果を得ている[19]．

本研究では，地域銀行を分析対象に投信窓販業務と非金利収入の関係，非金利収入拡大をもたらす要因，そして非金利収入の拡大に見られる経営多角化（業務の分散化）が地域銀行のパフォーマンスに与える影響を，投信窓販が進展してきた 2003 年度から 2016 年度を対象に分析する．

(3) 非金利収入，投信窓販についての実証分析
(a) 非金利収入に影響する要因

まずは，非金利収入にどのような要因が作用するのか検証を行う．DeYoung and Rice (2004) を参考に，各年度各行の収益や規模に対する非金利収入の比率として，非金利収入比率 (NII_Rj) を定義し，それを被説明変数として，地域銀行別のパネルデータ推計を行い検証する．

被説明変数は，具体的には，NII_R1 = 役務取引等収益÷経常収益，NII_R2 = その他役務取引収益÷経常収益，NII_R3 = 役務取引等収益÷総資産，NII_R4 = その他役務取引等収益÷総資産である．

説明変数としては以下の変数を採用する．投信比率＝投資信託預り残高÷各行預金総額，預貸率＝貸出総額÷預金総額，総資産額は対数値である．県内貸出シェアは地銀の地元となる都道府県における貸出シェアで代理する．中小企業貸出比率＝中小企業向貸出額÷貸出総額，統合再編ダミーは，合併・統合等の再編が起きた年とその翌年に 1，そうでない年に 0 をとるダミー変数である．

さらにコントロール変数として各地域銀行の営業地盤の変数を考える．地域銀行の営業地盤は前節で示したように本拠とする都道府県以外への県外進出が著しく（県外貸出も増加し），その影響は無視できない．また，地域銀行にとって店舗は収入活動の拠点であり，県内・県外に限らずどの市区町村に立地する

---
[19] 1998〜2007 年度までの期間で都市銀行，信託銀行，地銀を対象にしている．

のかといった営業展開戦略は経営パフォーマンスの帰趨を決めるほどの重要性を持っている．また各地域銀行は県内においてもすべての市区町村を必ずしも均一に扱っているわけではなく，市区町村によってメリハリの利いた店舗展開を行っている．このため，本節の分析では地域銀行の営業地盤を算出するにあたり，堀江（2015）で示されているように，「各市区町村に所在する店舗数をウェイトとした加重合計値（加重平均値）」を算出して営業地盤の代理変数として採用した．営業地盤は一般的に「経済的豊かさ」と「競争度」に分かれるが，本節で選定した営業地盤の変数は，堀江（2015）での推定結果を参考に，「人口増加率」，「高齢者比率（65歳以上人口の比率）」，「事業所数増加率」，「店舗数ベースで見たハーフィンダール指数（HHI）」を選んで算出している[20]．ただし，事業所数等の統計は必ずしも毎年作成されてはいないために，比較的時点が近い計数を使用せざるをえなかった．このため各行の財務データは2003年以降2016年まで毎年そろうが，推定で使用したデータは2003年，2006年，2009年，2015年でアンバランスド・パネルデータである．データの出所は，投信比率および県内貸出シェアは金融ジャーナル社『ニッキン投信情報』，『金融マップ』各号より，財務データは全国銀行協会『全国銀行財務諸表』，『全国銀行　財務諸表分析銀行別諸比率表』，事業所数は総務省統計局『経済センサス』等，人口・高齢者数は総務省統計局『市区町村データ　基礎データ』，各金融機関の店舗数は『日本金融名鑑』，統合再編情報は全国銀行協会ホームページである．

分析結果は表3-18のようになる．まず投信比率の係数はいずれの推定でも正で1％水準で有意であることが示された．すなわち，投信比率が高い地域銀行ほど非金利収入比率が高くなることが確認された．その他の変数について見ると，4つの推定結果のいずれにおいても，総資産額は負で有意であった．これは，地域銀行の規模が大きくなっても必ずしも非金利収入比率は伸びずに逆に比率としては低下することを示唆する[21]．非金利収入の絶対額は上位行の方が大きいと見られるが，非金利収入比率としてはまだ小さく，下位行の方が高

---

20)　HHIは市場における競争状態を表す指標のひとつで，市場における各企業のシェアの2乗和で定義される．完全独占であれば1，完全競争に近づくと0に近づく．

21)　森（2014）の推定では期間・説明変数は異なるが，やはり総資産額は負という結果であった．

表 3-18　地域銀行の非金利収入比率についての推定結果

被説明変数	NII_R1	NII_R2	NII_R3	NII_R4
定数項	68.352　(2.599)***	45.323　(2.027)**	2.257　(4.566)***	1.788　(4.357)***
投信比率	0.276　(3.496)***	0.307　(4.483)***	0.010　(4.798)***	0.010　(5.333)***
預貸率	-0.013 (-0.396)	-0.007 (-0.264)	0.000　(0.660)	0.000　(0.181)
総資産額	-5.235 (-3.180)***	-3.741 (-2.661)***	-0.177 (-5.693)***	-0.138 (-5.184)***
県内貸出シェア	0.054　(1.663)*	0.050　(1.835)*	0.001　(2.381)**	0.001　(2.286)**
統合再編ダミー	0.416　(0.680)	0.221　(0.390)	-0.009 (-0.772)	-0.010 (-0.804)
人口増加率	-0.004 (-0.768)	-0.005 (-1.205)	0.000 (-1.290)	0.000 (-1.468)
高齢者比率	0.804　(2.170)**	0.719　(2.442)**	0.021　(2.653)***	0.015　(2.274)**
事業所数増加率	0.022　(0.650)	0.014　(0.484)	-0.001 (-1.016)	-0.001 (-0.912)
HHI	8.651　(0.827)	2.132　(0.256)	0.122　(0.601)	-0.033 (-0.198)
個別ダミー	Yes	Yes	Yes	Yes
年度ダミー	Yes	Yes	Yes	Yes
自由度修正済決定係数	0.824	0.819	0.879	0.855
ハウスマン検定量（P値）	75.564　0.00　固定効果	84.872　0.00　固定効果	115.037　0.00　固定効果	104.582　0.00　固定効果

(注)　括弧内は t 値を示す．***は1％，**は5％，*は10％水準で有意を示す．

い．これは上位行では貸出利益がまだ大きなウェイトを占めているためだと見られる．なお，DeYoung and Rice (2004) では総資産額は正で有意（一部で負で有意）であり，本分析とは逆の結果を示している．これは米国の銀行では規模が大きくなると，収益性の高い非金利収入をより多く求める傾向があるためであり，日本の地域銀行とは置かれた状況や経営行動が異なるためだと見られる．県内貸出シェアは正で有意であった．県内貸出シェアが高い地域銀行は，貸出はもちろんのこと，県内での貸出に関連して伸びる手数料ビジネス（例えば為替手数料など）の影響などもあり，正の効果をもたらしたのかもしれない．ただし，その係数の絶対値が小さいことは注意が必要である．

　営業地盤を示す変数については，高齢者比率が正で有意となっている．日本証券業協会（2015）によれば，わが国では高齢者は資産残高が多く，投資信託の保有率が若年者よりも高いという傾向がある．この点を踏まえると，高齢者比率が高い地域銀行の営業地盤では，経済は停滞して貸出収入が低下する傾向があるが，高齢者比率が高い市区町村を営業地盤とする地域銀行ほど，投信の販売・残高も多くなり，非金利収入比率がより高くなったと解釈されよう．

表 3-19　非金利収入比率の ROA への効果

被説明変数	ROA	ROA	ROA	ROA
定数項	18.046 (5.149)***	17.845 (5.172)***	17.826 (4.461)***	16.114 (2.586)**
NII_R1	0.015 (1.278)			
NII_R2		0.024 (1.723)*		
NII_R3			0.477 (0.702)	
NII_R4				1.181 (1.719)*
預貸率	-0.002 (-0.509)	-0.003 (-0.598)	-0.003 (-0.535)	-0.003 (-0.612)
総資産額	-1.146 (-4.818)***	-1.128 (-4.788)***	-1.123 (-4.122)***	-1.002 (-2.330)**
県内貸出シェア	-0.010 (-1.356)	-0.010 (-1.380)	-0.010 (-1.333)*	-0.010 (-1.254)
中小企業貸出比率	-0.002 (-0.871)	-0.003 (-0.900)	-0.003 (-0.945)	-0.003 (-1.383)
統合再編ダミー	-0.260 (-2.128)**	-0.259 (-2.125)**	-0.255 (-2.077)**	-0.251 (-1.844)*
人口増加率	-0.001 (-0.418)	-0.001 (-0.374)	-0.001 (-0.410)	-0.001 (-0.812)
高齢者比率	-0.062 (-2.674)***	-0.064 (-2.775)***	-0.063 (-2.717)***	-0.066 (-3.943)***
事業所数増加率	-0.003 (-0.368)	-0.002 (-0.331)	-0.002 (-0.291)	-0.001 (-0.232)
HHI	2.099 (1.806)*	2.145 (1.850)*	2.120 (1.824)*	2.147 (3.334)***
個別ダミー	Yes	Yes	Yes	Yes
年度ダミー	Yes	Yes	Yes	Yes
自由度修正済決定係数	0.292	0.295	0.291	0.295
ハウスマン検定量 (P値)	24.636　0.01　固定効果	23.379　0.01　固定効果	17.650　0.06　固定効果	18.201　0.05　固定効果

(注)　括弧内は t 値を示す．＊＊＊ は 1％，＊＊ は 5％，＊ は 10％水準で有意を示す．

(b) 経営パフォーマンスへの影響についての実証結果

次に，非金利収入による地域銀行の経営パフォーマンスへの影響について検証を行う．各地域銀行の ROA，各行の ROA の過去 5 年間のデータから計測した標準偏差（$\sigma(\text{ROA})$で示す）を被説明変数としたパネルデータ推定を行う．説明変数は前節で利用した変数と非金利収入比率（NII_Rj）」である．推定結果は表 3-19，3-20 で示される．

ROA への影響については，非金利収入比率（NII_Rj）の係数は NII_R2 と NII_R4 で正で有意であり，（注意は要するが）非金利収入比率の上昇は ROA を増加させる可能性がある（NII_R1，NII_R3 も係数は正）．

その他の変数としては総資産額が負で有意であることから，地域銀行の規模が大きくなっても銀行の収益性向上には結びつきにくくなっていること，統合再編ダミーは負で有意であり，再編後には組織的な問題から収益性が一時的に

表 3-20 非金利収入比率の ROA の標準偏差への効果

被説明変数	σ (ROA)	σ (ROA)	σ (ROA)	σ (ROA)
定数項	-8.572 (-2.556)**	-8.253 (-2.481)**	7.126 (1.327)	-3.798 (-1.051)
NII_R1	-0.002 (-0.283)			
NII_R2		-0.009 (-0.962)		
NII_R3			-1.940 (-2.397)**	
NII_R4				-1.749 (-3.023)***
預貸率	-0.001 (-0.281)	-0.001 (-0.219)	0.000 (-0.077)	0.000 (-0.121)
総資産額	0.597 (2.849)***	0.574 (2.767)***	0.231 (0.959)	0.265 (1.153)
県内貸出シェア	-0.005 (-0.876)	-0.004 (-0.767)	-0.003 (-0.618)	-0.002 (-0.462)
中小企業貸出比率	-0.001 (-0.548)	-0.001 (-0.572)	-0.001 (-0.492)	-0.001 (-0.470)
統合再編ダミー	0.329 (4.614)***	0.326 (4.577)***	0.314 (4.480)***	0.309 (4.409)***
人口増加率	0.001 (0.157)	0.001 (0.143)	0.001 (0.161)	0.001 (0.109)
高齢者比率	0.083 (2.287)**	0.085 (2.357)**	0.098 (2.720)***	0.088 (2.486)**
事業所数増加率	-0.007 (-1.580)	-0.007 (-1.547)	-0.008 (-1.956)*	-0.007 (-1.735)*
HHI	-6.509 (-3.574)***	-6.460 (-3.564)***	-5.484 (-3.015)***	-5.877 (-3.287)***
個別ダミー	Yes	Yes	Yes	Yes
年度ダミー	Yes	Yes	Yes	Yes
自由度修正済決定係数	0.675	0.676	0.688	0.689
ハウスマン検定量	29.822	33.840	41.927	49.072
(P 値)	0.00	0.00	0.00	0.00
	固定効果	固定効果	固定効果	固定効果

(注) 括弧内は t 値を示す. *** は 1%, ** は 5%, * は 10% 水準で有意を示す.

低下することを確認できる.また営業地盤を示す変数は高齢者比率が負で有意であり,営業地盤の高齢化は地域銀行の収益性の低下を招くことを示唆する.また HHI は正で有意であり,営業地盤での寡占度が高いと,ROA を高める効果があることがわかる.

次に表 3-20 で σ (ROA) への影響について見ると,非金利収入比率(NII_Rj)の係数は NII_R3 と NII_R4 で負で有意であることから (NII_R1, NII_R2 は有意ではないが負),非金利収入比率の上昇は ROA の変動を抑制することがわかる.すでに見たように,地域銀行は金利収入の減少を補うように投信販売による手数料収入が寄与したことが示唆されたが,収益性の変動も抑制された可能性も示唆される.統合再編ダミーは正で有意で,統合再編後は収益性が不安定になったことが指摘できる.

営業地盤を示す変数では,高齢者比率が正で有意となっている.そもそも,

わが国の企業全体の平均ROAは製造業・非製造業を問わず1980年代から低下し，ROAの標準偏差も平均の低下とともに縮小するが，変動係数で見たバラツキは大きくなっていることが指摘されている（中村（2001））．この点を踏まえると，営業地盤の高齢化とともに，銀行のROAの低下がもたらされたが，（本章では標準偏差に注目しているが）ROAのバラツキ度合い，すなわち各行の収益性の変動は，高齢化の進行で象徴される営業地盤の成長の低迷が強くなるほど，大きくなるのかもしれない．HHIは負で有意であり，集中度が低く競争度が高くなるほどROAの変動が大きくなることを示唆し，競争度の高まりが，金利収入の低下を招き，総資金利鞘を縮小させ，さらに投信窓販の競争も激しくなることでROAが安定しないと解釈される．

以上の結果から，非金利収入比率の上昇は，地域銀行のROAで見た収益性を向上させる一方，その変動性を抑制する可能性があることが示唆された．

(c) 業務分散度による地域銀行の収益性への影響

非金利収入の拡大を中心とする業務分散度合いの高まりは，いわゆる経営多角化が図られたとも見ることができる．この経営多角化が地域銀行の収益性にもたらす影響について検証するため，Stiroh（2004）を参考に，非金利収入を明示的に考慮した業務分散度指標を導入する．銀行の経常収益の構成要素から，業務内容の分散化を測る指標として，下記の「業務分散度指数（DIV_j）」を定義する．具体的には，以下の経常収益の構成要素で分割し，業務分散化が進むほど，各指標は大きくなる．

$$DIV\_1 = 1 - \left\{ \left(\frac{INK}{INC}\right)^2 + \left(\frac{INS}{INC}\right)^2 + \left(\frac{INE}{INC}\right)^2 + \left(\frac{INT}{INC}\right)^2 + \left(\frac{INO}{INC}\right)^2 + \left(\frac{OTH}{INC}\right)^2 \right\} \quad (1)$$

$$DIV\_2 = 1 - \left\{ \left(\frac{INK}{INC}\right)^2 + \left(\frac{INS}{INC}\right)^2 + \left(\frac{UKE}{INC}\right)^2 + \left(\frac{OTE}{INC}\right)^2 + \left(\frac{INT}{INC}\right)^2 + \left(\frac{INO}{INC}\right)^2 + \left(\frac{OTH}{INC}\right)^2 \right\} \quad (2)$$

$$\text{ただし，} INC = INK + INS + INE + INT + INO + OTH \quad (3)$$

$$INE = UKE + OTE \quad (4)$$

ここで，INC：経常収益，INK：貸出金利息による収益，INS：貸出金利息以外の資金運用収益，INE：役務取引等収益，INT：特定取引収益，INO：その他業務収益，OTH：その他経常収益，UKE：受入為替手数料収益，OTE：

6. 地域銀行の投信窓販とその効果

表 3-21 投信比率の収益分散度への効果

被説明変数	DIV_1		DIV_2	
定数項	2.012	(7.157)***	2.086	(4.288)***
投信比率	0.006	(2.392)**	0.006	(3.315)***
預貸率	-0.068	(-3.609)***	-0.073	(-2.203)**
総資産額	-0.004	(-10.351)***	-0.004	(-6.891)***
県内貸出シェア	0.000	(-0.038)	0.000	(-0.008)
中小企業貸出比率	-0.001	(-4.499)***	-0.001	(-3.129)***
統合再編ダミー	-0.024	(-2.149)**	-0.025	(-1.754)*
人口増加率	-0.003	(-0.859)	-0.004	(-1.066)
高齢者比率	0.000	(0.363)	0.000	(0.764)
事業所数増加率	-0.001	(-0.844)	-0.001	(-0.640)
HHI	-0.046	(-0.228)	-0.051	(-0.314)
個別ダミー	Yes		Yes	
年度ダミー	Yes		Yes	
自由度修正済決定係数	0.807		0.818	
サンプル数	406		406	
ハウスマン検定量	30.595		25.195	
(P 値)	0.00		0.01	
	固定効果		固定効果	

(注) 括弧内はt値を示す．***は1%，**は5%，*は10%水準で有意を示す．

その他役務取引収益である．DIV_1 も DIV_2 も収益構成の分散化が進むほど大きくなることを示唆する．

投信窓販業務の進展は，上述の議論から分散化の程度を引き上げることが予想される．それでは，業務分散化が進むと地域銀行の収益性（ROA）にどのように影響するのかを検証する．

まず，被説明変数を DIV_1，DIV_2 とした場合に，投信比率が増加した場合の効果を検証する．結果は表 3-21 で示される．投信比率が増加すると，業務分散度は増加することがわかる．すなわち，投信窓販の拡大は，地域銀行の経営多角化（業務の分散化）に寄与したといえる．では，業務分散度の増加は地域銀行の収益性に寄与するのであろうか．この点について，被説明変数をROA とし，説明変数に DIV_1，DIV_2 を採用するほか，それらの2乗の項を導入して推定する．これは分散化がもたらす非線形な効果を見るためである．またその他説明変数は，前節で採用した変数である．

表3-22 収益分散度によるROAへの効果

被説明変数	ROA	ROA	ROA	ROA
定数項	17.952 (2.929)***	15.647 (4.154)***	17.821 (2.945)***	15.590 (4.123)***
DIV_1	0.628 (1.815)*	3.615 (2.017)***		
$(DIV\_1)^2$		-2.768 (-1.687)*		
DIV_2			0.656 (1.841)*	3.484 (1.970)**
$(DIV\_2)^2$				-2.599 (-1.619)
総資産額	-1.176 (-2.668)***	-1.075 (-4.463)***	-1.169 (-2.678)***	-1.071 (-4.434)***
預貸率	0.001 (0.204)	0.001 (0.257)	0.001 (0.227)	0.001 (0.266)
県内貸出シェア	-0.010 (-1.135)	-0.011 (-1.489)	-0.010 (-1.134)	-0.011 (-1.484)
中小企業貸出比率	-0.002 (-0.884)	-0.001 (-0.509)	-0.002 (-0.867)	-0.001 (-0.498)
統合再編ダミー	-0.247 (-1.837)*	-0.246 (-2.018)**	-0.247 (-1.840)*	-0.245 (-2.014)**
高齢者比率	-0.059 (-2.985)***	-0.053 (-2.260)**	-0.059 (-2.970)***	-0.053 (-2.248)**
人口増加率	-0.001 (-1.271)	-0.001 (-0.507)	-0.001 (-1.260)	-0.001 (-0.512)
事業所数増加率	-0.002 (-0.318)	-0.003 (-0.387)	-0.002 (-0.320)	-0.003 (-0.381)
HHI	2.141 (2.993)***	1.815 (1.538)	2.144 (2.985)***	1.818 (1.539)
個別ダミー	Yes	Yes	Yes	Yes
年度ダミー	Yes	Yes	Yes	Yes
自由度修正済決定係数	0.294	0.295	0.294	0.295
サンプル総数	407	407	407	407
ハウスマン検定量	18.644	18.871	18.796	19.028
(P値)	0.045	0.063	0.043	0.061
	固定効果	固定効果	固定効果	固定効果

(注) 括弧内はt値を示す．*** は1%，** は5%，* は10%水準で有意を示す．

分析結果は表3-22で示される．DIV_1，DIV_2の係数はいずれも正で有意であった．これは，収益構成の分散化の進展が地銀の収益性には正の効果をもたらすことを示唆する．またDIV_1，DIV_2およびその2乗の項を採用した場合は一部で負で有意であった．

以上の結果，地域銀行において投信窓販の拡大とそれに伴う経営多角化の進展はROAに正の効果をもたらし，収益性の向上に寄与する可能性が示唆された．なお，これらの結果は，立花・畠田 (2009) が「業務内容を分散化すると常に利益を低める」という結果とは異なる．この相異は立花・畠田 (2009) が1982年度から2007年度という金融自由化以前の時代でさらに投信窓販などがなかった時代を長く含む時期のデータを対象とする一方，本研究では2000年代の金融自由化以後の投信窓販の影響が色濃く反映される時代を対象にしたか

らではないかと考えられる.

(4) 非金利収入,投信窓販についてのまとめ

 2000年代に地域銀行の投信窓販は急速に拡大してきた. その結果, 主な業務である貸出以外で地域銀行に非金利収入 (主に手数料収入) をもたらすことになり, それら収入の拡大が, 銀行の経営パフォーマンスの向上に寄与していることを確認できた. しかし, 同時にこれら投信窓販を中心とする非金利収入業務はROAの変動を小さくさせる効果を持つこともわかった. これらの効果は, 日本版金融ビッグバンによって, 投信や生保の販売が解禁され, その拡大によりもたらされたものと考えられる. さらに, 中核である貸出業務以外の業務を進展させて, 業務を多角化した地域銀行は, 収益の補完効果の側面からも経営パフォーマンスが向上したことを確認できた.

 地域銀行では個人の預り資産に対する投資信託の預り資産の比率は5%程度で推移し, いまだ大きいものにはなっていない. しかし, 上位行で証券子会社だけでなく, 投信子会社まで設立され, ラップビジネスも導入するなど, 上位行の資産運用ビジネスは今後さらに拡大する可能性を予感させる. その一方で, 顧客層が広がり, 投信の預かり残高も大きくなるほど, よりきめ細かなサービスも必要となり, 販売員の商品知識や販売・アドバイスのスキル向上への不断の努力も求められるなど, コストの増大や生命保険商品の提供なども含めた新たなビジネスモデルの確立のためには, さらなる資源投入が求められよう.

 地域銀行は資金の地域還流など地域金融における重要な役割を負っている. しかし, 地域銀行も株式会社である以上収益向上が求められるのも事実である. このような側面からも収益性の高い非金利収入と従来の業務の柱である預貸ビジネスのバランスをとりつつ, いかに地域銀行は生き残りを図っていくのか. 今後の地域銀行の帰趨は, 自行の地域金融環境を展望し, 自行の生存に向けた経営判断とその実行にかかってくるように考えられる.

◆参考文献

稲葉圭一郎・服部正純（2006），「銀行手数料ビジネスの動向と経営安定性」『日本銀行ワーキングペーパーシリーズ』第06-J-22号，日本銀行，1-34頁．

金融庁（2011），『銀行等による保険募集に関するモニタリング結果』金融庁．

国際協力銀行（2018），『国際協力銀行の役割と機能』国際協力銀行．

品田雄志（2008），「地域銀行の営業広域化戦略―競争激化で進む収益性の低下，再編による新たな棲み分けも」『信金中金月報』7（8），46-59頁．

立花実・畠田敬（2009），「分散化が銀行のパフォーマンスに及ぼす影響」『国民経済雑誌』200（2），23-37頁．

地方金融史研究会編（1994），『戦後地方銀行史［Ⅰ］成長の軌跡』東洋経済新報社．

中村純一（2001），「ROAの長期低下傾向とそのミクロ的構造～企業間格差と経営戦略～」『調査』第30号，日本政策投資銀行，2001年12月．

日本銀行（2008），『金融システムレポート』日本銀行，2008年9月．

日本証券業協会（2015），『平成27年度 証券投資に関する全国調査（個人調査）』日本証券業協会

堀江康熙（2008），『地域金融機関の経営行動』勁草書房．

堀江康熙（2015），『日本の地域金融機関経営』勁草書房．

村上隆晃（2011），「生保銀行窓販の展開と課題」『生命保険経営』第79巻第5号，生命保険経営学会，2011年9月，3-30頁．

森祐司（2008a），「地域銀行の投信窓販～供給の要因と範囲の経済性についての分析～」『早稲田経済学研究』67号，早稲田大学経済学研究会，2008年10月，1-40頁．

森祐司（2008b），「地域銀行の投信窓販に関する範囲の経済性」『証券経済研究』第64号，日本証券経済研究所，2008年12月，129-147頁．

森祐司（2014），「地域銀行の経営多角化：非金利収入の拡大・分散化の影響」『個人金融』8（4），郵便貯金振興会，60-68頁．

渡部和孝（2010），「日本の金融規制と銀行行動」『フィナンシャル・レビュー』平成22年第3号（通巻第101号）2010年7月，財務省財務総合政策研究所，119-140頁．

DeYoung, R. and T. Rice (2004), "Noninterest Income and Financial Performance at U.S. Commercial Banks", *The Financial Review*, Vol. 39, pp.101-127.

Stiroh, K. J. (2004), "Do Community Banks Benefit from Diversification?", *Journal of Financial Services Research*, Vol. 25, No. 2, pp.135-160.

第4章 証券業：規制緩和が産業構造に与えた影響

播磨谷浩三

1. はじめに

　過去20年間の証券業を取り巻く経営環境は，「日本版金融ビッグバン」で実現したさまざまな規制緩和により，急激に変化している．特に，証券会社の経営に大きな影響を与えたのが，1999年10月に実施された株式売買委託手数料の完全自由化である．これに先立つ1998年12月には証券業が免許制から登録制へと移行されたこともあり，オンライン専業証券会社の新規参入が相次ぎ，価格競争が激化することとなった[1]．この結果，売買手数料に依存する収益構造が常態化していた既存の多くの証券会社は，新しいビジネスモデルを構築する必要性に迫られる事態となった．

　証券業への参入規制の緩和は，業界の勢力図も大きく変えている．従来，大手証券，準大手証券を中心とする安定的な業界であったが，規制緩和を機に台頭してきたオンライン専業証券が存在感を増しており，他の金融関連会社を含むグループ全体の営業収益では，大手証券に次ぐ規模にまで成長しているところもある．大手証券そのものも，その一角を占めていた山一證券が1997年11月に自主廃業した他，外資系やメガバンクとの離合集散が続いており，この間，

---
[1] 従来，証券会社とは証券取引法に基づき証券業を営む会社として定義されていた．しかしながら，2007年9月に施行された改正金融商品取引法において，同法に規定される金融商品取引業者のうち，第一種金融商品取引業を行う会社と改められている．

一貫して独立系を堅持しているのは野村證券のみとなっている．さらに，都市銀行のメガバンク化の過程で，系列の準大手証券を核とする金融持株会社を通じたグループ再編が進み，銀行系の証券会社も台頭が著しい．

　本章の目的は，これらの証券業の産業構造の変化について，主要な規制緩和の内容を整理し，その与えた影響について検証することにある．後述するデータ入手の制約の問題もあり，銀行業や保険業に比して，この間の証券業を学術的な検証対象として取り上げた先行研究はあまり多くないのが実情である．本章では，証券業の業務内容の変化に着目し，規模の経済性などの時系列的な推移から，規制緩和の影響を検証する．本章の構成は以下のとおりである．

　まず，第2節では，「日本版金融ビッグバン」で実現した証券業における主要な規制緩和の内容について整理する．第3節では，証券業の産業構造の変遷を，大手証券や新規参入証券を中心にまとめる．第4節では，証券業の収益構造がどのように変化しているのかを整理し，変革しつつあるビジネスモデルの現状について考察する．第5節では，証券業との関連が強い投資運用業の近年の構造変化について，大手の委託者報酬の推移などから概要を述べる．第6節では，投入指向の距離関数に基づいて実証分析を行い，効率性や規模の経済性などの時系列的な推移について検証する．最後に，第7節においてまとめと課題を述べる．

2. 証券業における規制緩和

　1998年12月に施行された金融システム改革法で実現した規制緩和により，各金融業態はさまざまな影響を受けることとなったが，とりわけ証券業は最大の影響を受けた業態であるといえる．特に，株式売買委託手数料の自由化は，参入規制の緩和によりオンライン専業の証券会社が新設されたことも相まって，激しい価格競争を業界にもたらした．従来，株式売買委託手数料は証券取引所が決めていた固定の料率が設定されており，すべての証券会社で同じであった．しかし，1994年4月に10億円を超える売買の手数料が自由化されたのを皮切りに，段階的に規制緩和が進んでいった．1998年4月には5,000万円を超える売買の手数料が自由化され，翌1999年10月に完全自由化が実現した．

日本証券業協会が2000年から2005年にかけて実施した4回の実態調査の変遷を見ると，そのインパクトの大きさがよく理解できる[2]．完全自由化後5年以上が経過した2005年1月の時点では，対面取引の手数料率の平均こそ自由化前の水準をやや下回る程度（約定代金100万円では自由化前の水準の97％）であったが，通信取引における手数料率の平均は自由化前の水準の65％程度にまで下がっていることが報告されている．とりわけ，オンライン取引における手数料率の平均は自由化前の水準の21％程度となっており，急激な価格破壊が短期間で進んだことを物語っている．なお，この調査は第4回を最後に実施されていないものの，手数料率の水準の低下傾向は緩やかにせよ持続しているものと思われる．

上記のとおり，これらの価格競争の激化はオンライン専業証券会社の新規参入によってもたらされた側面が大きいが，証券業への参入規制の緩和は，1998年金融システム改革法以前の1992年の金融制度改革関連法によって先行的に実施されている．1993年4月に施行された同法により，業態別子会社方式による銀行・証券・信託の相互参入が可能となった．その結果，都市銀行を中心に，証券子会社の新設が相次いだ．当初，利益相反を防止する観点から，銀行と証券子会社との間には自由な人事交流や情報交換を制限するファイアーウォール規制が導入されていたが，2009年6月以降に規制緩和が進み，役職員の兼業規制の廃止などが実現している．この背景には，後述する大手銀行の金融グループ化により，銀行系の証券会社が大手証券の一角を占めるようになったことが無視できない．また，2017年4月に施行されたフィンテックの進展等に対応した銀行法等の改正により，「銀行とグループ会社等との利益相反取引を通じて銀行経営の健全性が損なわれること等を防止するための規約」，いわゆるアームズ・レングス・ルールの緩和が実現し，金融グループ内の資金融通が以前と比べて容易になっている．

なお，これらの参入規制の緩和に関しては，既存の証券会社は受動的な立場との印象が強いが，金融制度改革法の施行に際しては，当時の4大証券のいずれもが信託子会社を設立して信託市場に参入している．また，2010年4月には，

---

[2] 正式な名称は『株式売買委託手数料調査』であり，各回の調査結果の詳細は同協会のホームページ（http://www.jsda.or.jp/index.html）に公開されている．

大和証券がインターネット専業の大和ネクスト銀行を設立している[3]．しかし，銀行系の証券会社が再編を経ながら証券業界を席巻していったことと比べると，少なくとも現時点では，証券会社が設立した信託子会社や銀行子会社は既存の信託銀行やネット銀行を圧倒するほどの存在感を示しているとは言い難い[4]．

3．証券業の産業構造の変遷

(1) 大手証券の変化

　1990年代半ばまで，わが国の証券業は大手証券，準大手証券，中堅証券，地場証券の安定的な関係が持続していた．この産業構造が激変する契機となったのが，1997年11月に相次いだ三洋証券，山一證券の経営破綻である．1998年2月には，米国の大手金融グループであるメリルリンチが山一證券の店舗や従業員の一部を継承することが発表された．同年6月には日興証券とトラベラーズグループとの資本提携が発表され，日本の大手証券が外資と提携するという大きな転機となった[5]．また，同年7月には大和証券が住友銀行と提携を行った．その後，都市銀行を中核とする大手銀行の金融持株会社方式による再編が相次ぎ，2001年4月には4大金融グループ（みずほ，三菱東京，三井住友，UFJ）が形成された．さらに，2005年10月には三菱東京フィナンシャル・グループがUFJグループを吸収合併し，三菱UFJフィナンシャル・グループが形成され，メガバンクを中心とする金融グループは，3つに集約された．これらの大手銀行の再編は，それぞれの銀行が保有する証券子会社や系列証券会社の再編を促すこととなった[6]．

　山一證券破綻まで，日本の証券業界の中心は4大証券会社であり，あらゆる業務において準大手証券以下を圧倒していた．しかしながら，上記のような経

---

[3]　2006年4月に施行された銀行法等の一部改正により銀行代理業制度が創設されており，数社の証券会社が金融庁から認可を受けている．従来，銀行代理店は，出資規制や兼業規制のもとで，原則として銀行の子会社が専業で行う場合に限り認められていた．
[4]　4大証券がそれぞれ設立した信託子会社のうち，当時の名称のまま現存しているのは野村證券が設立した野村信託銀行のみである．他の信託子会社は，既存の専業信託銀行や他の信託子会社との統合で消滅した．
[5]　トラベラーズグループは1998年10月にシティコープと合併し，シティグループとなる．
[6]　証券子会社の再編の詳細については，奥山・播磨谷（2007）を参照されたい．

営環境の激変の中で，野村證券を除く2社では，ホールセール部門を分社化して外資や大手銀行と協力する動きが進展した．特に，大和証券と住友銀行の提携では，大和証券のホールセール部門と住友銀行の証券子会社との合併が行われ，国内における他の大手銀行の証券戦略にも影響を与えた．また，準大手証券についても，大手銀行の系列先を中心に再編が加速し，その構成は大きく変化している．再編とは無縁であった先についても，オンライン専業への転換など，従来の経営形態を変えている先が少なくない．

　その後，2008年9月のリーマンショックを契機に生じた世界的な金融危機を経て，大手証券はさらなる激変を迎えることになる．まず，2009年9月，大和証券と三井住友フィナンシャルグループとの資本・業務提携の解消が発表された．大和証券のホールセール業務は，同社の単独出資による大和証券キャピタルマーケッツに移管され，リテール部門とホールセール部門との分社化を継続させたが，2012年4月にリテール部門を担う大和証券に吸収合併されている．また，シティグループの傘下にあった日興コーディアルグループでは，シティグループの経営再建のため，リテール部門の日興コーディアル証券（2001年10月から社名変更）が2009年10月に三井住友フィナンシャルグループに売却されている[7]．その後，2011年4月にはSMBC日興証券に商号変更し，2018年1月にはSMBCフレンド証券と合併している．

　近年の銀行系の台頭に関して特筆すべきは，三菱UFJフィナンシャル・グループによるモルガンスタンレーグループとの資本提携である．当初，相互の証券会社を1社に全面的に統合させることが計画されていたが，2010年5月に三菱UFJ証券にモルガンスタンレー証券の投資銀行部門が合流し，三菱UFJモルガンスタンレー証券となる．同時に，投資銀行部門を除くモルガンスタンレー証券の他部門を継承する会社として，モルガンスタンレーMUFG証券が設立された．また，メリルリンチグループとの合弁会社としてプライベートバンキング業務に特化していた三菱UFJメリルリンチPB証券の商号が，2014年3月から三菱UFJモルガンスタンレーPB証券に変更されている[8]．

---

[7]　日興コーディアルグループのホールセール部門を担っていた日興シティグループ証券は，引受部門などの一部業務を会社分割により日興コーディアル証券に承継させ，社名をシティグループ証券に変更して現在に至っている．

一方,外資との提携ではないものの,みずほフィナンシャルグループに目を移すと,ホールセール部門を担っていたみずほ証券が,主にリテール部門を担っていたみずほインベスターズ証券を 2013 年 1 月に吸収合併し,みずほフィナンシャルグループの証券部門が統一化されている.

この結果,現在の大手証券は,野村ホールディングス,大和証券グループ本社,三井住友フィナンシャルグループ,三菱 UFJ フィナンシャル・グループ,みずほフィナンシャルグループという 5 つの金融持株会社傘下の中核証券会社となっている.なお,独立を堅持している野村證券を含め,これらの大手証券の再編では,持株会社への移行や分社化などの過程で分割準備会社を設立する事例が多く,また統合の際に経営規模の小さい側を存続会社とするなどの事例も散見される[9].

表 4-1 は,山一證券が経営破綻する前年度の 4 大証券と現在の大手証券の概要を比較してまとめたものである.最大手である野村證券の営業収益が突出して大きい点は同じであるが,これらの数字はあくまでも単体決算に基づいている.特に,2017 年度末の数字に関しては,子会社や関連会社として連結対象になっている証券会社や同じグループの証券会社を加えると大きく変化する.

表 4-1 大手証券の概要

(単位:百万円,人)

		営業収益	受入手数料	総資産	従業員数
1996 年度末	野村證券	460,582	280,714	7,786,651	9,938
	大和証券	291,783	230,828	6,485,062	7,348
	日興証券	262,570	211,193	4,234,278	7,951
	山一證券	210,837	163,316	3,151,899	7,332
2017 年度末	野村證券	689,812	394,587	12,824,789	15,252
	大和証券	358,835	209,183	11,683,555	9,074
	SMBC 日興証券	376,016	188,550	10,551,876	11,021
	みずほ証券	326,755	142,534	11,623,412	8,588
	三菱 UFJ モルガン スタンレー証券	261,997	117,905	12,868,908	5,243

(出所) 各社のディスクロージャー資料等より引用.

[8] 三菱 UFJ メリルリンチ PB 証券は,山一證券から引き継いだメリルリンチ日本証券のリテール部門を会社分割により承継した会社である.
[9] このような理由により,個々の財務データを複数年にわたって網羅した証券業のデータベースは整備されているとは言い難く,後述する先行研究の少なさにも結び付いていると考えられる.

例えば，三菱UFJフィナンシャル・グループの証券部門を統括する三菱UFJ証券ホールディングスの連結決算ベースの2017年度末の営業収益は3,769億100万円であり，表4-1の三菱UFJモルガンスタンレー証券の約1.4倍となる[10]．みずほ証券についても同様であり，海外の連結対象などを含めた連結決算ベースの2017年度末の営業収益は3,814億7,400万円と，単体決算ベースの約1.2倍となる．

(2) オンライン専業証券会社の台頭

証券業における規制緩和が産業構造を大きく変えたもう一つの象徴が，オンライン専業証券会社の台頭である．1990年代以降のインターネットの急速な普及にも支えられ，中堅証券の一角を占めていた松井証券が1998年にインターネット取引へシフトしたことを契機に，多くのオンライン証券会社が新設された．その代表が1999年4月に設立されたマネックス証券であり，設立後1年余りで東証マザーズに上場するなど，短期間に急成長を遂げた．その他，1998年10月にソフトバンクが外資と共同で出資したイートレード証券や，伊藤忠商事や旧三和銀行などの出資により誕生したオンライン専業証券を母体とするカブドットコム証券なども，2000年代前半に市場シェアを拡大させていった．

オンライン証券会社が成長した最大の要因は，前節で述べたとおり，株式売買委託手数料の完全自由化である．支店などの営業拠点や営業職員を必要としないオンライン証券会社では，人件費などの固定費を従来型の証券会社と比して必要としないため，低コストを背景に委託手数料を大きく引き下げることができる．

他方，外資系を含めた既存の証券会社による子会社の新設等による参入も相次ぎ，過当競争の状態が続いている．その結果，再編が加速しており，現在のオンライン証券業界の勢力図は他業態からの新設が相次いだ2000年代初めと比べて大きく変化している．例えば，現在の最大手であるSBI証券は，上記のイートレード証券を母体とし，ソフトバンクインベストメントの子会社化や複数の証券会社の吸収合併などを経て規模が大きくなっており，2006年8月

---

10) 三菱UFJ証券ホールディングスの連結対象には，国内の三菱UFJモルガンスタンレー証券，三菱UFJモルガンスタンレーPB証券，カブドットコム証券の他，海外の証券会社なども含まれる．

表 4-2 大手オンライン証券の概要（2017 年度末）

(単位：百万円，人)

	営業収益	受入手数料	（委託手数料）	総資産	従業員数
SBI 証券	102,843	48,238	34,521	2,958,920	777
楽天証券	55,450	23,478	17,825	1,602,595	603
松井証券	32,210	18,968	18,250	836,318	303
GMO クリック証券	17,633	2,321	1,902	485,570	128
カブドットコム証券	24,476	10,806	9,026	1,005,656	197
マネックス証券	32,454	17,087	14,238	660,998	383
岡三オンライン証券	2,590	1,852	1,290	60,941	60

（出所）各社のディスクロージャー資料等より引用．

にはソフトバンクグループから完全に独立している．また，業界大手のマネックス証券についても，外資系傘下のオンライン専業証券会社との合併による商号変更や既存証券との合併を繰り返して現在に至っている[11]．

　現在，SBI 証券，楽天証券，マネックス証券，松井証券，カブドットコム証券の5社を5大ネット証券と一般的に呼ぶ一方，2000年代半ばに設立されてまだ日が浅い GMO クリック証券のシェアが近年では高まってきている[12]．表4-2 は，主要なオンライン証券の経営の状況についてまとめたものである[13]．2017年度末の営業収益の比較では，SBI 証券が他のオンライン証券を大きく凌駕している．また，受入手数料に占める委託手数料の比率は，そのほとんどで8割前後となっており，投資家から株式や債券の売買の注文を取り次ぐブローカー業務が収入の柱となっていることが理解できる．他方，表4-2 の中では最も規模が小さい岡三オンライン証券の同比率は 69.7％と低く，その他受入手数料と呼ばれる，次節で後述する伝統的な証券業務以外からの収入が3割近くを占めている．同社は準大手証券の岡三証券を中核とする岡三証券グループが 2006年1月に設立したオンライン専業証券であり，グループ内の証券会社

11) 2005年5月，日興コーディアルグループのオンライン専業証券の日興ビーンズ証券がマネックス証券を吸収合併し，マネックス・ビーンズ証券に商号変更されたが，同年12月には再びマネックス証券に変更されている．その後，2010年5月にはオリックス証券を，2013年1月にはソニーバンク証券をそれぞれ合併している．
12) 楽天証券の前身は，1999年3月に設立された三井住友銀行系の DLJ ディレクト SFG 証券である．2004年7月に，現在の楽天証券に商号変更された．
13) GMO クリック証券は 2017 年度から決算期を変更したため，表4-2 の同社の数字は，2017年4月1日から同年12月31日までの9か月決算に基づいている．

間で傾注する業務の調整が図られていることが推察される[14]．また，SBI 証券の同比率も，71.6％と岡三オンライン証券に次ぐ低い値となっている．なお，主要なネット証券はいずれとも外国為替証拠金取引を取り扱っており，株式売買と同様，激しい価格競争を繰り広げている[15]．

(3) 地域銀行の証券業への参入

異業態からの証券業への参入に関しては，地域銀行による証券子会社の設立も増えつつある．マイナス金利政策の影響などで貸出業務からの収益が伸びないなか，証券ビジネス関連の手数料収入に活路を求める昨今の厳しい環境を反映していると言えよう．

地域銀行が証券子会社を設立する方法としては，①新設方式，②子会社方式，③共同方式の 3 つが存在する．①新設方式とは，その名のとおり，地域銀行が出資をして証券子会社を新設する方式であり，銀行本体と一体で証券ビジネスを推進することが期待できる．②子会社方式とは，地元の証券会社を買収して子会社化する方式であり，銀行本体にとって時間を要さずに証券ビジネスを展開できる利点がある．これらの買収対象となっている営業エリアが特定地域に限定された証券会社は，地場証券と一般的に呼ばれている．そのほとんどが個人投資家を対象とした委託売買業務に収益を依存しており，委託手数料の完全自由化の影響を強く受けているのが実情である．最後に，③共同方式とは，既存の証券会社が地域銀行と共同で証券会社を設立する方式であり，銀行本体がリスクをすべて負わずに証券ビジネスに参入できる利点がある．

表 4-3 は，地域銀行の証券子会社の経営の状況についてまとめたものである．最大の受入手数料は営業年数が最も長い静銀ティーエム証券であり，従業員数も最大となっている．当初，同社は東京三菱銀行と静岡銀行との共同出資によ

---

[14] 既存の証券会社によるオンライン証券の設立に関しては，野村證券も持株会社の傘下にジョイベスト証券（1998 年の設立時の名称は野村ファンドネット証券）を抱えていたが，同社は 2009 年 11 月に野村證券に吸収合併されて解散している．

[15] 外国為替証拠金取引（FX 取引）は，1998 年 4 月に外国為替及び外国貿易管理法が改正されたことを契機に誕生した個人向け金融商品であり，ピーク時には 200 社以上の証券会社を含む取扱業者が参入したといわれている．当初，取引を規制する法律や監督官庁が明確ではなかったが，2005 年 7 月に改正金融先物取引法が施行され，FX 取引を取り扱う業者は金融先物取引業者（第一種金融商品取引業もしくは第二種金融商品取引業）として金融庁への登録が義務化された．

表 4-3　地方銀行の証券子会社の概要（2017 年度末）

(単位：百万円，人)

	方式	営業収益	受入手数料	従業員数	営業開始時期
静銀ティーエム証券	共同方式	8,487	5,122	283	2001 年 7 月
八十二証券	子会社化方式	4,710	1,856	175	2007 年 4 月
ワイエム証券	共同方式	9,082	5,524	269	2007 年 10 月
ひろぎん証券	子会社化方式	5,639	3,831	240	2008 年 1 月
めぶき証券	新設方式	3,818	582	76	2008 年 3 月
浜銀 TT 証券	共同方式	7,361	4,417	254	2008 年 11 月
百五証券	新設方式	1,534	758	86	2010 年 3 月
中銀証券	子会社化方式	4,280	1,776	131	2010 年 5 月
FFG 証券	子会社化方式	3,666	3,441	211	2012 年 4 月
西日本シティ TT 証券	共同方式	5,083	2,592	194	2010 年 5 月
ちばぎん証券	子会社化方式	6,823	3,006	299	2011 年 10 月
四国アライアンス証券	新設方式	2,517	868	108	2012 年 10 月
池田泉州 TT 証券	共同方式	3,267	2,113	109	2013 年 9 月
ごうぎん証券	新設方式	1,693	361	58	2015 年 10 月
第四証券	子会社化方式	3,113	1,952	209	2015 年 10 月
とうほう証券	新設方式	1,096	423	54	2016 年 4 月
ほくほく TT 証券	共同方式	2,158	1,234	109	2017 年 1 月
おきぎん証券	子会社化方式	939	636	95	2017 年 3 月
七十七証券	新設方式	848	204	41	2017 年 4 月

（出所）　各社のディスクロージャー資料等より引用．

り設立されたが，現在は静岡銀行の完全子会社になっている．その後，めぶき証券（設立時の名称は常陽証券），百五証券，四国アライアンス証券（設立時の名称はいよぎん証券），ごうぎん証券，とうほう証券の 5 社が同じく①新設方式により設立されている．最近時の 2017 年 4 月以降に設立された，七十七証券，京銀証券，九州 FG 証券もこの方式である．

地元の既存地場証券会社を母体とする②子会社方式は，八十二証券（前身はアルプス証券），ひろぎん証券（同ウツミ屋証券），中銀証券（同津山証券），FFG 証券（同前田証券），ちばぎん証券（同中央証券），第四証券（同新潟証券）の 6 社である[16]．最近時においても，2017 年 3 月末に沖縄銀行がおきなわ証券を同社の親会社である日本アジア証券から買収し，新社名をおきぎん証券としている．また，北洋銀行が上光証券を 2018 年中に完全子会社化することが予定されている．ただ，この②子会社方式では母体となった既存証券会社が存続する

---

16)　FFG 証券は，福岡銀行の子会社であり，2018 年 5 月にふくおか証券から商号変更された．

事例もある．例えば，ひろぎん証券の場合，母体となったウツミ屋証券はリテール部門だけを広島銀行に売却しており，ホールセール部門を中心に業務を継続している[17]．

既存の証券会社との共同出資で証券会社を設立する③共同方式に関しては，これまでのところすべて東海東京証券との合弁となっている．この方式による日本初の事例は山口フィナンシャルグループとのワイエム証券であり，以後，横浜銀行との浜銀TT証券，西日本シティ銀行との西日本シティTT証券，池田泉州銀行との池田泉州TT証券と続いている．最近時では，ほくほくフィナンシャルグループとのほくほくTT証券が，2017年1月から営業を開始している．この方式が拡大している背景には，東海東京証券が，地方の支店の営業権を譲渡することによって経営資源を中部地区と首都圏に集約させたいという経営戦略を持っていることが大きい．地域銀行にとっては，準大手証券の一角を占める東海東京証券の業務をそのまま継承できるというメリットがある反面，取り扱う商品供給などの点で自由度が低くなる可能性が高い．

4. 証券業の収益構造の変化

(1) 手数料収入の変遷

伝統的な証券業務は，ブローカー業務，アンダーライター業務，ディストリビューター業務，ディーラー業務に区分されるのが一般的であり，ディーラー業務を除く3つが受入手数料に含まれる[18]．受入手数料の多くを占めるのが，ブローカー業務からの収益を反映する委託手数料である．しかしながら，証券業全体で見ると，そのシェアは低下傾向にある．

図4-1は，全国の証券会社の受入手数料の内訳の推移をまとめたものである[19]．委託手数料は，ピーク時の1999年には55.0%のシェアを有していたが，

---

17) ひろぎん証券は，2017年6月にひろぎんウツミ屋証券から商号変更された．
18) 1998年12月に登録制になる以前の免許制の時代では，業務毎に免許が細分化されており，これら4つの業務の免許をすべて有する証券会社を総合証券会社と呼称していた．
19) 日本証券業協会に加入している各社の総数に基づいており，同協会のホームページで公開されている統計情報から引用した．以下の営業経費の内訳も同様である．なお，2017年の数字は速報値に基づいている．

図 4-1 受入手数料の内訳の推移

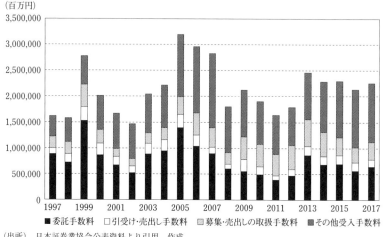

(出所) 日本証券業協会公表資料より引用，作成．

　委託手数料の完全自由化が実現した後は減少傾向が続いており，直近では3割前後にまで下がっている．2017年のシェアは28.5％であり，株式市況が好転した2012年から2013年，2016年から2017年にかけてそれぞれ増加しているものの，ピーク時の半分以下となっている．一方，引受け・売出し手数料のシェアは，ほとんど変化することなく推移している．銀行系証券などの台頭が顕著な業務ではあるが，大手証券を除けば参入が容易でないのは事実であり，証券業全体では収益構造を大きく変えるほどの変化は生じていないことがわかる．世界金融危機の反動で株式市況が好転した2009年こそ11.0％のシェアに達したが，それを除けば7％前後の水準で推移している．直近の2017年のシェアは6.1％である．募集・売出しの取扱手数料は，ピーク時の2012年には26.2％のシェアを有していたが，その後は減少傾向にあり，2017年は14.7％まで低下している．これらに対して，近年にシェアが急増しているのがその他受入手数料である．

　その他受入手数料とは，投資信託の販売による代行手数料など，伝統的な証券業務に包含できない業務からの手数料収入である．特に，大手証券を筆頭に，近年はラップ口座に象徴される投資一任契約が推進されており，その取組みが

事例もある．例えば，ひろぎん証券の場合，母体となったウツミ屋証券はリテール部門だけを広島銀行に売却しており，ホールセール部門を中心に業務を継続している[17]．

既存の証券会社との共同出資で証券会社を設立する③共同方式に関しては，これまでのところすべて東海東京証券との合弁となっている．この方式による日本初の事例は山口フィナンシャルグループとのワイエム証券であり，以後，横浜銀行との浜銀TT証券，西日本シティ銀行との西日本シティTT証券，池田泉州銀行との池田泉州TT証券と続いている．最近時では，ほくほくフィナンシャルグループとのほくほくTT証券が，2017年1月から営業を開始している．この方式が拡大している背景には，東海東京証券が，地方の支店の営業権を譲渡することによって経営資源を中部地区と首都圏に集約させたいという経営戦略を持っていることが大きい．地域銀行にとっては，準大手証券の一角を占める東海東京証券の業務をそのまま継承できるというメリットがある反面，取り扱う商品供給などの点で自由度が低くなる可能性が高い．

4. 証券業の収益構造の変化

(1) 手数料収入の変遷

伝統的な証券業務は，ブローカー業務，アンダーライター業務，ディストリビューター業務，ディーラー業務に区分されるのが一般的であり，ディーラー業務を除く3つが受入手数料に含まれる[18]．受入手数料の多くを占めるのが，ブローカー業務からの収益を反映する委託手数料である．しかしながら，証券業全体で見ると，そのシェアは低下傾向にある．

図4-1は，全国の証券会社の受入手数料の内訳の推移をまとめたものである[19]．委託手数料は，ピーク時の1999年には55.0％のシェアを有していたが，

---

17) ひろぎん証券は，2017年6月にひろぎんウツミ屋証券から商号変更された．
18) 1998年12月に登録制になる以前の免許制の時代では，業務毎に免許が細分化されており，これら4つの業務の免許をすべて有する証券会社を総合証券会社と呼称していた．
19) 日本証券業協会に加入している各社の総数に基づいており，同協会のホームページで公開されている統計情報から引用した．以下の営業経費の内訳も同様である．なお，2017年の数字は速報値に基づいている．

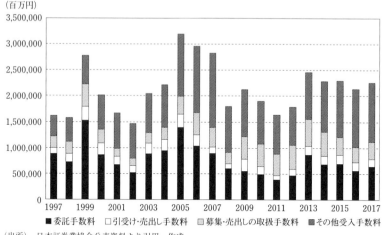

図 4-1 受入手数料の内訳の推移

(出所) 日本証券業協会公表資料より引用, 作成.

　委託手数料の完全自由化が実現した後は減少傾向が続いており,直近では3割前後にまで下がっている.2017年のシェアは28.5％であり,株式市況が好転した2012年から2013年,2016年から2017年にかけてそれぞれ増加しているものの,ピーク時の半分以下となっている.一方,引受け・売出し手数料のシェアは,ほとんど変化することなく推移している.銀行系証券などの台頭が顕著な業務ではあるが,大手証券を除けば参入が容易でないのは事実であり,証券業全体では収益構造を大きく変えるほどの変化は生じていないことがわかる.世界金融危機の反動で株式市況が好転した2009年こそ11.0％のシェアに達したが,それを除けば7％前後の水準で推移している.直近の2017年のシェアは6.1％である.募集・売出しの取扱手数料は,ピーク時の2012年には26.2％のシェアを有していたが,その後は減少傾向にあり,2017年は14.7％まで低下している.これらに対して,近年にシェアが急増しているのがその他受入手数料である.

　その他受入手数料とは,投資信託の販売による代行手数料など,伝統的な証券業務に包含できない業務からの手数料収入である.特に,大手証券を筆頭に,近年はラップ口座に象徴される投資一任契約が推進されており,その取組みが

その他受入手数料のシェアの急増に反映されているものと考えられる．2017年のシェアは50.6%であり，委託手数料の約2倍となっている．投資一任運用の商品では，預り資産の残高に比例して収益が得られることから，株式市況からの影響は小さく，安定性は高い[20]．委託手数料の価格競争は程度の変化こそあれ持続すると考えるのが自然であり，収益基盤としてフローよりもストックを重視する今の流れはしばらく止まりそうにない．

なお，全国の証券会社の営業収益全体に占める受入手数料の比率は，緩やかに低下している．ピーク時の1999年には73.5%であったが，2017年には54.7%まで低下している．受入手数料を除く営業収益の大部分は，ディーラー業務からの収益を中心とするトレーディング損益と保有する金融資産の利息や配当を中心とする金融収益によって占められている．金融市況の影響をより強く受けるのは前者であり，世界的な金融危機が生じた2007年や2008年では金融収益の半分程度の水準であった．反対に，株式市場の好転が顕著になってきた近年では，トレーディング損益が金融収益の2倍近い水準となっている．

(2) 費用構造の推移

図4-2は，全国の証券会社の営業経費の内訳の推移をまとめたものである．シェアが最も高いのは一貫して人件費であるが，2001年をピークに緩やかに減少傾向が続いている．事実，証券会社の従業員数は，山一證券が経営破綻した1997年の年末時点では10万人を超えていたが，2017年の同時点では90,931人まで減少している．オンライン専業証券会社の台頭などで，従来の労働集約型のリテール業務が衰退していることを裏付けている．対照的に，近年になり緩やかに増加傾向にあるのが取引関係費である．ただし，取引関係費は取引高に応じて発生する典型的な変動費であり，近年の株式市況の回復基調を反映しているものと考えることができる．事務費についても同様であり，2011年から増加傾向にある．

人件費ほど顕著ではないものの，不動産関係費についても近年は減少傾向にある．ピーク時の2007年には3,250億円あったものが，2016年には2,360億

---

20) 投資一任運用の商品の手数料は受任料と呼ばれ，固定報酬制と実績報酬併用制に分かれる．報酬率の体系は各社で異なっている．

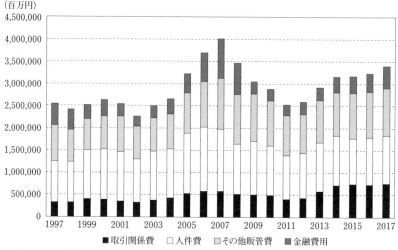

図4-2 営業経費の内訳の推移

(出所) 日本証券業協会公表資料より引用,作成.

円まで減少している.証券会社の国内の営業所数は2008年度末の2,315をピークに緩やかに減少しており,物理的な拠点を多く必要としないオンライン証券会社の台頭が不動産関係費の変化に表れているといえる.ピーク時との比較で顕著に減少しているのは金融費用であり,2007年の8,791億円から2017年の4,798億円へと約半減している.他方,同時点の長期借入金の総額は微増しており,この間の低金利政策の持続が資金調達コストの低下に寄与していることが理解できる.

(3) 大手証券の経営特性の変化

委託手数料の構成の変化に示されていたように,現在の証券業,特に大手証券の収益構造は,大きく変化している.例えば,野村證券,大和証券,日興証券(現SMBC日興証券)の委託手数料が営業収益に占める比率は,1998年度においてそれぞれ22.3%,28.3%,21.7%であったが,2017年度には17.5%,15.7%,10.6%まで減少している.委託手数料の完全自由化の影響は無視できないものの,大手証券のいずれとも,伝統的な証券業務に包含できない業務か

らの収益,すなわち,その他受入手数料の比率が増加している.また,この間,大手証券各社は金融持株会社などを活用して業務範囲を拡大させており,証券会社本体の単体決算を見ているだけでは経営の実態を把握するのが難しくなってきている.そこで,以下では,大手証券の代表として唯一独立系を一貫して堅持している野村證券を取り上げ,連結決算の数字に基づいて近年の経営特性の変化を考察する.

　図4-3は,2001年度以降の野村ホールディングスの営業収益(米国会計基準)の推移をまとめたものである.2017年度末時点において,同社は事業セグメントを営業部門,アセットマネジメント部門,ホールセール部門,その他に大別しており,15の持分法適用会社を抱えている.営業部門の中核を担うのが野村證券であり,全国の本支店や営業所を通じて個人・法人向けに各種の金融サービスを提供している[21].図4-3を見ると,伝統的なブローカー業務およびディストリビューター業務からの収益を反映する委託・投信募集手数料は,2013年度がピークであり(4,731億円で構成比は25.8%),その後は緩やかに減少していることが示されている(2017年度は3,733億円で構成比は18.9%).

　対照的に,2017年度のアセットマネジメント業務手数料(2,456億円で構成比は12.5%)は,2001年度(1,459億円で構成比は7.1%)の1.5倍近い水準となっている.先に述べた,フローからストックへのビジネスモデルの変化を象徴している.同業務の中核を担うのが野村アセットマネジメントであり,投資信託の組成や運用の他,公的年金の運用,国内外の投資顧問業務において存在感を示している.また,アセットマネジメント業務においてその基礎となるのが預り資産の獲得であり,野村證券の全国の本支店や営業所がその中心的な役割を担っている.特に,個人顧客を対象とした営業部門に関して興味深いのは,野村證券では提案型の業務をウェルスマネジメント業務とファイナンシャルコンサルティング業務に分け,前者が個人の富裕層などを対象とした営業を担っている点である.ウェルスマネジメントとは,富裕層向けの総合金融サービスのことを指しており,伝統的なプライベートバンキングを拡張した概念として一

---

21) 2016年度末時点では,高木証券も野村ホールディングスの持分法適用会社であったが,株式公開買付を経て,現在では同社は東海東京フィナンシャル・ホールディングスの完全子会社となっている.

図4-3 野村ホールディングスの営業収益の内訳の推移

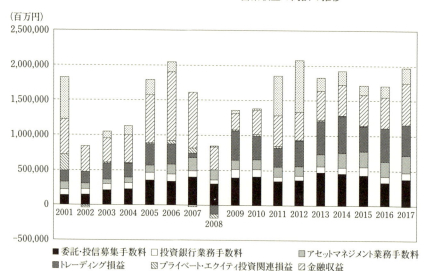

(出所) 野村ホールディングスのディスクロージャー資料より引用, 作成.

般的に用いられている. ただ, 決済や貸付機能を主とするプライベートバンキングに対して, より資産運用機能を重視する意味でウェルスマネジメントという言葉を使い分ける金融機関も増えてきている. 当然ながら, 野村證券以外でもウェルスマネジメント業務の重視を標榜する国内の金融機関は存在する[22]. ただ, 潜在的な顧客層の開拓などで, 国内の証券会社で最大の支店網を持つ野村證券が有利である点は否定できないであろう.

他方, 金額の実数として大きな変化が認められないのが, 投資銀行業務手数料である. 2017年度の同手数料の実績 (1,016億円で構成比は5.2%) は, 2000年代半ばとほぼ同じ水準である. 投資銀行業務は, 以前は大手証券の寡占状態にあったアンダーライター業務の他, M&A (企業の合併・買収) の仲介やテー

---

[22] 社名にこそプライベートバンキングという表記を掲げているが, 三菱UFJモルガンスタンレーPB証券は, 三菱UFJフィナンシャル・グループ内においてウェルスマネジメントを含めた富裕層向けの各種の金融サービスを専門的に担っている.

ラーメイド型のソリューションビジネスなどを総合的に含んでいる．この業務からの手数料に顕著な変化が見られない背景には，大企業との太いパイプを持つメガバンクを中核とする持株会社傘下の銀行系証券がこの間に台頭してきたことで，同業務を取り巻く競争環境が厳しくなっていることが考えられる[23]．

なお，この間に業務の中身が変質したわけではないものの，資金運用関連の寄与も大きくなっている．2013年度以降の金融収益とトレーディング損益の合計が営業収益に占める比率は，50％前後の水準で推移している．特に，マイナス金利政策の導入で運用環境が悪化しているはずの2015年度から2016年度にかけてトレーディング損益が急増している点が特筆される．

このようなアセットマネジメント業務や投資銀行業務を含めたホールセール業務を重視する流れは，他の大手証券についても見て取れる．特に，現在では野村證券と同じく独立系となっている大和証券については顕著であり，自社のグループ再編の過程で経営戦略を伝統的な業務への依存からシフトさせていったことが推察される．

5. 投資運用業の構造変化

証券業ほどではないものの，投資運用業も規制緩和による影響は小さくない．従来，投資信託の組成や運用を中心的な業務とする金融業態は投資顧問業とされていたが，2007年9月に投資顧問業法を取り込んだ金融商品取引法が施行されたのに伴い，投資運用業及び投資助言・代理業に呼称が改められ，業務についても拡大・多様化した．

投資運用業の各社にとって，業法の改正以上に重要な制度の変更は，1997年12月から段階的に進展した投資信託の銀行等での窓販解禁であろう．ただ，投資信託の販売チャネルに関しては，それ以前から緩やかに規制緩和が進められてきた．従来，投資信託の募集の取扱いに係る業務は証券会社だけが行ってきたが，1992年4月に投資信託会社（投信会社）の直接販売が認められた．実際には，1993年から銀行系投信会社が，1995年から証券系投信会社が直接

---

23) 現在の日本には，金融業態としての投資銀行は存在しない．しかしながら，野村證券を含む大手証券だけでなく，3大メガバンクのいずれとも，投資銀行業務を収益基盤の一つとして掲げている．

図 4-4　公募投資信託の純資産総額の推移

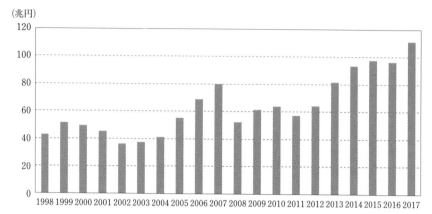

(出所) 投資信託協会公表資料より引用, 作成.

販売を開始している. しかしながら, 投信会社は基本的に国内に販売網を持たないため, これらの直接販売の対象は法人や機関投資家であったのが実情である[24]. つまり, 投資信託の銀行窓販の解禁は, 投信会社にとって販路拡大の劇的な契機となった.

　図 4-4 は, 各年末時点における公募投資信託の純資産総額の推移を示したものである[25]. リーマンショック直後の 2008 年こそ急減したものの 2010 年以降に増加傾向にあることが見て取れる. 特に, 2012 年から 2013 年にかけてと, 2016 年から 2017 年にかけての増加が顕著に示されている. 2017 年の金額は約 111 兆円であり, 銀行窓販の完全解禁直後の 1998 年の同時点の金額は約 43 兆円であったことから, この 20 年間に約 3 倍の規模にまで増加したことがわかる. 運用中のファンド数も 2004 年の 2,552 本を底に増加傾向にあり, 2017 年には

---

[24]　大手の投信会社が直販から撤退するなか, 1998 年のさわかみ投信によるさわかみファンドの設定以後に数社が新規参入し, 現在でも 10 社前後が直販を取り扱っている. また, 三井住友フィナンシャルグループ傘下の三井住友アセットマネジメントが, 2015 年 4 月からインターネットによる直販に参入している.

[25]　公募投資信託とは, 不特定および 50 名以上の投資家に向けて募集をかける投資信託であり, 株式投資信託と公社債投資信託からなる. ファンドの中で 1 単位以上でも株式が組み込まれている, または組み込むことができる投資信託は株式投資信託に分類される. わが国の公募投資信託のほとんどは株式投資信託によって占められている (2017 年の純資産総額に占める割合は 87.6％).

5. 投資運用業の構造変化

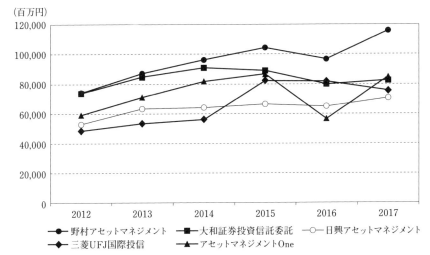

図4-5 大手運用会社の委託者報酬の推移

(出所) 各社のディスクロージャー資料等より引用, 作成.

6,152本と2倍以上になっている. 近年に各社が注力しているラップ口座向けのファンドの純資産総額も堅調に増加しており, 2017年9月末に初めて7兆円台に乗せた[26].

公募投資信託の純資産総額に比例するように, 各社の業績は堅調に推移している. 大手や独立系にかかわらず, 投資運用業の収益基盤は委託者報酬にある. 委託者報酬とは, 運用報酬とも呼ばれ, 投資家によって投資信託の運用や管理の対価として支払われる運用管理費用のうち, 委託者である運用会社に支払われる部分を指す. ただし, 投資助言や代理業を兼業し, それらの業務に注力している先については, 投資助言報酬や運用受託報酬の数字も大きくなる傾向にある.

図4-5は, 大手運用会社の近年の委託者報酬の推移をまとめたものである. 野村アセットマネジメントの数字が突出して大きい点が特徴的に見て取れる.

---
[26] 投資運用業の全体の動向をデータから把握する際に留意すべき点は, 各種の統計を公表している業界団体として一般社団法人投資信託協会と一般社団法人日本投資顧問業協会の2つがあり, それぞれの協会員が一致していない点である. 文中のラップ口座の純資産総額の数字は, 後者の団体が公表した数字から引用した.

また，三菱UFJ国際投信の数字が2014年度から2015年度に急増しているが，これは2015年7月に三菱UFJフィナンシャルグループ傘下の国際投信投資顧問と合併したことによるものである[27]．なお，2015年度から2016年度にかけて，すべての会社の数字が減少しているが，これは近年の公募投信の人気を支えてきた毎月分配型の商品が販売不振に陥ったことが影響していると考えられる．ただし，2016年度から2017年度にかけては，三菱UFJ国際投信を除くすべての会社の数字が増加している．

他方，わが国の投資信託に対しては，販売手数料や信託報酬の高さ，全般的なリターンの低さなど，さまざまな課題が指摘されている．特に，2017年10月に金融庁が公表した「平成28事務年度　金融レポート」では，テーマ型投資信託が多い点や，回転売買の多さ，販売会社と系列の運用会社の間の結び付きが強い傾向にあることを指摘している[28]．最後の点に関しては，ブラックロックやバンガードに代表される独立系の運用会社が市場を席巻し，その他の独立系も数多く乱立している米国の状況とは大きく相違している．上記のレポートでの指摘は，金融庁が2014年9月に公表した「平成26事務年度金融モニタリング基本方針（監督・検査基本方針）：資産運用の高度化」の中で記した，フィデューシャリー・デューティーという言葉の重さをあらためて印象付けている．金融庁では，この言葉の注釈として「他者の信認を得て，一定の任務を遂行すべき者が負っている幅広いさまざまな役割・責任の総称」としており，手数料稼ぎを目的に顧客不在の経営をしている印象の強い金融機関の姿勢を厳しく批判しているものと理解できる．

販売会社の系列重視の弊害は，投資運用業者が販売会社に依存することで自由な競争が阻害され，そのことが運用の質の劣化を招き，リターンの低さや手数料などの高さに結び付くことにあると考えられる．しかし，依存度の程度に

---

[27]　2014年度以前の数字は，三菱UFJ投信のものである．なお，合併相手の国際投資信託顧問は，信用力の高い先進国のソブリン債を主要投資対象とした日本国内の最大規模の公募投信であるグローバル・ソブリン・オープンを発行していた．現在，この公募投信の発行は三菱UFJ投信に引き継がれている．

[28]　テーマ型投資信託とは，世の中で話題になっているテーマに関連する銘柄に的を絞って投資する株式投資信託のことである．1990年代以降，ITやインターネット，環境，再生可能エネルギーなどのさまざまなテーマに注目が集まり，その都度，関連銘柄を組み込んだ投資信託が数多く設定されてきた．

ついての是非はさておき，運用会社は系列の銀行や証券会社だけを通じて販売をしているわけではない．例えば，業界最大手である野村アセットマネジメントでは，100社以上の証券会社と販売契約を結んでおり，必ずしも販売先が野村證券に限定されているわけではない．また，投資運用業の市場は必ずしも大手の寡占化が進んでいるわけでもない．一般社団法人投資信託協会の正会員の数は2010年の123を底に増加傾向にあり，2017年には179とこの数年間で約1.5倍となっている．これらの現象は，わが国でも独立系の運用会社の新規参入が相次いでいることを示唆している．

他方，メガバンクの系列証券会社の再編が相次いでいることと同様，既存の運用会社についても経営統合の動きが一部で見られる．先に述べた三菱UFJ国際投信以外では，アセットマネジメントOneの事例が挙げられる．同社は，みずほフィナンシャルグループの傘下にあった，みずほ投信投資顧問，新光投信，みずほ信託銀行の運用部門に，みずほフィナンシャルグループと第一生命保険の折半出資会社であったDIAMアセットマネジメントを加えた，計4社が2016年10月に事業統合して誕生した．また，三井住友フィナンシャルグループと大和証券グループ本社それぞれの系列の運用会社である三井住友アセットマネジメントと大和住銀投信投資顧問が，2019年4月頃に合併する予定となっている[29]．運用規模とリターンとの関係は明確ではないものの，世界最大の運用会社であるブラックロックの預り資産総額が日本のGDPとほぼ匹敵することと比べても，日本の運用会社の規模が見劣りする点は否めず，系列の垣根を超えた再編が進む可能性は否定できない．

6. 証券業の経営特性の検証

(1) 推定モデル

以下では，証券業の経営特性の変化について，距離関数をベースとする確率

---

29) 大和住銀投信投資顧問は，住銀投資顧問，大和投資顧問，エス・ビー・アイ・エム投信の3社が1999年4月に合併して誕生した運用会社であり，三井住友フィナンシャルグループと大和証券の資本・業務提携の解消後も社名を変えずに事業を継続してきた．なお，現在の大和住銀投信投資顧問は大和証券グループ本社の持分法適用関連会社であるが，グループ傘下の運用会社である大和証券投資信託委託は100％子会社である．

的フロンティア分析 (Stochastic Frontier Analysis : SFA) を用いて効率性の計測を行い,その変遷を見ることにより考察を行う.同じ分析手法の金融業への適用は必ずしも多くないものの,関数形を特定化しない包絡分析法 (Data envelopment analysis : DEA) が残差項の存在を無視しているという問題に対処できることに加え,DEA と同じく,複数の投入物,産出物を考慮できるという利点を有している.また,費用関数を用いた分析では一般的な,規模の経済性や範囲の経済性についても計測することが可能である.本章でも,効率性に加えてこれらの指標を計測し,証券業が複数の業務を取り扱う効果の経年的な変化などを考察する.

　複数生産物の生産費用構造を前提に,効率性や規模の経済性,範囲の経済性を計測する分析アプローチは,銀行業を対象に数多く採用されているが,証券業に関しては先行研究の蓄積がそれほど多くないのが実情である.この背景には,日本の証券会社の業務範囲の多くが,欧米では投資銀行によって担われていることが挙げられる[30].また,日本に関しては,実証分析に際して必要なデータベースが,銀行業や保険業に比して十分に整備されていないことも挙げられる[31].

　日本の証券業を対象に費用構造の特性を検証した先行研究としては,首藤 (1987) や村山・渡邊 (1989),新美 (1994),Harimaya and Okuyama (2006) があげられる.いずれも複数生産物の間の範囲の経済性などの計測を目的としており,効率性については取り上げられていない.SFA を用いて生産関数や費用関数から効率性の計測を行っているものとしては,松浦 (1996) と播磨谷・奥山 (2008) が挙げられる.また,DEA を用いて効率性を分析しているものとしては,Fukuyama and Weber (1999, 2008) や Färe et al. (2013) が挙げられる.

　距離関数は,投入と産出のいずれの水準を与件とするかにより,産出指向のモデルと投入指向のモデルに大別できる.前者のアプローチは,現在の投入水準を保証しながら,期待できる産出物を最大にする生産活動(産出物の最大拡

---

30) 特に,米国の証券業を対象とした先行研究は,Zhang et al. (2006) などを除き,ほとんど存在していないのが実情である.
31) 欧米以外に目を転じると,Wang et al. (2003) や Yeh et al. (2010) が台湾の証券業の効率性を検証している.

大倍率)を求める手法である．これに対し，後者のアプローチは，現在の産出水準を保証しながら，投入物を最小にする生産活動(投入物の最小縮小倍率)を求める手法である．経済理論との関係では，前者が利潤関数と，後者が費用関数とそれぞれ双対関係にある．

本章では，以下のように定義される，後者の投入指向のモデルに基づいて分析を行う．

$$D_I(\mathbf{x},\mathbf{y}) = \max\left\{\rho:\left(\frac{\mathbf{x}}{\rho}\right) \in L(\mathbf{y})\right\} \tag{1}$$

ここで，$\mathbf{x}$ は投入ベクトルを，$\mathbf{y}$ は産出ベクトルを，$L(\mathbf{y})$ は必要投入量集合をそれぞれ表している．$1/\rho$ は，生産可能性集合の生産フロンティアに達するために必要な，投入物の最小縮小倍率である．投入指向の距離関数は 1 以上の値をとり，値が 1 であれば効率的に生産を行っていることを意味する．

推定に際しては，以下のとおり，標準的なトランスログ型の関数形を仮定する[32]．

$$\begin{aligned}-x_q &= \alpha_0 + \sum_{\substack{j=1\\j\neq q}}^{K} \alpha_j \ln x_j^* + \sum_{l=1}^{M} \beta_l \ln y_l + \frac{1}{2}\sum_{\substack{j=1\\J\neq q}}^{K}\sum_{\substack{k=1\\k\neq q}}^{K} \alpha_{jk} \ln x_j^* \ln x_k^* \\ &+ \frac{1}{2}\sum_{l=1}^{M}\sum_{h=1}^{M} \beta_{lh} \ln y_l \ln y_h + \frac{1}{2}\sum_{\substack{j=1\\J\neq q}}^{K}\sum_{l=1}^{M} \rho_{jl} \ln x_j^* \ln y_l + \tau_t DM_t + v - u.\end{aligned} \tag{2}$$

ここで，x は K 種類の投入物を，y は M 種類の産出物を表している．DM は年次ダミーである．また，x_j^* は任意の第 q 番目の投入物 x_q で基準化した投入物の値を表している（$x_j^* = x_j/x_q$）．$\alpha, \beta, \rho, \tau$ はそれぞれ推定するパラメーターである．v は $N(0, \sigma_v^2)$ の性質を持つ通常の統計的誤差項である．また，u（u≥0）は各事業体の非効率性を示す項であり，産出物や投入物，v とは無相関であると仮定する．

SFA で問題となるのが，非効率性の項 u の分布関数に関する特定化である．

---

32) 距離関数の理論的な背景の詳細は，Cornes（1992）などを参照されたい．また，推定モデルの定式化などの詳細については，同アプローチを生命保険業に適用した柳瀬他（2009）などを参照されたい．

本章では，生産関数や費用関数に基づいてSFAを適用した先行研究において一般的である，指数分布を採用する[33]．パネルデータを前提としてtime-variantモデルなどを試行することも考えられるが，非効率性の変動の方向性への制約が大きいことから，本章ではプーリングデータを前提に各事業体の各期の効率性からその推移の特性を見ていくアプローチを採用する．各事業体の効率性については，Battese and Coelli (1988) により提唱された条件付き期待値として計算される指標を用いる．

(2) データ

産出物として，委託手数料（y_1），引受け・売出し手数料（y_2），募集・売出しの取扱手数料（y_3），その他受入手数料（y_4），トレーディング損益と金融収益の合計（y_5）の5つを用いる．伝統的な総合証券の4大業務に加えて，近年，大手証券を中心に取り組みが顕著となっている預かり資産業務からの収入を，4番目の産出物として考慮している．なお，5番目の産出物に関して，ディーラー業務からの収入はトレーディング損益という会計項目に反映されているが，一部で損失が生じたことを意味するマイナスの値となっているため，保有有価証券の配当収入などを含む金融収益を加えることとした．しかし，それでも一部についてはマイナスのままとなることから，本章ではマイナスのトレーディング収益はすべて0とみなすこととする[34]．投入物に関しては，固定資産（x_1），従業員数（x_2）の2つを用いる．推定に際して，従業員数（x_2）を除く金額表示の各変数は，いずれも2011年基準のGDPデフレータ（金融・保険業）を用いて実質化を行う．

分析対象期間は，山一証券破綻の翌年度の1998年度から2016年度までであるが，リーマンショック直後の収益環境の激変が推計結果に与える影響を考慮

---

33) 半正規分布を用いた場合と比較して，指数分布を用いた場合の方が優れていることを尤度比検定により確かめたうえで決定している．
34) 実際には，0の値は対数変換できないため，該当するサンプルには0に近似した小さい値を外挿することにより距離関数の推定を行うこととする．同様の処理は，数値が0となっているその他の産出物についても行うこととする．このような方法は，トランスログ型費用関数の推定結果から範囲の経済性の指標を計測する際などにおいて，特定産出物に0の値を外挿する方法として一般的に用いられている．

6. 証券業の経営特性の検証

表 4-4 記述統計量

(単位：百万円，人)

変数名	1998年度〜2007年度				2008年度〜2016年度			
	平均	標準偏差	最小	最大	平均	標準偏差	最小	最大
委託手数料 (y_1)	12,520	24,043	13	222,680	10,157	19,955	2	156,771
引受け・売出し手数料 (y_2)	2,450	8,484	0	64,245	4,223	10,735	0	72,328
募集・売出しの取扱手数料 (y_3)	5,547	14,938	0	124,040	11,477	26,455	0	166,716
その他受入手数料 (y_4)	6,486	16,932	0	131,313	11,254	25,834	5	171,392
トレーディング損益+金融収益 (y_5)	15,745	45,528	-160	381,905	29,337	63,355	-21,655	350,203
固定資産 (x_1)	35,060	105,182	183	1,146,438	37,734	76,054	247	379,383
従業員数 (x_2)	1,181	2,017	11	11,811	1,845	3,080	21	13,030
サンプル数	469				282			

し，その発生前後で分割する．つまり，1998年度から2007年度までを前半期，2008年度から2016年度までを後半期とする[35]．データはいずれも日経NEEDS財務データからの引用で，単体ベースである．ただし，一部の証券会社で開示項目が変更となっていたり，年度によって一部の変数が引用先に公開されていなかったりしたため，各社のホームページに公開されている有価証券報告書やディスクロージャー誌から補足した[36]．また，相対的に小規模な証券会社や明らかに経営特性が相違するオンライン専業証券会社については，たとえデータ引用先に掲載されていても分析対象から除外した．

表4-4は，各変数の記述統計量をまとめたものである．委託手数料（y_1）の平均値は直近の後半期において約20％低下しており，株式売買委託手数料の自由化の影響が見て取れる．対照的に，その他受入手数料（y_4）の平均値は2倍近い水準に上昇しており，預り資産関連の業務を強化している近年の経営特性がよく反映されている．なお，サンプル総数の変化に示されているように，1年当たりのサンプル数は後半期ほど少なくなっているが，これは再編などにより証券会社の数が，順次，減少しているためである[37]．

---

[35] 2008年度を分析対象期間から除外し，後半期を2009年度から2016年度までとした分析についても試行したが，安定的な推定結果が得られなかった．

[36] 特に，従業員数が不明の先については，金融商品取引法第46条の4の規定により公開が義務付けられている「業務及び財産の状況に関する説明書」から使用人の総数を引用した．

[37] 事実，本章の分析対象に含まれていない先も含む日本証券業協会に加盟している証券会社の数

表 4-5(a) 効率性の推移（1998 年度～ 2007 年度）

	大手証券					大手証券以外				
	サンプル数	平均	標準偏差	最小	最大	サンプル数	平均	標準偏差	最小	最大
1998	4	0.8636	0.1051	0.7153	0.9625	51	0.8518	0.0850	0.5692	0.9472
1999	5	0.8365	0.1146	0.6515	0.9582	47	0.8434	0.0984	0.4836	0.9650
2000	5	0.8326	0.1477	0.6054	0.9776	44	0.8454	0.1094	0.4266	0.9615
2001	6	0.8143	0.1723	0.4965	0.9486	42	0.8663	0.0646	0.6277	0.9319
2002	6	0.8291	0.1755	0.5260	0.9544	41	0.8569	0.0658	0.6343	0.9382
2003	6	0.7127	0.1024	0.6003	0.8797	40	0.8687	0.0724	0.6508	0.9561
2004	6	0.7656	0.1046	0.5675	0.8705	40	0.8530	0.1302	0.1870	0.9527
2005	6	0.7340	0.1779	0.5708	0.9763	39	0.8277	0.1423	0.1919	0.9544
2006	6	0.8782	0.0813	0.7294	0.9526	38	0.8338	0.1423	0.3224	0.9557
2007	6	0.8607	0.0900	0.7326	0.9517	31	0.8375	0.0954	0.5723	0.9736
全体	56	0.8101	0.1335	0.4965	0.9776	413	0.8489	0.1032	0.1870	0.9736

(3) 推定結果

(a) 効率性の推移

紙数の制約の関係で，距離関数の推定結果の詳細については割愛する[38]．なお，本章で採用した投入指向の距離関数の場合，投入物について非減少関数，産出物に関して減少関数という充足すべき理論条件が存在する．推定結果からデータの平均値におけるこれらの充足を確かめたところ，いずれの分析対象期間とも，トレーディング損益と金融収益の合計（y_5）についてのみ充足しないことが確かめられた．しかしながら，同変数を産出物から除外すると推定結果が収束しないなどの問題が生じることから，課題が残されている点に留意しつつ，以下の分析を進めることとする[39]．

表 4-5(a) と表 4-5(b) は，計測された効率性の記述統計量を大手証券とそ

は，2008 年度末の 321 社をピークに減少し続けており，2016 年度末には 261 社となっている．

[38] 本章では，(1) 式における統計的誤差項 v の不均一分散を考慮し，各社の総資産の対数値と比例関係にあることを仮定した推定モデルを採用した．結果，前半期については同変数の推定値は 1%水準で有意であったが，後半期については有意ではなかった．しかし，同じ推定モデルから得られる効率性などの指標を比較することを重視し，後半期についても上記の推定結果に基づいて各種の分析を行うこととした．

[39] トレーディング損益だけを用いた分析や，同変数を分割して 6 つの産出物を含む推定モデルとするなどの対応も試行したが，改善は認められなかった．なお，理論条件を充足する投入物およびその他の産出物については，いずれともデータの平均値で評価した値が Wald 検定から 1%水準で有意であることが確かめられた．

表 4-5(b) 効率性の推移（2008 度〜 2016 年度）

	大手証券					大手証券以外				
	サンプル数	平均	標準偏差	最小	最大	サンプル数	平均	標準偏差	最小	最大
2008	6	0.9562	0.0070	0.9453	0.9658	31	0.9502	0.0246	0.8396	0.9748
2009	6	0.9477	0.0199	0.9096	0.9690	29	0.9552	0.0102	0.9269	0.9713
2010	6	0.9564	0.0074	0.9494	0.9697	27	0.9541	0.0111	0.9244	0.9707
2011	6	0.9586	0.0076	0.9487	0.9673	26	0.9515	0.0185	0.8951	0.9708
2012	5	0.9471	0.0204	0.9156	0.9668	24	0.9549	0.0130	0.9070	0.9690
2013	5	0.9511	0.0134	0.9382	0.9694	24	0.9540	0.0124	0.9251	0.9739
2014	5	0.9531	0.0126	0.9360	0.9666	24	0.9550	0.0102	0.9250	0.9680
2015	5	0.9585	0.0111	0.9427	0.9703	24	0.9533	0.0108	0.9311	0.9714
2016	5	0.9594	0.0076	0.9499	0.9686	24	0.9525	0.0133	0.9120	0.9735
全体	49	0.9543	0.0125	0.9096	0.9703	233	0.9534	0.0147	0.8396	0.9748

れ以外に分けてまとめたものである．大手証券は，本章の第 3 節における現在の定義に従っている[40]．本章で採用した効率性の指標は 0 から 1 までの値をとり，効率的であればあるほど，1 に近づくことになる．

まず，表 4-5(a) の前半期の内容から見ていくと，全体の平均では，大手証券（0.8101）の方が大手証券以外（0.8489）よりも低いことが示されている．ただ，それぞれの値（厳密には中央値）の差についてウィルコクソンの順位和検定から確かめたところ，統計的に有意な違いはないことが明らかとなった．他方，年度毎の変化を見ていくと，大手証券の効率性の平均は，2002 年度から 2003 年度にかけて急激に悪化し，反対に 2005 年度から 2006 年度にかけて顕著に改善していることが示されている．サンプル数の違いによる影響は無視できないものの，大手証券以外の効率性の平均が 0.82 から 0.87 の狭い範囲で推移していることと対照的である．

次に，表 4-5(b) の後半期を見ると，全体の平均で，大手証券（0.9543）の方が大手証券以外（0.9534）よりもよりもわすかではあるが高いことが示されている．しかしながら，前半期と同様，ここでもそれぞれの値に統計的に有意

---

[40] 現在の三菱 UFJ モルガンスタンレー証券については，その前身である三菱 UFJ 証券（2005 年 10 月に商号変更する以前は三菱証券）を大手証券として定義している．ただし，2001 年度以前については，同社が 2002 年 9 月に設立された際に中核となった国際証券を大手証券としている．なお，設立の際に合併相手であった東京三菱証券，東京三菱パーソナル証券および一成証券については，詳細な財務データが入手できなかったことから，分析対象から除外している．三菱 UFJ 証券の設立の際の合併相手であった UFJ つばさ証券（前身はつばさ証券，ユニバーサル証券）については，分析対象に含めている．

な違いは認められなかった．年度ごとの変化にも示されているように，大手証券，大手証券以外のいずれとも，大差なく安定的に推移していることが見て取れる．最小と最大の値からもわかるとおり，前半期と比べ，後半期の各社の効率性は相対的に高い値に分布している．分析対象期間の初期にはリーマンショック後の影響が残ると考えられる2000年代後半が含まれるものの，その多くが株式市況の回復基調と重なることから，各社の高い効率性に反映されたものと考えられる．また，年度ごとのサンプル数に示されているとおり，大手証券，大手証券以外のいずれとも，2012年度以降は不変であり，再編動向が前半期と比べて安定していることも影響していると思われる[41]．なお，大手証券のサンプル数が2011年度から2012年度にかけて減少しているのは，2012年4月に大和証券キャピタルマーケッツが大和証券と合併したためである．

このように，いずれの分析対象期間とも，大手証券と大手証券以外との間には統計的に有意な効率性の違いが認められなかった．しかしながら，再編の有無や程度など，個々の大手証券で経営の実情が大きく相違するのは事実である．そこで，計測された個々の大手証券の効率性を比較し，その違いの有無についてあらためて検証を行うこととする．

まず，図4-4(a)の前半期から見ていくこととする．個々の会社名については，前半期の分析対象期間の最終年度である2007年度時点のものを用いている．図4-4(a)に明らかに示されているとおり，大手証券各社の効率性の推移は大きく異なっている．分析対象期間を通じて一貫して高い効率性を維持しているのは大和証券であり，概ね0.87を超える水準で推移している．2003年度と2004年度を除けば，野村證券の効率性も相対的に高い水準にある．みずほ証券については，2004年度から2005年度にかけての下落が目立つが，これは2005年12月に発生したジェイコム株大量誤発注事件による影響などが反映されているものと思われる[42]．変動が最も激しいのが三菱UFJ証券であるが，分

---

41) あくまでも本章のデータ引用先から入手可能な対象に限定した解釈であり，この間に証券業に再編が皆無であったことを意味するわけではない．
42) みずほ証券の前身は日本興業銀行の証券子会社であった興銀証券であり，同じくみずほフィナンシャルグループ傘下の第一勧業証券および富士証券と2000年10月に合併して誕生した経緯がある．ただ，2000年度以前の各社の詳細な財務データが入手できなかったことから，いずれも分析対象から除外している．

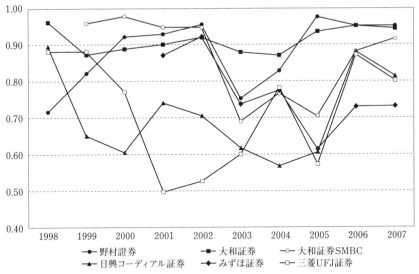

図 4-4(a)　大手証券の効率性の推移（1998 年度〜 2007 年度）

（出所）　計測結果に基づいて筆者作成.

析対象期間中に 2 度の再編を経ており，その影響が大きいと考えられる[43]．三菱 UFJ 証券に次いで変動が目立つ日興コーディアル証券も，この間に再編を経ている．ただ，同社が会社分割を経て日興証券から社名を変更したのは 2001 年度であり，図 4-4(a) において下落が顕著となっている 2003 年度ではない．これら 2 社ほどではないものの，大和証券 SMBC の効率性の水準も相対的に高くない[44]．

図 4-4(b) は，後半期の分析対象期間における各社の効率性の推移をまとめている．ここでも，個々の会社名は，分析対象期間の最終年度である 2016 年度時点のものを用いている．表 4-5(b) の記述統計量に示されていたように，後半期の大手証券の効率性は総じて高い水準で推移しているが，図 4-4(b) を

---

[43]　2001 年度以前の効率性は，国際証券の財務データに基づいて計算している．また，三菱証券と UFJ つばさ証券が合併し，三菱 UFJ 証券となったのは 2005 年度である．

[44]　2000 年度以前の効率性は，前身の大和証券エスビーキャピタル・マーケッツの財務データに基づいて計算している．同社の営業開始は 1999 年 4 月からのため，1998 年度の財務データは存在しない．

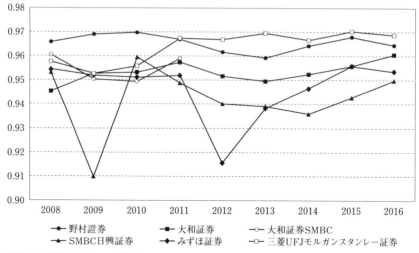

図 4-4(b) 大手証券の効率性の推移（2008 年度〜 2016 年度）

（出所） 計測結果に基づいて筆者作成．

見るとそれぞれの特徴的な違いが理解できる．前半期と同様，野村證券は分析対象期間を通じて一貫して高い効率性を維持している．また，前半期とは異なり，三菱モルガンスタンレー証券の効率性の高さも目立っている．第 3 節でも述べたとおり，同社は 2010 年 5 月に再編を経て社名を変更しているが，その直後から効率性が顕著に上昇していることが見て取れる．他方，前半期では高い水準で推移していたみずほ証券の効率性が相対的に低くなっている．ただし，2011 年度から 2012 年度にかけての下落は，みずほインベスターズ証券との合併による影響が表れているものと思われる．変動が最も大きいのは SMBC 日興証券であるが，同社の 2008 年度から 2009 年度にかけての下落についても，シティグループから三井住友フィナンシャルグループへの移動という再編の影響が無視できないと考えられる．

このように，いずれの分析対象期間とも，独立系を堅持している野村證券の効率性が相対的に高い水準で推移していることが確かめられた．また，合併の直後に効率性が顕著に下落する事例が散見された．これらの結果は，銀行業を対象に SFA を用いて費用関数から効率性の計測を行っている先行研究と整合

的である．他方，大和証券の効率性の推移に見られるように，再編を経てもその前後であまり大きく変動していない事例もあり，その影響は必ずしも一様ではない．

(b) 規模の経済性の比較

現在の大手証券各社の経営基盤は，程度の差こそあれ安定しており，規模拡大を目的としたさらなる再編の圧力は高まっているとは思われない．他方，この間に大手証券各社は吸収合併などで規模拡大を続けていたのは事実であり，大手証券以外についてはこれから再編が加速する可能性は決して否定できない．そこで，証券業における規模拡大の効果について，規模の経済性の指標から検証を行うこととする．

投入指向の距離関数 $D_I(\mathbf{x}, \mathbf{y})$ では，規模の経済性は以下のように定義される．

$$OES = -\frac{1}{\sum_{l=1}^{n} \frac{\partial \ln D_I(\mathbf{x}, \mathbf{y})}{\partial \ln y_l}} \quad (2)$$

ここで，$OES > 1$ となれば，すべての産出物が同じ割合で増加したとき，投入物の増え方はその割合よりも低いことを意味するので，規模の経済性が働くと解釈できる．反対に，$OES < 1$ となれば，規模の不経済性が働くと解釈できる．

表4-6は，大手証券と大手証券以外について，計測された上記の指標をまとめたものである．まず，左側の前半期の分析対象期間から見ていくと，大手証券と大手証券以外のいずれとも，サンプル全体の平均値で評価した値は有意に1を超えており，規模の経済性が働いていることが理解できる．ただし，値については大手証券（1.0589）の方が大手証券以外（1.1262）よりも小さく，さらなる規模拡大による効果は大手証券以外の方が相対的に大きいことが推察される．年度ごとにそれぞれの平均値で評価した値についても，すべて大手証券の方が大手証券以外よりも小さくなっている．大手証券に関しては，2001年度から2002年度にかけて1.0879から1.0633へと大きく低下しているのが特筆される．大手証券以外が，わずかではあるが同時期に1.1224から1.1321へと

表 4-6 規模の経済性の比較

	1998年度～2007年度			2008年度～2016年度	
	大手証券	大手証券以外		大手証券	大手証券以外
1998	1.0909 ***	1.0966 ***	2008	1.2132 ***	1.2391 ***
1999	1.0731 ***	1.1284 ***	2009	1.1775 ***	1.2366 ***
2000	1.0894 ***	1.1091 ***	2010	1.1709 ***	1.2059 ***
2001	1.0879 ***	1.1224 ***	2011	1.1591 ***	1.1742 ***
2002	1.0633 ***	1.1321 ***	2012	1.1932 ***	1.1948 ***
2003	1.0569 ***	1.1760 ***	2013	1.2665 ***	1.2601 ***
2004	1.0566 ***	1.1623 ***	2014	1.2387 ***	1.2173 ***
2005	1.0475 ***	1.1619 ***	2015	1.2454 ***	1.2387 ***
2006	1.0119 ***	1.1115 ***	2016	1.2338 ***	1.2348 ***
2007	1.0138 ***	1.0827 ***			
全体	1.0589 ***	1.1262 ***	全体	1.2143 ***	1.2238 ***

(注) *** は Wald 検定の結果, 1% 水準で有意であることを示している.

上昇していることと対照的である.ただ,2001年度から大手証券にみずほ証券が含まれるようになったことで,評価に用いるサンプルの平均値が前年度と比べて少し小さくなった影響は無視できない.なお,大手証券と大手証券以外の時系列的な推移は,2000年代前半において正反対を示しているが,いずれとも2005年度から2006年度に大きく低下している点で共通している.

表4-6の右側の後半期についても,大手証券と大手証券以外のいずれとも,サンプル全体の平均値で評価した値は有意に1を超えている.ただし,大手証券 (1.2143) の方が大手証券以外 (1.2238) よりも小さく,規模の経済性の程度は前者の方が低い.しかし,その格差は前半期と比べて小さくなっていることに加え,年度毎のそれぞれの平均値で評価した値を見ると,2013年度から2015年度にかけて大手証券が大手証券以外を上回っている.2016年度についても近似した値となっており,最近時ほど規模拡大の効果に違いがなくなっていることが理解できる.時系列的な推移で特筆すべきは,2011年度から2013年度にかけての大手証券の急激な上昇である.前半期の事例と同様,2011年度から2012年度にかけて大和証券SMBCが大和証券と合併したことでサンプル数が減少し,評価に用いる平均値が大きくなった影響はあると考えられる.しかし,サンプル数が不変の2012年度と2013年度についても上昇が続いており,この間に大手証券の規模拡大の効果が大きくなっている点は否定できない.

大手証券の規模の経済性の指標が最近時ほど大きくなる傾向にあるというこれらの結果は，現実の動向とも整合的である．本章の分析対象期間の直後の2018年1月，SMBC日興証券はSMBCフレンド証券を吸収合併しており，三井住友フィナンシャルグループのリテール証券部門が統合されている．今回の合併で大手銀行の旧系列証券会社の再編はほぼ収束した感が強いが，大手証券以外には個人投資家を対象とした委託売買業務に収益を依存している先が多く含まれているのは事実であり，現在の経営環境を考えれば大手証券との再編を検討する先が出て来る可能性は否定できない．

(c) 範囲の経済性の比較

次に，証券会社が複数の業務を同時に担うことの利点がどのように変遷していったのかを，範囲の経済性の推移から検証する．範囲の経済性とは，企業が複数の事業を展開することでより経済的に事業運営できるようになることを意味しており，銀行業を対象とした先行研究では，費用関数に基づいて検証されるのが一般的である．

投入指向の距離関数 $D_I(\mathbf{x}, \mathbf{y})$ では，範囲の経済性は以下のように定義される．

$$OSP = \sum_{l=1}^{M} D_I^{-1}(\mathbf{x}, \mathbf{y}_l) - D_I^{-1}(\mathbf{x}, \mathbf{y}) \tag{3}$$

ここで，D_I^{-1} は第 l 番目の産出物以外の産出物の値を0とした場合の距離関数の逆数を表している．$OSP > 0$ となれば，個々の産出物を別々に生産するよりも同時に生産した方が効率的であることを意味するので，範囲の経済性が働くと解釈できる．反対に，$OSP < 0$ となれば，範囲の不経済性が働くと解釈できる．ただし，この指標を用いて範囲の経済性を検証する際には，特定の産出物以外の産出物の値として0を外挿する計算を行う必要があり，数値がやや非現実的な大きな値となることが少なくない点に留意する必要がある[45]．

表4-7は，大手証券と大手証券以外について，計測された上記の指標をまと

---

45) これらの理由から，費用関数に基づく実証研究では，範囲の経済性の十分条件である費用補完性を検証する場合が少なくない．距離関数においても同様の指標は定義できるが，紙数の制約もあり，本章では範囲の経済性を直接的に検証することとした．

表 4-7 範囲の経済性の比較

	1998年度～2007年度			2008年度～2016年度	
	大手証券	大手証券以外		大手証券	大手証券以外
1998	3.4370 ***	2.7691 ***	2008	4.2161 ***	2.6829 ***
1999	-1.0480	2.6406 ***	2009	4.6391 ***	2.1877 ***
2000	3.0603 ***	2.8153 ***	2010	3.8125 ***	2.0656 ***
2001	2.5682 ***	2.3752 ***	2011	2.9841 ***	1.9590 ***
2002	2.4171 ***	1.8981 ***	2012	2.6046 ***	3.0190 ***
2003	1.9861 ***	2.3706 ***	2013	2.3746 ***	3.5841 ***
2004	1.9846 ***	2.2727 ***	2014	2.4056 ***	3.8075 ***
2005	0.9533 ***	2.7501 ***	2015	2.6709 ***	3.4171 ***
2006	1.2088 ***	2.7428 ***	2016	2.8681 ***	3.4551 ***
2007	1.5541 ***	2.4669 ***			
全体	2.4098 ***	2.5294 ***	全体	3.1752 ***	2.8512 ***

(注) *** は Wald 検定の結果、1% 水準で有意であることを示している.

めたものである．左側の前半期の分析対象期間から見ていくと，大手証券と大手証券以外のいずれとも，サンプル全体の平均値で評価した値は有意に 0 を超えている．つまり，範囲の経済性が働いており，その程度は大手証券 (2.4098) の方が大手証券以外 (2.5294) よりも小さい．他方，年度毎にそれぞれの平均値で評価した値を見ると，大手証券の変動が大きく，有意ではないものの 1999 年度については範囲の不経済性を示唆するマイナスの値が計測されている．また，2003 年度以降はいずれの年度も大手証券以外を下回っている．特に，2004 年度から 2005 年度にかけての低下が顕著となっている．同じ時期に大手証券以外の値が 2.2727 から 2.7501 へと上昇していることと対照的である．なお，1998 年度から 1999 年度にかけての大手証券の値の急激な低下は当該年度から大和証券 SMBC（当時の名称は大和証券 SB キャピタルマーケッツ）がサンプルに加わったことによる平均値の急変による影響が大きいと考えられる[46]．

表 4-7 の右側は，後半期の結果についてまとめたものである．前半期と同様，大手証券と大手証券以外のいずれとも，サンプル全体の平均値で評価した値は有意に 0 を超えており，範囲の経済性が働いていることが理解できる．前半期

[46] 当該年度に平均値の急変をもたらしているもう一つの要因は，日興証券の再編である．同社は当該年度にホールセールおよび投資銀行事業を日興ソロモン・スミス・バーニー証券（現在のシティグループ証券）へ移管している．なお，移管先については詳細な財務データが入手できなかったことから，分析対象から除外している．

とは異なり，大手証券（3.1752）の方が大手証券以外（2.8512）よりも大きくなっている．しかしながら，年度ごとにそれぞれの平均値で評価した値を見ると，大手証券が大手証券以外を上回っているのは2011年度までであり，2012年度以降はすべての年度で逆転している．特に，大手証券以外の値が2011年度から2012年度にかけて急激に上昇しており，それ以後を含め，大手証券との差を際立たせている．ただし，これまでと同様，サンプル対象が変わったことで平均値が急変した影響は無視できないと考えられる[47]．他方，2013年度以降については，大手証券の値は緩やかではあるが上昇傾向にある．

このように，分析対象期間全体で評価すれば，いずれとも大手証券の範囲の経済性の程度は大手証券以外よりも大きいことが確かめられた．しかし，サンプル対象の変更による影響は無視できないものの，年度ごとの推移では大手証券以外が大手証券を上回る年度が少なくない．これらの結果は，経営規模の違いにかかわらず，これまでの総合証券と同じような伝統的な証券業務をすべて取り扱う経営形態が，費用節約的な効果を生んでいたことを示唆している．他方，特に大手証券に関して留意すべきは，証券会社本体の単体ベースの数字を見るだけでは複合的な実態が把握できなくなっている点である．例えば，近年のフローからストックを重視する変化の象徴として考慮したその他受入手数料についても，大手各社の関連会社である投資信託会社の規模などに大きく影響されると考えられる．では連結ベースの数字を用いればいいのかというと，その場合は証券会社本体よりも持株会社を対象とすべきであるが，金融業以外の影響を受けるなどの問題に直面する[48]．つまり，より現実的な分析を目指そうとすればするほど，近年の証券業は適切なデータの入手が難しいのが実情である．

---

47) 大手証券の効率性の変遷の部分で触れたように，2013年1月にみずほインベスターズ証券がみずほ証券に吸収合併されたことで，2011年度と比較した2012年度の平均値は，大手証券については大きく，大手証券以外については小さくなっている．
48) 具体的には，野村ホールディングスの持分法適用関連会社に含まれる野村不動産ホールディングスのような事例である．

7. まとめ

　本章では，「日本版金融ビッグバン」で実現した規制緩和が証券業の産業構造にどのような影響を与えたのかを，実証分析を交えながら検証を行った．まず，株式売買委託手数料の自由化の影響をまとめ，過去20年近い間の証券業の変遷について収益や費用の構成の推移から考察を行った．実証分析では，投入指向の距離関数に基づいてSFAを適用し，効率性や規模の経済性，範囲の経済性の計測を行い，大手証券と大手証券以外との違いについて検証した．特に，本章の分析結果から明らかとなった大手証券の効率性の推移に関する興味深い内容は，再編の有無や程度が大きく影響している点である．大手証券の再編が落ち着いてきた最近時は，各社の効率性は相対的に上昇傾向にあるため，これから大手証券以外との差が拡大していくことも予想される．他方，規模の経済性や範囲の経済性の値を見る限り，大手証券以外が大手証券に劣後しているわけではないことも確かめられた．しかし，個人投資家を対象としたブローカー業務を中核に複数の業務を同時に展開するという証券業の経営形態を維持するうえで，現在の証券業を取り巻く環境は，大手以外の証券会社にとって決して楽ではないのは事実であろう．

　当然ながら，現在の経営形態が証券業の主流であり続ける必然性はなく，特定の業務に特化した証券会社が当該業務で存在感を高める可能性は否定できない．事実，株式売買委託手数料の自由化で台頭したオンライン専業証券会社の中には，既存の証券会社よりも委託手数料の実績がある先も存在している．しかし，オンライン専業証券会社も再編が増える傾向にあり，既存の証券ビジネスを前提とする限り，経営規模が小さい証券会社にとっては楽観視できない経営環境である点は否定できないであろう．

　他方，わが国の金融システム全体の中でメガバンクのプレゼンスが高まる現在の情勢下において，業態としての証券業の位置付けが以前と比べて低くなっている点は否めない．ただ，社会構造の変化などにより伝統的な銀行業のビジネスモデルが転換を迫られているのも事実であり，現在のフィンテックの動きがさらに加速し，資産運用関連の革新的な金融サービスが拡充すれば，既存の

証券会社だけでなく，銀行業や保険業と比べて参入障壁が低い証券業だけに新規企業が業界の活性化に寄与する可能性は決してゼロではない．

◆参考文献

奥山英司・播磨谷浩三（2007），「近年の証券市場における参入規制緩和の影響―銀行の証券業参入に関する検証―」社団法人大阪銀行協会『大銀協フォーラム研究助成論文集』第11号．

首藤恵（1987），『日本の証券業―組織と競争―』東洋経済新報社．

新美一正（1994），「高度成長前半期のわが国証券会社の経営―戦後型証券会社経営の確立期―」『Japan Resarch Review』11，pp.4-51．

播磨谷浩三・奥山英司（2008），「証券業の再編と効率性の検証」『金融経済研究』26，27-40頁．

松浦克己（1996），「証券業の生産関数と効率性」『横浜市立大学論叢［社会科学系列］』47（2/3），横浜市立大学学術研究会，117-147頁．

村山純・渡邊健（1989），「わが国証券業における規模の経済性について」『ファイナンシャル・レビュー』12，12-30頁．

柳瀬典由・播磨谷浩三・浅井義裕（2009），「規制緩和後の業界再編と生命保険業における効率性変化―確率的フロンティア Distance Function の推定によるアプローチ―」『生命保険論集』169，29-77頁．

Battese, G. E., and T. Coelli (1988), "Prediction of firm-level technical efficiencies with a generalized frontier production and panel data", *Journal of Econometrics*, 138, pp.387-399

Cornes, T. (1992), *Duality and Modern Economics*, Cambridge University Press, Cambridge, UK.

Fukuyama, H., and W. L. Weber (1999), "The efficiency and productivity of Japanese securities firms, 1988-93", *Japan and the World Economy*, 11, pp.115-133.

Fukuyama, H., and W. L. Weber (2008), "Profit inefficiency of Japanese securities firms", *Journal of Applied Economics*, 11, pp.281-303.

Färe, R., H. Fukuyama, S. Grosskopf, and W. L. Weber (2013), "Measuring efficiency in price space with an application to Japanese securities firms", *International Journal of Operations Research and Information Systems*, 4, pp.1-20.

Harimaya, K., and E. Okuyama (2006), "The changing structure of cost for

Japanese securities firms", *International Journal of Business*, 11, pp.17-33.

Wang, K. L., Y. T. Tseng, and C. C. Weng (2003), "A study of production efficiencies of integrated securities firms in Taiwan", *Applied Financial Economics*, 13, pp.159-167.

Yeh, C. P., K. M. Wang, and K. C. Chai (2010), "Measuring the efficiency of securities companies by corporate governance in a financial holding and non-financial holding system", *Expert Systems with Applications*, 37, pp.4671-4679.

Zhang, W. D., S. Zhang, and X. Luo (2006), "Technological progress, inefficiency, and productivity growth in the US securities industry, 1980-2000", *Journal of Business Research*, 59, pp.589-594.

第5章　生命保険業：価格競争の形態と市場競争・効率性

茶野　努

1. はじめに

　本章の目的は，1996年改正保険業法以降の一連の規制緩和措置が，生命保険の市場構造や競争にどのように変化をもたらし，生命保険業の効率性は高まっているのかを明らかにすることである．その際に，価格規制の形態と市場競争や効率性の関係について，規制の態様が大きく異なる戦前を含む長期間を対象として検証しているところに特長がある．

　また，日本銀行による低金利（マイナス金利）政策が生命保険業へ与えた影響を銀行業との対比で明らかにしながら，ソルベンシー（支払い能力）規制，統合リスク管理（ERM）についても考察している[1]．

　最後に，これらの分析結果をもとに，今後の生命保険業の規制や生保経営のあり方について提言を行う．

---

1) ソルベンシー（支払い能力）規制は，責任準備金等の積み立てや自己資本の十分性など保険金支払い能力を全般的に規制するのに対して，ソルベンシーマージン（支払い余力）規制は通常の適任準備金の積み立てを超えて，大災害や株式市場等のクラッシュに対応できる余力があるかを規制するものである．

2. 金融ビッグバン以降の変化

(1) 競争制限的規制から競争促進的規制へ

戦後わが国の保険規制における基本的な考え方は，市場競争よりも業界の安定を重視するものだった．価格，商品等の事前認可を通じた競争制限的規制により生保経営は横並びで，各社の経営目標は保有契約高シェア拡大という画一的なものとなった．損害保険業は1948年施行の損害保険料率算出団体に関する法律（以下，料団法）により，価格カルテルが独占禁止法の適用除外であったが，生命保険業でも大手が当局と交渉した料率をもとに各社が認可，申請を行うという形で「暗黙的な価格カルテル」のもとにあった．また，参入・退出に関しては免許制がとられ，業務分野規制でも生損保の兼営が禁止されてきた．

1990年代に入り保険審議会は規制緩和の方向を打ち出す．金融自由化・国際化の流れのなか，1995年に保険業法・保険募集取締法・外国保険事業者法を一本化する大幅改正が行われた．1996年改正保険業法の主な内容は，①規制緩和による競争促進・市場効率化（生損保の相互参入，商品・料率の規制緩和，ブローカー制度の導入等），②健全性維持と経営危機時の契約者利益保護（ソルベンシーマージン基準による早期是正，保険契約者保護基金の導入），③公正な事業運営確保（相互会社の経営チェック機能強化，ディスクロージャー規定の整備）であった．

1998年金融システム改革法の制定により，銀行・証券・保険の相互参入が認められ，同年に独占禁止法の改正により金融持株会社が解禁となった．もっとも，保険に関しては銀行・証券との相互参入は現在のところ必ずしも進展していない．生損保以外に銀行・証券会社を傘下に有するのは，日本郵政，ソニーフィナンシャル，SBI，対象を投資信託委託会社に広げたとしてもT&D，東京海上くらいである．また，同法の成立に伴って保険業法が改正され，料団法改正により保険料率自由化が進み，保険契約者保護機構の創設が義務付けられた．

2000年の保険業法改正により，相互会社の株式会社への変更が容易になった．また，相互会社にも会社更生法の適用が認められ，更生計画による予定利

2. 金融ビッグバン以降の変化

率の引下げ等によって早期に再建に取り組むことが可能になった．2003年には，契約当事者間の自治的な手続きにより，破綻前に予定利率を引き下げることを可能にする改正が行われた．

2000年には第三分野激変緩和措置を廃止し，医療・ガン保険等への大手による参入が促進された．医療・傷害保険などは従来から生命保険と損害保険の中間的な第三分野と位置付けられ，生損保業界ならびに国内外業者の利害が対立する領域であった[2]．2001年1月には子会社方式による相互参入，同年7月には本体での相互参入が可能となり，第三分野市場での競争が本格化した．

さらに，2001年には代理店制度の自由化，すなわち乗合代理店を認め一社専属制を見直すことになった．一社専属制とは，募集人が複数の会社の保険募集を行えない制度であり，顧客からすると商品選択の余地が狭まる弊害がある．これに伴って，銀行窓販が解禁されることになったが，その影響力の大きさを考慮して取扱商品の拡大は段階的に進められた（表5-1）．

2006年の保険業法改正により，少額短期保険業が導入された．同改正は，無認可共済を保険業法下に取り組むのが目的であった．少額短期保険業者とは，一定の事業規模の範囲内において，保険金額が少額，保険期間1年（損保については2年）以内の保険で保障性商品の引受のみを行う事業者である．最低資本金が1000万円，本体で生損保兼営が可能，商品は事前届出制，資産運用を預貯金・国債・地方債に限定，保険契約者保護機構への加入義務がないなど，一部，保険会社とは異なる規制が設けられている．

価格競争の促進という点からは，2006年の施行規則改正による付加保険料の自由化が重要である．営業保険料は，死亡保険金や満期保険金を支払うための純保険料と，保険事業を営む上での経費を賄うための付加保険料からなる．前者は予定死亡率と予定利率，後者は予定事業費率を用いて計算される．従来の商品審査では，保険料および責任準備金の算出方法書においてこれらの諸予

---

2) 第三分野が得意な米国側は競争激化を避けたいとの意向から，1994年の日米保険協議で，規制緩和が進むまで生損保相互参入は実施しないことになった．その後，1996年改正保険業法は合意違反の可能性があるとの懸念が示された．再交渉の末の1996年合意では，算定会料率の使用義務廃止や火災・自動車保険など主要種目の大幅で性急な自由化を求める一方，生損保の業務範囲の拡大は，米国側の利益を保護する形で自由化が先送りされた．履行状況を双方で点検する1998年のフォローアップ会合でも，米国は激変緩和措置の解除を先送りすべきだと主張した．最終的に，2000年の金融庁と米国通商代表部との会談で，当初の約束通り，2001年1月の第三分野の相互参入が認められた．

表 5-1 対象商品の段階的拡大

時期	対象商品
2001 年 4 月	住宅関連信用生命保険（子会社・兄弟会社に限定）
2002 年 10 月	個人年金保険（法人契約除く），財形保険，住宅関連信用生命保険（子会社・兄弟会社に限定を撤廃）
2005 年 12 月	一時払い終身保険，一時払い養老保険，保険期間 10 年以下の平準払い養老保険（法人契約除く），貯蓄性生存保険，積立傷害保険
2007 年 12 月	全保険商品

(出所) 筆者作成.

定率に関して具体的詳細な記述を求められてきた．しかし，この施行規則改正により付加保険料部分が認可の対象外となり，付加保険料部分（予定事業費）についてはモニタリングを通じた事後監督方式に移行した．後述するように，これに伴いネット系生保の新規参入が起こり，銀行窓販チャネルの手数料開示問題へともつながってくる．

(2) 相次ぐ新規参入と業者・販売チャネルの多様化

1996 年改正保険業法で，生損保の子会社方式による相互参入が認められたのを機に東京海上あんしん（以下，紙幅の関係で基本的に，社名から生命を除いて記載），三井みらい，住友ゆうゆう，日本火災パートナー，共栄しんらい，興亜まごころ，大東京しあわせ，千代田エビス，同和，日動，富士の 11 社が一斉に新規参入を果たした．1999 年には日産火災が DIY を，2002 年には三井住友海上がシティグループと合弁で三井住友海上シティを設立した．しかし，その後の損保再編に連動して，東京海上日動あんしん，損保ジャパン日本興亜ひまわり，三井住友海上あいおいの 3 社に集約され，現在は AIG 富士を入れて損保系は 4 社という状況にある．

外資系については，1996 年のチューリッヒ，スカンディア以降 2000 年まで，GE キャピタルエジソン，マニュライフ，カーディフ，ハートフォードなど参入が相次いだ．カーディフは団体信用保険，ハートフォードは変額年金を主力商品とし，銀行提携を通じて保険商品を販売するビジネスモデルであった．また，1997 年の日産に始まって 2001 年の東京まで 7 社が経営破綻した．これら破綻会社や，経営不振に陥った生保の多くが外資によって買収され，東邦は

GEエジソン，千代田はAIGスター，協栄はジブラルタ（米ブルデンシャル），平和はマスミューチュアル，第百はマニュライフ，日本団体はアクサとなった．

新規参入は2002年には一段落し，2006年まではなかった．しかしながら，2007年以降は規制改革の影響等もあり，外資系のクレディアグリコル，アリアンツ，第一生命グループの第一フロンティア，民営化した「かんぽ生命」が加わる．2008年にネット系生保であるSBIアクサ，ライフネット，共済系であるアイリオと「みどり」が参入を果たした．2009年にはソニーとエイゴンインターナショナルが合併してソニーライフエイゴンが，また住友と三井が共同出資した医療保険会社のメディケアが設立された．リーマンショックに関連して2010年にAIGから米国メットライフにアリコの全株式が譲渡され，2012年に日本法人の株式会社になり，2014年に「メットライフ生命」に社名変更した（アリコは，1973年からAIGの日本支社として事業を行っていた）．

この時期の特徴としては，クレディアグリコル，アリアンツ，第一フロンティア，ソニーライフエイゴンのように銀行窓販チャネルを使い，変額年金や一時払い保険など投資型保険を中心に取り扱う会社（以下，窓販系）が多く設立された点にある．従来の外務員チャネルなど販売網の構築には莫大な時間・コストがかかるので，新規参入者にとっての障壁となってきたが，銀行窓販チャネルの利用は構築コストがかからない．また本国における投資商品取扱いノウハウの優位性などから窓販系には外資系が多かったけれども，第一，T&D，三井住友海上，ソニーのように戦略的にグループ内の子会社として事業展開するものも出現している．また，ライフネットやSBIアクサ（現在は，アクサダイレクト）というネット系生保が新設され，楽天が当初は共済系であったアイリオを，またSBIが（保険の新規取扱いを休止していた）ピーシーエーを買収してネット系に転換する動きも見られる．

伝統的に内国会社は一社専属制の外務員チャネルを用いて保険販売を行っていたが，ここ十年余り販売チャネルが大きく変化している（図5-1）．『生命保険に関する全国実態調査』によれば，1996年の保険業改正時には約90％近くが外務員チャネル経由で保険に加入していたが，これが2015年には約60％にまで落ち込んでいる．このように外務員チャネルのシェアが減少するなかで，伸びているのがインターネット（0％から2012年の4.5％に増加，ただし2015

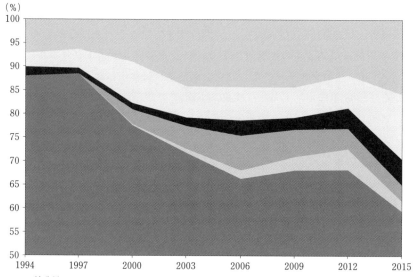

図5-1 販売チャネルの推移

■外務員　□インターネット　■テレビ・新聞・雑誌等　■銀行窓販等　□保険代理店等　■それ以外

(出所)『生命保険に関する全国実態調査』各号をもとに筆者作成．

年には2.2％に減少)，銀行窓販等（1.2％から5.5％)，保険代理店（4％から13.7％）である．

1996年改正保険業法前の市場は，相互会社である内国会社を中心とするものであった．これに医療保険を主力として代理店チャネル等を利用する外資系生保，保険業界以外の国内企業が出資するカタカナ生保等が市場を構成していた．これが，子会社方式による生損保相互参入が認められた業法改正直後に，損保系が多数参入（損保再編が進むなかで減少)，また保険契約者保護の枠組みができたことで破綻会社等の買収という形で外資系が増えた．2002年から2006年までは大きな変化はなかったが，付加保険料の自由化等を背景に2007年以降はネット系や窓販系など新しい販売チャネルに特化した会社の設立が相次いだ．生保は成り立ちによりいくつかに分類でき，これらの特徴をおおまかにまとめたのが表5-2である．

同時期の市場構造の変化を考えるうえで重要なのは，このような業者の多様

2. 金融ビッグバン以降の変化

表5-2 生命保険会社の分類

	成り立ち	主力商品	販売チャネル
内国生保	戦前からある国内会社．相互会社が多い．	自動更新型の定期保険特約付き終身保険が中心．	一社専属制の外務員．
損保系生保	損保子会社として設立された会社．	収入保障保険や医療・がん保険などが中心．	損保代理店が多数．
外資系生保	外国資本の会社．破綻会社を買収した場合もある．	保険会社によって特徴商品が異なる．（窓販系では一時払い変額年金保険など投資型保険）	乗合代理店，一社専属制の外務員，銀行窓販等，多様．
カタカナ生保	保険業界以外の国内企業が出資する生保会社．	医療・がん保険などの商品が中心．	乗合代理店，一社専属制の外務員等，多様．
ネット系生保	ネットを通じて申込ができる生保会社．	保険料が安価．商品ラインナップは限定的．	インターネット．
共済系生保	任意共済が母体となり認可取得した会社．	短期死亡保障に貯蓄性も備えた商品が中心．	共済時代からの代理店．

(出所) 筆者作成．

化が，旧来の業界の横並び体質（保険会社のハーディング行動）を弱め，市場競争を高める結果につながっているのかどうかである．特に，付加保険料の自由化を背景に参入したネット系生保が市場全体にどのような影響を及ぼしているのかは注目すべき点である．先述のとおり，付加保険料は手数料部分に相当し事業費として支出されることから，保険会社の経営効率化に直結してくるからである．

表5-3は（被保険者に死亡リスク等の違いがなく）純保険料は同一との仮定をもとに，ネット系生保と内国会社の付加保険料を比較したものである．これを見ると，内国会社とネット系会社の間には販売チャネルを含む費用構造上の

表5-3 保険料比較 （30歳，男性，定期保険）

(単位：円)

社名	営業保険料	うち純保険料	うち付加保険料
SBIアクサ	3,450	2,669	781
ライフネット	3,484	2,669	815
日本	6,660	2,669	3,991
明治安田	6,990	2,669	4,321
住友	7,410	2,669	4,741

(出所) 『週刊ダイヤモンド』2008年12月13日号より引用．

違いから，付加保険料に大きな差があることがわかる．

　一方で，業者は多様化しても，生命保険は契約期間が長期で保険料・配当による2ディメンジョンによる価格競争が行われ，また医療保険をはじめ商品設計の複雑さゆえに，製品差別化による価格競争回避が行われやすいという特質がある．これにより実質的な価格競争は進展しない懸念も大きい．また，内国会社が保障性商品を，新規参入会社が投資性商品を主力とするならば，市場が分断されて競争が促進されない可能性もある．これらについては，改めて第3節で長期的視点から検証を試みることとしたい．

(3) 生命保険市場の変質

　四半世紀近くの生命保険市場の質的変化を，①人口減少，低成長に伴う生命保険市場の伸び悩み，②保険加入ニーズの変化（需要者側の要因），③商品供給者（保険会社側）の要因から見てみよう．

　わが国では少子高齢化が急速に進展し，労働人口比率の低下が著しく，また，晩婚化も進んでいる．核家族化により世帯数が増加しているとはいえ，万一に備え家族の生活資金を準備するための死亡保障市場が縮小している．さらに，長い間，日本経済は低成長が続き，企業も賃上げを実施してこなかったことから，家計の可処分所得は減少し，民間保険に保険料を支払う余力が減退している．個人保険の保有契約高は1997年3月末の1,495兆円をピークに以降は大幅な減少が続いた．2010年くらいから減少傾向が緩やかになり，近年は概ね860兆円程度の横ばいで推移している（図5-2）．人口構成の変化，低成長というマイナス要因に加えて，2000年頃の生命保険会社の連続的な破綻，2005年に発覚した保険金の不払い・支払もれ問題も追い打ちをかける結果となった．

　一方で，保有契約件数は2003年の1億900万件を底にして2007年からは大きく伸びていて現在1億6千万件以上にまで達している（図5-2）．結果，保有契約1件当たりの平均保険金額が大幅に低下している．医療保険等の第三分野保険や一時払い変額保険など投資性商品は契約高が小さく，これら商品シェアの増加は保有契約高等のみで生命保険市場の規模を見ることを困難にしている．現在は，契約高を補完する指標として，年換算保険料が用いられる．年換算保険料とは，契約期間中に平均して保険料が支払われると仮定した場合の1

2. 金融ビッグバン以降の変化

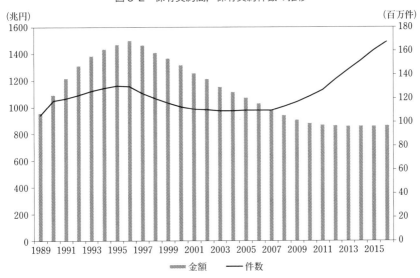

図 5-2　保有契約高，保有契約件数の推移

(出所)　『生命保険事業概況（平成 28 年度版）』をもとに筆者作成.

年間の保険料収入のことである．集計が始められた 2007 年 3 月末には，保有契約の年換算保険料は 19.4 兆円，うち，第三分野は 4.4 兆円であったが，2017 年 3 月末には 27.4 兆円，うち，第三分野は 6.2 兆円となっている（図 5-3）．ここ十数年の生命保険市場は死亡保障という分野では大幅に縮小しているものの，医療保障，あるいは貯蓄や投資機能を兼ね備えた生命保険商品を含めて考えてみると，堅調に推移している．

次に需要者の保険加入ニーズの変化から市場動向を確認してみよう．図 5-4 は 2003 年以降の世帯主による最も加入意向のある保障内容の推移である．これを見ると「病気や災害，事故による万一の場合の保障に重点を置いたもの（保障と略）」が 29.5％から 23.2％へと大きく低下しており，保障ニーズへの落ち込みが激しい．「病気やケガの治療や入院に備えるもの（医療と略）」については，1990 年代以降ニーズが高まっていたが 2006 年に 27％でピークアウトしている．これに対し「老後の生活資金の準備に重点を置いたもの（老後と略）」「保障と貯蓄をかねたもの（保障＋貯蓄と略）」は一時的に落ち込むときがあったものの，

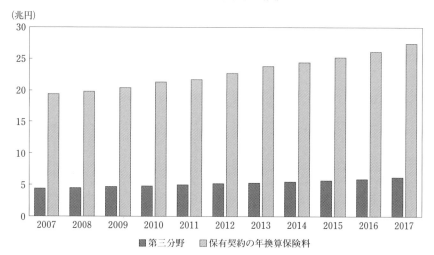

図5-3 年換算保険料の推移

(出所)『生命保険事業概況(平成28年度版)』をもとに筆者作成.

19%程度,12%超程度で比較的安定している.「介護費用の準備に重点を置いたもの(介護と略)」は9.7%から6.6%へと3%ほど低下したのに対して,「貯蓄に重点を置いたもの」は2%から4.5%に,「子供の教育資金や結婚資金の準備に重点を置いたもの(教育・結婚資金と略)」は1.5%から2.7%に増加している.総じて言えば,保障ニーズは長期低落傾向にあり,医療・介護も2006年あたりからはやや減退傾向にある.過去数年は老後・教育・結婚資金等々の貯蓄目的をより重視するようになってきている.

需要と供給は明確に識別できないけれども,上記の保険加入ニーズの変化と保険種類別新契約件数を見ることで生命保険会社の供給者行動も見えてくる(図5-5).2006年に新契約件数が872万件と最低に落ち込むなかで,顧客側の死亡保障ニーズの減退にもかかわらず,その後,2012年頃まで終身保険,定期付き終身保険,利率変動型積立終身保険,定期保険などの保障性の強い保険の販売件数が伸びている.養老保険,定期保険付き養老保険を含めてみれば,これらの保障性商品は,医療保険とがん保険を加えたものよりも大きなシェアを占める.これは,保険会社が保障性商品を積極的に販売する誘因が強いこと

図 5-4 最も加入・追加加入意向のある保障内容（世帯主）

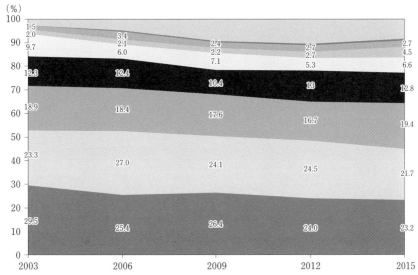

(出所)『平成 27 年度生命保険に関する全国実態調査』をもとに筆者作成．

図 5-5 保険種類別新契約件数

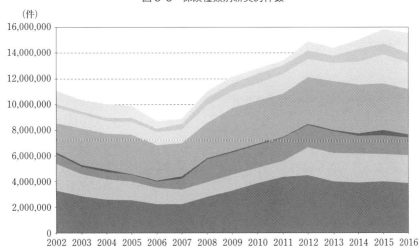

(出所)『生命保険事業概況（平成 28 年度版）』をもとに筆者作成．

表 5-4 順位変動（収入保険料）

順位	1997 年	2001 年	2005 年	2009 年	2013 年	2017 年
1	日本	日本	日本	かんぽ	かんぽ	日本
2	第一	第一	第一	日本	日本	かんぽ
3	住友	住友	住友	明治安田	明治安田	明治安田
4	明治	明治	明治安田	住友	第一	住友
5	三井	安田	アリコ	第一	住友	第一
6	朝日	朝日	ハートフォード	アリコ	アフラック	メットライフ
7	安田	大同	アフラック	アフラック	メットライフアリコ	アフラック
8	太陽	三井	三井	第一フロンティア	ジブラルタ	ジブラルタ
9	大同	太陽	マニュライフ	大同	第一フロンティア	ソニー
10	富国	アフラック	ING	太陽	ソニー	東京海上日動あんしん

（出所）筆者作成．

を示している．これに点は，後ほど収益構造との観点から説明を行う．

このような生命保険市場の変質によって，主要会社の顔ぶれも大きく変化してきた．表 5-4 は収入保険料で見た上位 10 社の推移である．医療保険のシェアが高い現在では，保障性ニーズの尺度である新契約高や保有契約高で見るよりも，新契約保険料や収入保険料によって業界順位を見る方が適切である．内国会社の牙城を切り崩す形で，外資系，損保系，カタカナ生保がどのように市場における地位を高めてきているかを見てみよう．

2001 年に外資系としてはアフラックがトップ 10 入りを果たした．2005 年にはハートフォード，ING など一時払い変額年金のような投資性商品を銀行チャネルで販売する外資系，アリコ（American International Group：AIG），マニュライフなど破綻生保を買収した会社がトップ 10 入りしている．2009 年以降はアリコ（→メットライフアリコ→メットライフ）とアフラックの外資 2 社で 6，7 位を分かち合っている．2013 年からは協栄を前身とするジブラルタが 8 位に，カタカナ生保としてはソニーがトップ 10 に登場した．2017 年には東京海上日動あんしんが損保系としてトップ 10 に入った．2000 年以降は外資系の躍進が目覚ましく，またソニーや東京海上日動あんしんなども地位を高めている．この結果，民営化した「かんぽ生命」を除けば，トップ 10 に残っている内国会社は，日本，明治安田，住友，第一のみという状況にある．したがって，外資系，カタカナ生保や損保系が市場全体の競争および効率性にどのような影響を

与えたかは非常に興味深い問題である．

先ほど見たように，顧客ニーズの変化に抗するかのように，生命保険会社が保障性の強い商品を販売しているのは，収益構造と密接な関係がある．先述のとおり，営業保険料は，予定死亡率と予定利率により計算された純保険料と，予定事業費率によって計算された付加保険料からなる．それぞれの予定率と実績値との差が死差益，利差益，費差益であり，これら三利源を合計したものが生保の利益（現行の基礎利益）になる（図5-6）．この利益は保険期間の途中で配当として還元される（株式会社は費用項目である契約者配当，相互会社は剰余金処分としての社員配当となるが，特に必要でない限り以下では配当と表記する）．

朝日，住友，第一，日本，富国，三井，明治安田7社の2004年時点の費差益は8,200億円，死差益は2兆500億円なのに対して利差損が9,200億円あり，基礎利益は1兆9,500億円であった．これが，2012年には費差益は2,300億円，死差益は1兆7,300億円なのに対して利差損が1,700億円にまで減少し，基礎利益は1兆8,300億円となった（内野・菅谷（2014））．伝統的な生命保険商品は長期の利率保証契約である．バブル崩壊前の高い予定利率の契約については，低金利を背景に運用利回りが低いなかで，満期等で契約が消滅するまで利差損が出る状況が続いていた．これが2008年前後にようやく解消した．また，生命保険商品の利益の多くは死差益によっていることがわかる．死差益は保障性の高い終身保険等から発生するので，生命保険会社には保障性の高い保険を販売する誘因がある．2012年の業界平均の基礎利益が770億程度に対し，内国会社の平均は2200億円程度と極めて高い水準にあり，第三分野に強い保険会

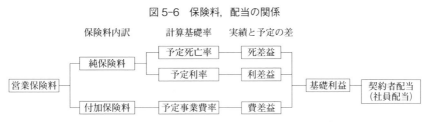

図5-6　保険料，配当の関係

(出所)　筆者作成．

社やダイレクト会社を圧倒している．

3. 価格競争と効率性：戦前を含む長期的視点から

　産業組織論的な分析手法に，市場構造・行動・成果（以下，SCP）仮説がある．これは公的規制を含む市場構造の変化に対して，企業がどのような経営戦略をとり，企業や業界全体の利潤等の市場成果にいかなる影響を及ぼすかを考察するアプローチである．一般に SCP 仮説では，市場集中度が高い市場は寡占的で競争度が低く，そのために価格が高く利潤が大きいといった好ましくない市場成果をもたらす傾向があると考える．

　本章では，価格競争と効率性との関係について，このような分析手法に立ちながら，戦前を含む長いレンジからの検証を行う．戦前と戦後で，また，戦後も 1996 年改正保険業法前後において保険規制の大きな変化があったからである．すなわち，戦前は比較的規制が緩やかで自由な競争が行われ，それが金融恐慌以降，弱小保険会社の経営悪化から競争が制限されるようになった．戦後は護送船団方式的な競争制限的規制のもとで非価格競争を中心に競争が行われてきたが，1996 年改正保険業法により規制が緩和され，価格競争を含む競争が促進された．長期的には規制が大きく変化し，価格競争を含む競争の形態が著しく様相を変えてきたため，長期的な期間を対象に比較分析を行うことは有意義だと考えられる．

(1) 生命保険の価格競争に関する仮説

　生命保険の価格競争は保険料と配当の組み合わせによるのが特徴である．配当は諸予定率により計算された保険料の精算という性格を有しており，生命保険の実質価格は「（純保険料＋付加保険料）−（配当＋（死亡あるいは満期）保険金」となる．実質価格は契約満了（満期，死亡）時に事後的に確定し，死亡保険金に関しては支払時期が事前にはわからないので実質価格は期待値となる．

　戦前の大正期には，配当付き養老保険が新契約高の 90% 以上を占め貯蓄機能が重要視されていた．保険料対比での配当の多寡が重要な競争要素となっていた．当時，当局は新商品の認可に際して同一の死亡表・予定利率を求めてお

らず，比較的緩やかな規制の枠の中で低料高配競争を行っていた．付加保険料率は予想配当を考慮して設定されたので保険料に高低があった．

　1917年に相互会社である第一生命が配当率を3%から4.5%に改訂，千代田，仁寿，大同生命もこれに対抗して高配当商品を販売した．一方，明治生命は1921年に三大（明治，日本，帝国）会社の経験率表に移行することで低保険料を実現，2.5%の配当付き低料保険を販売した．その後，日本，帝国，安田，日華生命（のちの第百生命）など株式会社の多くが低料主義を採用し，低料高配競争が本格化した．低料高配競争に関しては，第一・千代田等の高配会社が相互会社の特質を強調したので，「相互会社」対「株式会社」という会社形態上の競争との見方もされた．株式会社では経営者が株主利益を重視するあまり契約者利益を損なうという利害対立が懸念されるが，相互会社では契約者が社員（所有者）となるのでそのような利害対立は生じないという利点がある．低料高配競争は1935年前後に低料会社が高配主義に転換して終結した．

　低料高配競争については，「正味掛金（満期までの保険料合計から契約者配当金合計を引いたもので，利息計算は行わない）」による比較話法が用いられ，契約者負担の相違が争点とされた．一方で，Tsutui et al. (2000) は，低料会社と高配会社では正味掛金に比べ予想実質価格に違いはなく，低料高配競争を保険契約者の間の主観的割引率（予想金利）の違いを利用した製品差別化戦略としたうえで，価格競争の緩和策として機能したとする（表5-5）．検証仮説①は「戦前の低料高配競争は価格競争回避のための製品差別化戦略であり，両者間の効率性格差は変化していない」というものである．

表5-5　戦前期における低料および高配グループ

高配グループ	第一	千代田	帝国	大同	
年払い保険料	33.14	35.89	36.00	38.57	
正味掛金	300.76	374.17	326.70	252.69	
予想実質価格	164.58	167.28	184.82	186.01	
低料グループ	明治	日本	安田	住友	愛国
年払い保険料	30.70	31.30	30.35	32.80	28.90
正味掛金	506.60	534.25	602.35	426.07	501.94
予想実質価格	179.19	184.35	191.59	171.17	166.61

（出所）　Tsutui et al. (2000) をもとに一部修正．

戦後は，銀行等と同様に生命保険業も競争制限的規制下に置かれた．生命保険料は「暗黙的な価格カルテル」のもとで各社あまり変わらず，配当は当局による事前承認という形で競争が行われた[3]．もっとも，高度成長期には「標準配当率＋経営効率」による実績に応じた配当率算出方式が決定され個別化（自由化）が進んだ．1970年頃以降，利差配当が責任準備金の積立状況に応じて差別化されるようになり，費差配当の一層の個別化も図られた．さらにインフレ対策として特別配当制度が導入され，通常配当と特別配当による増配時代を迎えた．標準配当率は5番目の会社を基準に設定され，上位に超過利潤を生じさせる一方，下位に効率化を要求するものであった（茶野・大塚（2014））．価格競争が制限されるなかで，生命保険会社は大量の外務員採用による新規・保有契約高の増大を経営目標とした．生命保険では新契約獲得のために初年度保険料を上回る経費を支出するので，大量の新契約を募集するほどその年度は赤字になるという収益構造上の特殊性がある．大手会社にはこの赤字を賄うに十分な留保が存在し，規模の大きな会社ほどますます大きくなるという両極分化が進展した．検証仮説②は「競争制限的な価格競争のもともっぱら外務員投入による新規・保有契約高拡大競争が行われ，規模による効率性格差が拡大した」というものである．

戦後の競争制限的規制は1996年改正保険業法によって転機を迎え，それ以降は規制緩和が進められてきた[4]．料団法改正後，カルテルを撤廃した損保は価格競争が進んだように見えるが，生保はどうなのか[5]．損保系・外資系生保の新規参入が相次ぎ，業者の多様化が進んだが，これが業界の横並び体質に影響を与えたのか．これらが問われなければならない．

保障性商品を重視し一社専属制の外務員チャネルに依存する内国会社に対して，新規参入者が新商品・新販売チャネルという新機軸を打ち出すことで競争

---

3) 保険料率の改定にあたっては旧保険業法の定めにより大蔵省の認可が必要であり，各社は，同一の予定利率と死亡表を使用し，ある生命保険会社が新しい保険料率で当局の認可を受けたあと，他の生命保険会社も自主的に同じ保険料率で追随して認可を得るという形がとられてきた（水島（1974））．
4) 改正業法施行直後の1997年にオリックス生命が通信販売で，通常よりも最大で28.1％も廉価な生命保険を販売するなど新機軸が見られるようになった．
5) 茶野（2009）では，H統計量を用いて，1975年度から2007年度を，改正保険業法施行の1996年度を境に2期間に分けて競争度の分析を行った．それによると，損害保険市場の競争度が大きく上昇したのに対して，生命保険市場ではあまり変化が生じていないという対照的な結果を得ている．

が進めば，業界全体の効率性は改善するであろう．しかし，一方で生命保険は保険料・配当という2ディメンジョンでの競争であるため，製品差別化戦略による価格競争緩和が行いやすいという特質が，商品設計の自由度を高めるという規制緩和の流れの中で一層助長されるかもしれない．例えば，業法改正に伴い新規参入した損保系は無配当保険を主力商品とし，これに大手生保が「準配当」保険で対抗した[6]．あるいは損保系が低解約返戻金型終身保険を新たに販売するという状況も生じた[7]．低解約返戻金型保険は，保険料払込期間中の解約返戻金を少なくする代わりに，保険料が割安に設定されている商品である．これらは戦前の低料高配競争と似た製品差別化戦略である．「1996年の業法改正による参入自由化は業界全体の横並び体質を改善し効率性を高めた」というのが検証仮説③であり，この対立仮説は，「業者の多様化はむしろ製品差別化によって価格競争を緩和し，業界全体の効率性は高まっていない」ということになる．

製品差別化戦略のもとでは実質的な価格競争は進まない可能性があり，そういう観点から注視すべきは2006年の付加保険料自由化である．保険の価格競争は純保険料ではなく，会社の効率性を反映した付加保険料で行うべきだとの考え方が従来からある．そういう点からは，ネット系生保の新規参入に注目すべきである．しかしながら，ネット系生保の提供商品は定期保険・医療保険など限定的で市場全体への影響は限られるとの見方も強い．さらに付加保険料の競争に関しては，業界に消極的な姿勢も見られ，当局の対応を含め銀行窓販の手数料開示問題の帰趨を見守る必要もある．仮に開示が進めば外務員の報酬体系，さらに（他社との乗り合いができない）一社専属制による製販一体型モデルにも影響が及ぶかもしれない．検証仮説④は，「付加保険料の自由化によるネット系生保の参入は業界全体の効率性を高めることが期待されているものの，市場が限定的であることから成果があがっていない」というものである．

---

6) 準配当保険は，予定利率を有配当と無配当の中間に設定し，運用利回りが予定利率を上回った分のみを5年ごとに配当還元するという商品のことである．
7) 低解約返戻金型終身保険では，払込期間が終われば，普通の保険と同じ解約返戻金の水準に戻り，結果的に返戻率が高くなる仕組みである．

(2) 市場構造・競争の変化

戦前の分析期間は，データが収集可能な1914年から太平洋戦争が始まる1940年までとする（以下，戦前期）．戦後については，戦後の混乱期を脱して高度経済成長に突入する1960年を起点として，保険業法が大幅に改正される1996年まで（以下，業法改正前）と，改正直後の1997年から直近の2015年まで（以下，業法改正後）とする．本節の分析では，いずれの期間も隔年で分析している．

図5-7は，戦前期，業法改正前，業法改正後における企業数，ハーフィンダール指数（以下，HHI），ジニ係数の推移を表している．市場集中度を見るために保有契約高でHHIを計算した．この値が高いほど市場集中度が高いことになる[8]．また，企業間格差を見るために保有契約高を用いてジニ係数を求めた．ジニ係数は不平等度を測る指標で0から1の間の値をとるが，1に近いほど格差が大きい[9]．

まず，戦前期について見る．1881年の明治生命以降，日清戦争や日露戦争後の好況を受けて新規参入が相次ぐ一方で，1900年の保険業法施行に伴う泡沫会社の整理が進んだ．結果として，1914年には40社程度が営業を行っていた．1906年から1914年には年2.5社のペースで設立されていたのが，1914年頃に業界の要請を受けて当局が認可基準を厳格化したので，1914年から1923年には年1社のペースへと鈍化した．

1927年に金融恐慌が生じたが，これは銀行のみならず，生命保険会社，特に中小会社の経営不安を増大させた．その後，経営状況が悪化する会社が続出したものの，1933年に当局の勧奨で弱小相互会社五社が大合同して，生保市場の混乱は一応の収束を見た[10]．HHIは1928年以降急速かつ大幅に上昇しており，信用不安が高まるなかで五大会社（日本，明治，帝国，第一，千代田生命）と財閥系三社（住友，三井，安田）に契約が集中していった過程をよく示して

---

8) HHIは市場における競争状態を表す指標の一つで，市場における各企業のシェアの自乗和で定義される．完全独占であれば1，完全競争に近づくと0に近づく．
9) ジニ係数は，ローレンツ曲線と45度線の間に挟まれた領域の面積と，45度線より下の領域の面積の比であり，所得分布の不平等さを測る指標として利用されることが多い．所得格差が全く存在しない場合には，ローレンツ曲線は45度線と一致するので，ジニ係数は0になる．
10) 国光，東海，蓬莱，中央が昭和に保有契約を包括移転後，解散する形をとった．昭和は，1941年に第一生命に保有契約を包括移転後，解散した．

図 5-7 企業数，ハーフィンダール指数，ジニ係数の推移

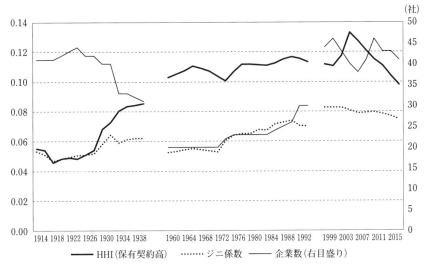

—— HHI(保有契約高)　……… ジニ係数　—— 企業数(右目盛り)

(出所)　筆者作成．ジニ係数は目盛りの関係で10分の1にして表示．

いる（茶野（1997），第9章）．

　敗戦後は，金融機関再建整備法に基づき，相互会社に組織変更し「20社体制」で再出発をした（第一，千代田を除き大半が株式会社であった）．業法改正前には，1973年のアリコジャパン以来，1996年のチューリッヒまで二十数年間に外資系ならびに信販会社系など15社が新規参入を果たした．ソニー，オリコ，オリックスなどは当初日米合弁企業として設立されたものの，国内資本が100％所有する形になったものもある（現在はカタカナ生保と分類される）．

　同時期，企業数が増加したにもかかわらず，HHIは低下するどころかわずかではあるが上昇している．1973年のアリコジャパン，1974年のアフラックなど新規参入した外資系会社には医療保険やがん保険などで知られる第三分野保険を主力商品とする会社も多く，既存会社と新規参入の市場は分断されていて，市場競争に与えた影響はさほど大きくない[11]．さらにHHIの上昇以上に，企業間格差も拡大している．これは価格競争が制限されるなかで規模の大きな

---

11)　第三分野の保険市場は，1970年代の資本の自由化の過程で，単独の医療保険商品を主に外国の生命保険会社に解放する形で政策的に優遇，育成されていった経緯がある．

会社ほど内部留保が蓄積し，外務員の大量投入による新契約獲得競争が大手会社ほど有利に働いた様子を如実に物語っている．

業法改正後は，生損保相互参入により損保系生保子会社の設立が相次ぎ，また破綻生保の承継という形で外資系会社が新たに参入した．その後再編が進んで企業数はいったん減少したが，2007年以降はネット系生保，共済系生保，大手による専門子会社の設立で企業数が増加．その後企業数は減少するという経緯をたどった．2003年以降HHIが持続的に低下，市場集中が弱まる一方，ジニ係数も緩やかに低下し，企業間格差が縮小している．これらの指標からは，同時期の市場競争は高まっているように見える．

従来は市場集中度やHHIを用いて市場競争の程度を把握としようとしてきた．しかしながら，A企業のシェアが70%，B企業のシェアが30%であったときに，翌年A企業のシェアが30%，B企業のシェアが70%になったとしても，これらではその変化を適切に反映できない．したがって，一定期間に生じた順位やシェアの変動といった市場の動態的変化も市場競争度を表す重要な指標となる（公正取引委員会（2003））．順位・シェア変動を表す指数にはスピアマン順位相関係数，2時点シェア変動指数，ケンドール順位一致係数などがあるが，多時点シェア変動指数（以下，MSV）が望ましい．MSVは，対象期間における各企業のt期と$t-1$期のシェアの差の自乗和を計算し，これを期間（例えば，対象期間が10年であれば9）で割ることで求められる．MSVは0以上の値をとり，数値が大きいほど当該期間中のシェア変動が大きい．

表5-6は，戦前期・業法改正前・業法改正後を金融危機後の整理統合を踏まえ，さらに細分化し，保有契約高でMSV（シェアは%表示）を計算した結果である．金融恐慌後の合併期は0.091，バブル経済崩壊に端を発する1996年改正保険業法後の合併の場合は0.064とともに高い数値を示している．最も注目されるのは大正期のMSVが0.406と極めて高い点にあり，HHIが上昇していないことと合わせて考えると，この時期は市場集中が進むことなく激しい競争が行われていたことを示唆する．逆に，オイルショック後の低成長期に移行してからは0.017，0.007と変動が極めて小さく，業界順位が固定的である．大手7社（日本，第一，住友，明治，安田，朝日，三井）では順位の変化はなく，8位以下の中堅・中小会社でわずかな順位の入れ替えがあるに過ぎない．さらに

表 5-6 多時点シェア変動係数（MSV）の推移

	1914～1926年	1928～1940年（合併期）	1960～1972年	1974～1984年	1986～1994年	1997～2003年（合併期）	2005～2015年
MSV	0.406	0.091	0.024	0.017	0.007	0.064	0.026

(出所) 筆者作成.

　MSV を見る限り，2005 年以降は 1960 年から 1972 年の高度成長期と同程度の競争状況にある．以上，HHI，ジニ係数，MSV の数値を総合的に判断すると，1996 年改正保険業法以降の規制緩和の流れのなかで，（大正期を別とすれば）業法改正前に比べて生命保険市場における競争は高まっている状況がうかがい知れる[12]．

(3) DEA 分析による検証

　生命保険会社を保険引受・販売，資産運用など性質が異なる複数業務を行う企業体として捉え，複数財の生産・投入によって評価できる DEA（Data Envelopment Analysis）による効率性評価を行う．

　DEA 分析では，観測されたデータのみで効率的フロンティアを形成し，分析対象となる企業の中で最も効率的な企業との比較を通し，各企業の効率性を評価する（Cooper et al.（2007））．DEA による効率性値は 0 から 1 の間の数値をとり，1 に近いほど効率性が高い．このとき，規模に関して収穫がどのように変化するのかという前提によって，複数のモデルが存在する．いま，わかりやすいように図 5-8 のように投入物 1 種類，生産物 1 種類で，企業 A ～ G の効率性を測定することを考える．

　CRS モデルは，規模による収穫一定との制約条件のもと効率性が評価される．この場合，効率的フロンティアは直線 OC となり，企業 C 以外は非効率ということになる．生産物／投入物の値が小さい，直感的に言えば直線 OC から遠くに離れている企業ほど，投入物に対して生産物が過少であるので非効率的となる．具体的には，企業 C の効率性値は 1 で，それ以外の企業は 1 より

---

12) 以上は保有契約高を用いた分析であるが，最近は医療保険を主力商品とする会社もある．医療保険は死亡保険に比べ契約高が極端に少額になるので，一部の損保系・外資系・カタカナ生保を過少評価する可能性がある．なお，収入保険料で HHI を計算した場合，一時払い保険料の影響等で大きな変化を示すときがあるものの，全体として同じような傾向が認められた．

図 5-8　DEA による効率性評価

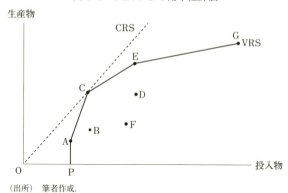

(出所) 筆者作成.

も小さな値となる．

しかしながら，もし規模の経済性が存在すれば，CRS モデルでは企業 C 以外の企業の効率性が過小に評価されてしまう．VRS モデルは，規模の変化による効率性の変動が実測値に準拠するモデルである．この場合の効率的フロンティアは軌跡 PACEG となって，この上にある企業は効率的，残りの企業 B, D, F は非効率ということなる．

基本的なモデルとして，投入に事業費・内勤数・外務員実働数・代理店数，産出に保有契約高・新契約高・経常利益を用いた．戦前期の投入には内勤数・外務員数・代理店数の数値が得られないため事業費と新契約費率とした．業法改正前の投入は，1992 年以降について代理店数を加えた．また業法改正後は医療保険等が主力商品となっている会社があるので，産出には保有契約高の代わりに収入保険料を用いて，収入保険料・新契約高・経常利益とした．

戦前期の効率性の推移を見ると業界平均で見た場合，1915 年の 0.71 を除けば，1917 年の 0.57 から 1937 年の 0.46 まで緩やかに低下，その後急落している（以下，図 5-9）[13]．また，効率性格差を見るために標準偏差を測ったところ 1933 年くらいまではあまり変化がないが，その後急速に値が大きくなってい

---

[13] 戦前には徴兵保険というものがあった．誕生時に保険に加入し，その子が徴兵検査で甲種合格となったら保険金を受け取れる，一種の学資保険である．明治 31 年に徴兵保険会社（後の東邦生命）が設立され，富国生命も前身は徴兵保険会社で業績を伸ばした．徴兵保険会社は効率性の高い企業が多く，平均値を押し上げている．

3. 価格競争と効率性：戦前を含む長期的視点から　　209

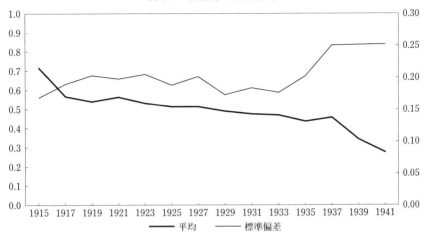

図 5-9　戦前期の効率性推移

(出所)　筆者作成.

る．このように戦前期は業界平均で見れば徐々に効率性が悪化し，5社大合同のあった1933年以降は効率性格差が急速に拡大した．これは，金融恐慌以降信用不安が高まるなかで五大会社と財閥系三社に契約が集中していった過程とほぼ一致する．1937年を見ると業界平均の効率性が0.46なのに対して，五大会社は日本0.62，明治0.82，帝国0.73，第一1，千代田1，財閥系三社は住友0.50，三井0.50，安田0.60であり，特に五大会社の効率性の高さが目につく．

　相互会社と株式会社のいずれの組織形態が効率的かは今日まで大きな論点になってきた．もっとも，次に述べる低料高配競争との関連で言えば，低料会社＝株式会社，高配会社＝相互会社ではない点に十分に留意する必要がある（表5-5の第一と千代田は相互会社だが，帝国（現在の朝日）と大同は高配グループに属するけれども株式会社であった）．経営者が株主の利益を優先するために保険契約者の利益が棄損されるというエージェンシー問題が回避できる等の理由で相互会社が優位だとする考え方がある一方で，相互会社では株主（広義には資本市場）による外部コントロールが働かず，経営者の裁量が増して効率性が株式会社よりも低くなる可能性があるとの見解もある．さらには，保険市場が競争的であれば，両者の組織形態は効率性の違いを生じさせないとの考え方

図5-10 相互会社 対 株式会社

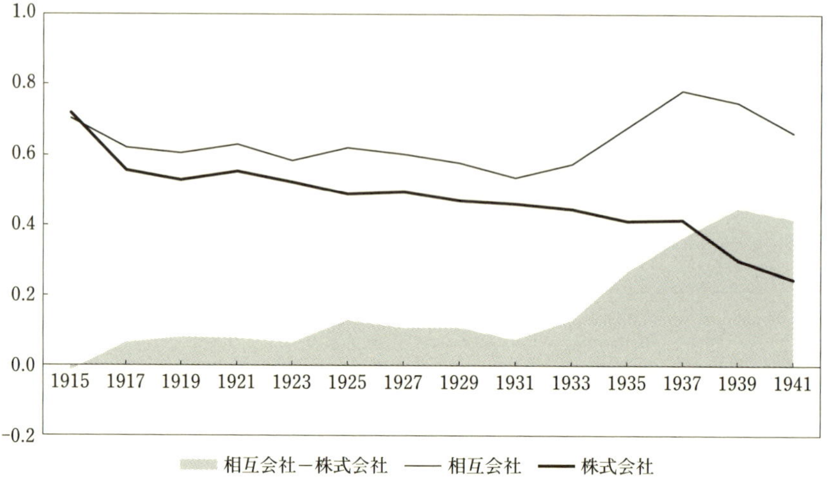

(出所) 筆者作成.

もある（茶野（2002），第2章）．

　図5-10は，相互会社と株式会社の効率性を比較したものである．これを見ると1933年くらいまでは，わずかながら相互会社の方が効率性は高いが，その差は拡大しているわけではない．相互会社の数が少なく，第一，千代田という規模の大きな会社の影響を強く受けている可能性もあって相互会社優位とは断ずることは難しく，むしろ当時の保険市場は競争的で両者間の効率性に違いを生じさせる方向には作用しなかったと解釈すべきように思える．そして，1933年に弱小相互会社5社を統合したことで，相互会社の効率性が一挙に上昇していることから，この合併策が非常に適切な措置であったこともわかる．

　最後に表5-5に基づく分類により低料会社と高配会社の効率性を計測したのが図5-11である．高配会社と低料会社の効率性の差を面グラフで表している．これを見てみると1915年から1937年にかけて両者の効率性の差に変化は見られない．これは，低料高配競争は製品差別化による価格競争回避策であるという検証仮説①を正当化するものと解釈できる．すなわち長期的に見て，両者間で実質的な価格競争が行われ，どちらか一方に優勝劣敗が生じていたわけでは

3. 価格競争と効率性：戦前を含む長期的視点から　　　211

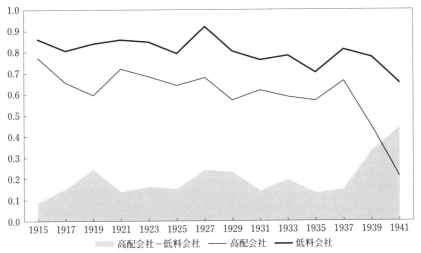

図 5-11　高配会社 対 低料会社

(出所)　筆者作成.

ない．そして，1939年以降において低料会社の効率性が大きく低下する形で両者の差は拡大している．1935年前後に低料会社が高配主義に転換する形で低料高配競争は終結したとされているが，低料会社が高配当を提示し，実質的な価格競争が進む形で低料会社の効率性が悪化した証左かもしれない．低料高配競争の収束により価格競争が進み，低料会社の敗北が明かになったことも，検証仮説①を支持するものといえる．

続いて，業法改正前の特徴は，①20社体制で再始動したが，オイルショック以降外資系を中心に新規参入があったこと，②当初価格競争は制限的であったがオイルショック前後から当局の管理下で配当の自由化が進められ，下位の会社には厳しい競争となったこと，③外務員の新規採用による契約獲得が競争の根幹にあり，オイルショック以降は順位変動が固定的で規模間格差が拡大していったことである．

業法改正前，オイルショック直後を除き，全体的に効率性は上昇しており，標準偏差で見た効率性格差はあまり変化していないか，わずかに広がっている程度である．また新規参入を加えた場合の効率性が（1990年を除いて）20社

図5-12 業法改正前の効率性推移

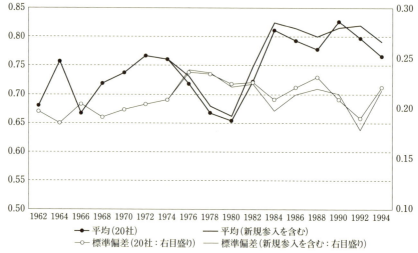

(出所) 筆者作成.

に比べてわずかながら高く,効率性格差は小さいことから,新規参入者の効率性が相対的に高いこともわかる(図5-12).

保有契約高を規模指標と考えて業界順位を見ると,1975年以降では,上位7社(日本・第一・住友・明治・安田・朝日・三井)と最下位3社(平和・大和・大正)については順位変動がない.順位が変動しているのは,その中間層,8位から17位(千代田・協栄・日本団体・大同・東邦・富国・日産・第百・太陽・東京)においてである(茶野(2002),第4章).

各年の順位1〜4,5〜7,8〜13,14〜17,18〜20位の会社を第1,2,3,4,5グループとして効率性の推移を見たのが図5-13である.1970年以降は第1グループの効率性が一貫して最も高く,規模が大きいほど効率性が高いという関係が認められるが,注目すべきは第2グループと第3グループの間には違いがほとんど見られないという点である.

1970年以降,配当の自由化が進められて,経営実態をそれなりに反映した配当競争が存在した.特に,特別配当のうちのλ(ラムダ)配当[14]が1976年に

---

14) 内部留保が生じてから分配されるまでの期間の利息部分との位置付けの配当.

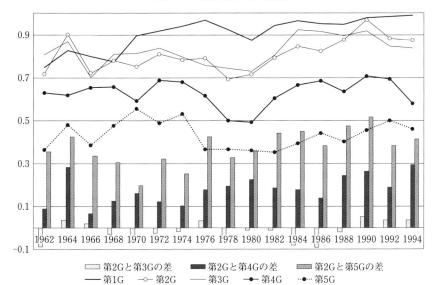

図 5-13 規模と効率性の関係

(出所) 筆者作成.

表 5-7 契約者（社員）配当の格差

	1964 年	1970 年	1975 年	1980 年	1985 年	1990 年	1992 年
利差	0%	0.6%	0.5%	1.75%	2.46%	0.2%	0%
死差	0 円	0.38 円	0.97 円	0.92 円	0.06 円	0.25 円	0.25 円
費差	0 円	0.50 円	0.50 円	0.90 円	0.75 円	0.70 円	0.80 円

(注) 利差配当は責任準備金に対する比率，死差配当は危険保険金1,000円に対する金額，費差配当は保険金1,000円に対する金額である．
(出所) 各年度の大蔵省「銀行局年報」をもとに筆者作成．

利差配当に吸収され，株式含み益の早期還元を目的に λ（ラムダ）配当の増額・拡充が行われたことで，各社の配当格差が増大した．表5-7は，配当率格差（最高会社と最低会社の差）を示したものであるが，1980年代に入り利差配当格差が急激に拡大した．保険料率設定の自由度を高めずに，配当率競争を進めることは，低料高配競争とは真逆に，実質的な価格競争を促進することにつながる．

標準配当率は5番目の会社を基準に設定されていたとされることから，1970年以降，第2グループとそれより下位グループとの効率性の格差を見てみた（図5-13の棒グラフ）．第4グループとの差であるが，1964年をどう評価するかによるが1960年代からほぼ一貫して拡大傾向にある．一方，第5グループとの差は1970年くらいにかけていったん縮小するものの，それ以降は効率性格差が拡大している．2000年代初頭の生保破綻の直接的要因は一時払い養老保険や団体年金等の高予定利率商品の販売と，その後の運用利回りの急激な低下に伴う巨額の逆ザヤ発生であるが，遠因は配当自由化を推し進めた結果，下位会社の経営体力が相対的に弱まっていた点にあった（茶野・大塚（2014））．

最後に，業法改正後は「参入自由化は業界全体の横並び体質を改善し効率性を高めた」可能性がある一方で，「業者の多様化はむしろ製品差別化により価格競争を緩和し，改善効果は実現していない」かもしれない．この点については，検証期間が短く，また期間の途中でリーマンショックが発生していて，その影響が大きいことから，明確な結論を得られなかった．すなわち，リーマンショック前までは効率性はほとんど変化がなく，リーマンショックによる効率性低下が大きい．また，標準偏差でみた効率性格差はリーマンショック前に若干縮小した時期があるが，一貫して拡大している（図5-14）．これは規制緩和で競争が進展し，会社間の優勝劣敗が明らかになっているように見えるが，後述するようにネット系・共済系の新規参入が影響を与えている．

そこで，リーマンショック前後の効率性低下を会社タイプ別に比較してみた．会社タイプとしては，内国会社，破綻外資（破綻生保を買収した外資），外資系，損保系，カタカナ，ネット系，共済系に分類した．リーマンショック前には，内国会社・損保系・カタカナ会社の効率性が外資系・破綻外資に比べて高く，二極化していた（図5-15）．それがリーマンショック後は，内国会社・損保系・カタカナ会社の効率性が低下し，外資系・破綻外資と同水準になり，両グループの格差はなくなった．特に，損保系とカタカナ会社の低下幅が大きかった．また，リーマンショック後はネット系・共済系の新規参入があったが，当初ネット系の効率性が高い時期があったものの，直近では他のタイプに比べて低水準にある．これが効率性格差の拡大にもつながっている．

業法改正後のもう一つの検証仮説は，付加保険料の自由化によるネット系生

3. 価格競争と効率性：戦前を含む長期的視点から　　215

図 5-14　業法改正後の効率性推移

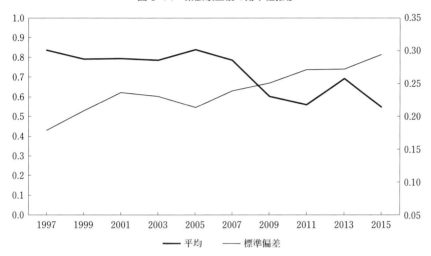

（出所）　筆者作成.

図 5-15　会社タイプ別効率性推移

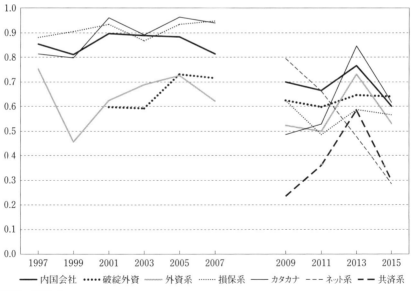

（出所）　筆者作成.

保の参入は市場が限定的で，業界全体の効率性を高めてはいないのではないかというものだった．しかしながら，ネット系生保は他生保との効率性競争でも優位に立っておらず，市場が限定的であること以前の問題といえる．2003年以降の事業費率（＝事業費／保険料等収入）を見ると，外資系が10～12％，内国会社が12～14％，損保系が18％前後で推移している．これに対し，ネット系は60～180％であり，2008年から2011年にかけては100％を上回り，事業費を保険料収入で回収できていない（内野・菅谷（2014））．会社設立直後は初期投資費用を回収するために赤字になりがちであるが，2012年以降新契約が伸び悩み，規模の経済が働くまでには至っていないという状態にある．規制緩和による競争促進に関しては，銀行窓販の手数料開示問題を含め，付加保険料をめぐる競争をさらに活発化させていく必要性が高い．

4. 経済価値ベースのソルベンシー規制とマイナス金利政策

(1) 経済価値ベースのソルベンシー規制

　表5-8は，EU・米国・日本におけるソルベンシー規制の特徴を比較したものである．

　2016年にEUでソルベンシーⅡが導入された．同規制は，資産と負債の評価を経済価値ベースで行い，その差額である純資産の変動を管理するというバランスシートアプローチに基づく考え方に立っている．経済価値ベースのソルベンシー規制のもとでは，資産と負債が整合的に評価されることから，保険会社のリスクの実態や経営行動の成果が適切に表され，保険会社内のリスクカルチャー醸成につながるとの指摘もある．一方で，生命保険のような長期契約では金利変動などが純資産の変動に与える影響が大きく，経営が不安定になるのではないかとの懸念も表明されている．

　EUに対しわが国や米国は，負債評価に関して契約時点の計算基礎に基づく評価（ロックイン方式）に加えて，将来キャッシュフロー分析により追加の責任準備金の要否を判断することを基本的な考え方としている．また，必要資本（リスク量）の把握については，BIS規制と同じようにリスクファクターに基づくフォーミュラアプローチをとっている（米国ではRBC規制，日本では

表 5-8　EU・米国・日本のソルベンシー規制の特徴比較

	EU	米国	日本
資産評価 (有価証券)	時価評価	償却原価評価（債券等），または時価評価（上場株式等）	保有目的に応じて償却原価評価または時価評価
保険負債評価	市場整合的評価（将来キャッシュフローの割引現在価値に基づく）	契約時点の計算基礎に基づく評価（ロックイン方式）に加え，将来キャッシュフロー分析により追加責任準備金の要否を判断 原則主義ベースの責任準備金評価において計算基礎は定期的に見直されるが（ロックフリー），導入後も基本的には現行方式の責任準備金の水準が下限となり，負債の増加方向に対してのみロックフリーとなる	契約時点の計算基礎に基づく評価（ロックイン方式）に加えて，将来キャッシュフロー分析により追加の責任準備金の要否を判断
必要資本 (リスク量)	SCR（Solvency Capital Requirement：ソルベンシー必要資本）とMCR（Minimum Capital Requirement：最低必要資本）の2種類 SCR，MCR各々について未達の場合の監督措置を規定 SCRの信頼水準は99.5％，MCRで85％	リスク量は1種（RBC（Risk Based Capital）比率の分母） RBC比率に応じて4段階の行政介入水準を規定 信頼水準は個々のリスク毎に異なり，全体としての信頼水準は明示されず（例えば資産リスクでは94％から96％）	リスク量は1種類（SM（Solvency Margin）比率の分母） SM比率が200％を下回った場合，未達状況に応じて監督措置を発動 信頼水準は95％（価格変動等リスク等）

(出所)　『経済価値ベースのERM』より引用.

SM比率規制）．このようなアプローチは，自主的なリスク管理の高度化には不向きだとされる．わが国でも，当局によるフィールドテストを行い，経済価値ベースの規制導入に向け検討を行っているところである．

　経済価値ベースのソルベンシー規制導入について議論の分かれる点もあるが，「経済価値ベースのERM（統合リスク管理）」を進めていくべきだということには異論の余地は少ないであろう．経済価値ベースのERM経営とは，「時価あるいは公正価値の情報に基づき，内部資本配賦によりリスク・収益を客観的基準で評価し，リスク移転手法を用いながら企業価値を最大化するための統合

的なガバナンスの枠組み」と定義でき，対象とすべきリスクも信用リスク，市場リスク，オペレーショナルリスク，流動性リスクといったものから，計測手法が確立していない伝染リスク，事業リスクやレピュテーションリスク等々にも広がってきている．

本節では，最近のマイナス金利政策が生保経営に与えた影響を見ることで，経済価値ベースの ERM について考察したい．

(2) マイナス金利政策とイールドカーブのフラット化

2016 年 2 月にマイナス金利付き量的・質的金融緩和（以下，マイナス金利政策）が導入された．その約半年後，イールドカーブが過度に下方シフトし，またフラット化が進んだため，同年 9 月にはイールドカーブ・コントロールを行う長短金利操作付き量的・質的金融緩和がとられるようになった．イールドカーブは債券の利回りと残存年数の関係を表す曲線であり，将来の金利上昇・下落を織り込んだ債券市場の金利の期間構造を表す．欧米諸国に比べ金利水準がすでに低いわが国において，当該政策を実施することは一つの大きな社会的実験であった．

マイナス金利政策が預貸利鞘の縮小など銀行業に及ぼした悪影響は多々議論される一方で，生命保険会社に及ぼした影響を論じたものは限られている．本節では，マイナス金利政策が生保経営に及ぼす影響の重大さを銀行との比較を通して詳らかにし，また簡便なシミュレーションにより，このような状況の対処に何が有効なのかを明らかにする．

2013 年 4 月，2 年程度でインフレ率 2% を実現することを目標に量的・質的金融緩和が実施された．"黒田バズーカ"は株価や消費者物価指数の上昇で当初はうまく機能していたかに見えたが，その後の円高への反転やエネルギー価格の下落でインフレ目標は達成できなかった．量的・質的金融緩和の効果に限界が見えてきたことで，マイナス金利政策導入へと舵が切られた．もっとも，わが国では日銀当座預金のうちでも政策金利残高のみにマイナス 0.1% を適用するもので，銀行に直接的な悪影響が及ばないように十分配慮したものであった．

しかし，同政策が金融機関に与えた影響は大きかった．短期・中期金利に比

4. 経済価値ベースのソルベンシー規制とマイナス金利政策

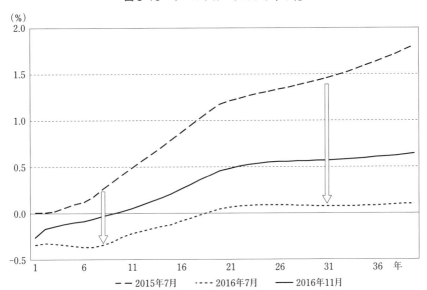

図 5-16 イールドカーブのフラット化

(出所) 財務省『国債金利情報』をもとに筆者作成.

べて15年以上の金利が大幅に低下し，10年物国債金利もマイナスになるなど極端なイールドカーブのフラット化が進んだ（図5-16）．金融政策のみで実体経済に影響を及ぼし物価上昇をもたらすことができるかは甚だ疑問であり，投資需要を喚起できない状況下で長期金利をいたずらに低位に据えることの弊害が惹起した．

(3) デュレーションギャップから見た金利リスク

通常，金利リスクはデュレーションによって計測される[15]．金利変動によって資産，負債ともに同方向に変化するが，その変化の大きさは各々のデュレーションによる．そして，資産と負債の差額である純資産が金利変化により変動

---

[15] デュレーションは債券（あるいは債券に類似した確定的なキャッシュフロー）の残存年数を加重平均したものであり，債券投資等の平均回収期間である．また，債券価格の変化は金利変化に対してほぼ反比例するが，修正デュレーションは金利が1%上昇（低下）したときに，債券価格が何%下落（上昇）するかの感応度を表す．

表 5-9　銀行と生命保険会社の金利リスク

(単位：年)

	資産デュレーション	負債デュレーション	デュレーションギャップ	経済価値ベースの純資産変化率
メガバンク	1.73	1.67	0.14	1.5%
地方銀行	2.35	1.53	0.90	2.7%
第二地銀	2.44	1.33	1.19	4.3%
生保	11.00	15.00	－3.10	40.5%

(出所)　筆者作成．

するリスクの大きさは，デュレーションギャップ（＝資産デュレーション－(1－自己資本比率)×負債デュレーション）に依存する．

表 5-9 には，メガバンク，地方銀行，第二地銀の銀行三業態について開示資料をもとに集計した数値，生保については菅ほか(2012)による資産・負債のデュレーション，およびデュレーションギャップを示している[16]．銀行と生保では，資産・負債のデュレーションの大小関係が逆なので，金利の上昇・下落と純資産増減の方向とが反対であるが，ここではその影響の大きさを見ることにする．メガバンク，地方銀行，第二地銀のデュレーションギャップは 0.14，0.90，1.19 年となり，メガバンクほどマッチングが進んでいることがわかる[17]．一方，生命保険会社は開示されたデータがなく，菅ほか(2012)によると資産 11 年，負債 15 年としており，デュレーションギャップは 3.1 年となる．この計算によれば，生命保険会社の金利リスクは，地方銀行や第二地銀の 3 倍程度である．

(4) 経済価値ベースでの評価（バランスシートアプローチ）

しかし，デュレーション（ギャップ）による金利リスク把握は，イールドカーブのパラレルシフト（平行移動）が前提であるため，マイナス金利政策によって起こったフラット化のようなイールドカーブの大きな形状変化による影響

---

16)　地方銀行 64 行，第二地銀 41 行のうちデータが得られなかった銀行を除外し，地方銀行 59 行，第二地銀 38 行を対象にした．

17)　変動金利貸出は，金利改定期間 1 年として 0.5 年にキャッシュフローを建てた．また，コア預金（流動性預金のうち滞留する部分）は，BIS 規制のアウトライヤー基準の定義に従い，残高の 50％が満期 5 年であるとしてキャッシュフローを 2.5 年に建てた．デュレーションギャップは，2016 年 3 月末の会計上の自己資本比率（メガバンク，地方銀行は 5％，第二地銀・生保は 6％）をもとに計算した．

（イールドカーブリスク）を測れない．そこで経済価値ベースの純資産価値変化に注目し，イールドカーブリスクを見ていく．経済価値ベースでは，資産および負債を市場価値等（時価がない場合には割引キャッシュフロー価値）で評価する．いま，各年限（i）の資産および負債のキャッシュフローを各々 ACF_i，DCF_i とすると，これを各年限のリスクフリーレート（r_i，ここでは国債金利を使用）で割り引いた現在価値の差額が経済価値ベースの純資産となる．期間 n 年の場合，経済価値ベースの純資産 $= \sum_{i=1}^{n} \dfrac{ACF_i - DCF_i}{(1+r_i)^i}$ となる．

銀行はおおよそではあるが開示資料により年限ごとのキャッシュフローデータが得られるが，生命保険会社の場合はそうはいかない．期間を60年として，生命保険会社のキャッシュフローモデルを策定した（図5-17）．満期構成戦略として，ラダー型ではなく，ダンベル型指向の債券ポートフォリオを持つ生命保険会社を想定している[18]．ダンベル型が優れているのは，流動性の高い短期債と収益性の高い長期債を組み合わせながら，先行きの金利変化予測に応じて保有割合を変化させることで金利リスクをコントロールしやすい点にある．ここでは，短期債，20年債，30年債の組み合わせを変更するものとし，資産デュレーションを11年に合わせるように調整した．また，負債は解約・失効率等をもとにデュレーションが15年になるよう調整した．

生命保険会社は終身保険等の超長期の保険商品を販売しており，図のように負債デュレーションが極端に長いため，50～60年といった超長期の割引金利が必要である．しかし，超長期に関して信頼できる市場データはなく，既知のデータに基づいてデータの範囲外で予想される数値を求める必要がある．この補外法の一種が終局フォワードレート（UFR）である．

平成27度決算から，一部の生命保険会社が，ESR（経済ソルベンシー比率）やEV（エンベデッドバリュー）の算出において，UFRの概念を導入した．同水準については，IAIS（保険監督者国際機構）のICS（保険資本基準）で使用されるLTFR（長期フォワードレート）を参考に3.5％を使用している．

---

18) ラダー型債券投資とは，各年限の債券を均等な割合で組み入れたポートフォリオ構成のこと．運用期間中に組入債券が満期償還を迎え，そこで生じたキャッシュフローは，再び長期債へ投資され，常に均等な組入比率が維持できる．

図 5-17　生命保険会社のキャッシュフローモデル

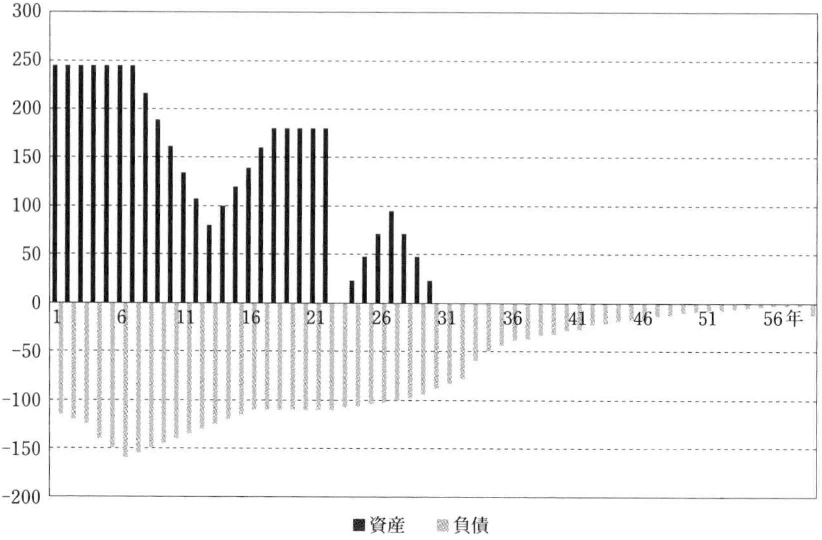

（出所）筆者作成．

　LTFR は長期経済成長率＋長期インフレ目標で決定される．これはフィッシャー方程式の考え方に基づくものといえ，前項は OECD 加盟国で 1.5％とされた．ユーロや日本円に対する LTFR は，長期インフレ目標を 2％として 3.5％に設定された．30 年までは市場金利をそのまま使用し，それ以降は 60 年の金利を 3.5％に設定して三次スプライン補間により 60 年までのイールドカーブを作成した．
　このようにして算出した 2015 年 7 月と 2016 年 7 月のイールドカーブを用いて経済価値ベースの純資産を銀行三業態，生命保険会社について求め，変化率を算出した．結果は表 5-9 の最右列に示してある．経済価値ベースの純資産変化率は，銀行と生命保険会社のデュレーションギャップの相違に比してかなり大きな違いが見られる．すなわち，デュレーションギャップで見たときの生命保険会社の金利リスクは地方銀行，第二地銀の 3 倍程度に過ぎなかったが，イールドカーブリスクを計測すると実に地方銀行の 15 倍，第二地銀の 9.4 倍であっ

たことになる．マイナス金利政策によるイールドカーブのフラット化が生保経営へ与える影響の大きさがわかる．

(5) 簡便なシミュレーションと結論

次に経済価値ベースの純資産への影響緩和策として，①資産デュレーションの長期化，② UFR 変更を想定した．さらに，2016 年 9 月の③「長短金利操作付き量的・質的金融緩和」の効果もシミュレーションした（表 5-10）．

資産デュレーションの長期化としては，短中期債の保有割合を減らし，20 年債あるいは 30 年債を同割合だけ増やす（これらの超長期債については市場流動性が必ずしも十分ではないが，その点は考慮していない）．デュレーションの長期化は 1 年，3 年の場合を計測した．もし 2015 年 7 月の段階でそのように長期化していれば，影響はどのように軽減できたかを見てみた．

もともと生保は 3.1 年のデュレーションギャップがあるので，資産デュレーションを 1 年よりも 3 年延ばす方が望ましいのは当然として，今回のようなフラット化に対しては 30 年債という超長期債の保有割合を高めておくことがイミュナイゼーション（免疫化）の観点からも極めて効果的なことがわかる．イミュナイゼーションとは，資産と負債のデュレーションの差をなくすことでデュレーションギャップをゼロにして，金利変動による純資産の価値変動をなくすリスク管理手法のことである．

UFR 設定は，今回のようなイールドカーブのフラット化を補正することに有用である（中村 (2015)）．UFR の変更効果を見るために，2015 年 7 月の UFR 3.5%のイールドカーブによって求められた純資産額を基準とし，2016 年 7 月の UFR を 3.5%，4.0%，4.5%，5.0%としてイールドカーブを求め，その

表 5-10　資産デュレーションの長期化

	対象とする債券	経済価値ベースの純資産変化率
マイナス金利導入前後		40.5%
資産デュレーションを 1 年延長	20 年債	33.2%
	30 年債	30.5%
資産デュレーションを 3 年延長	20 年債	12.9%
	30 年債	3.4%

(出所)　筆者作成．

変化率を算出した．改善効果は UFR 3.5％を基準として，各々 2.9％，5.6％，8.1％となり，UFR 0.5％の引き上げごとに 2.5％程度の改善効果がある．また資産デュレーションを 1 年延ばすことによる改善効果は 7 〜 10％あるが，これに相当するように UFR を変更するには 5.0％という水準設定が必要である．これは長期経済成長率を 1.5％とすると 3.5％の長期インフレ率を目標とすることであり，実現性が乏しい前提である．以上のように UFR 変更による影響の緩和は資産デュレーションの長期化に比べ限定的なものといえる．

　イールドカーブのコントロールを目標として長短金利操作付き量的・質的金融緩和政策が 2016 年 9 月に導入された．この結果 11 月には，金利が各年限で上昇してイールドカーブが上方シフトし，わずかながらスティープ化した（図 5-16）．新政策導入後の 11 月のイールドカーブを用いて 2015 年 7 月との比較を行ったところ，経済価値ベースの純資産変化率は 24％となり，2016 年 7 月の 40.5％よりも 16.5％改善した．長短金利操作付き量的・質的金融緩和政策の効果は生保経営にとって非常に大きいことがうかがえる．

　この点は IFRS における保険会計の議論と関連がある．IFRS によれば純資産価値の変動は当期純利益ではなく，その他の包括利益として認識される．これによって生保が抱える金利（資産負債ミスマッチ）リスクに関する情報開示が進み，統合的リスク管理の観点からは前進といえる．一方で，今回のような，"行って戻って"という短期的な評価上の変動が決算時点で開示され，その対応を迫られることになれば生命保険契約の長期性から見て経営の振幅を大きくする可能性にも留意しなければならない．

　マイナス金利政策とそれに伴うイールドカーブのフラット化は生命保険会社に多大な衝撃を与えた．これに対し 30 年債といったより超長期の債券保有割合を高めておくことが有効であり，政策的には 50 年を超えるような超長期債市場の育成にも目を向けるべきであろう．一方で，仮に UFR の変更が可能であったとしても，その改善効果はさほど大きくはないこともわかった．最後に，低金利環境は今後も継続する可能性が高く，生命保険会社はクレジット資産やヘッジ付き外債への投資により，収益性を高める必要がある．収益性と健全性のバランスを戦略的に図っていくことがより一層重要になるため，リスクバッファーとなる自己資本に対してどれだけのリスクテイクができるのか，リスク

アペタイト（リスク許容水準）を明確化する必要がある．そして，シナリオに基づく動的なシミュレーションを定期的に行い，環境変化に対応し柔軟に戦略を見直しながら「経済価値ベースのERM経営」を推進する必要がある．

5. まとめ

　戦前を含む長期的な期間で，生命保険会社の価格規制，市場競争および効率性について検証した．戦前は，料率・配当が自由に設定できる緩やかな価格規制のもとで競争が行われたが，それは低料高配競争という製品差別化戦略による価格競争回避という逆説的な結果を生み，効率性向上には直結しなかった．
　戦後は，暗黙的な価格カルテルのもと競争制限的な価格規制下にあったが，1970年以降，配当の自由化が進められ，特にオイルショック以降，株式含み益の早期還元を目的に増配が行われたことで，各社の配当率格差が増大した．保険料率設定の自由度がなく，配当率競争を進めることは実質的な価格競争を促進することにつながり，規模による効率性格差を拡大させた．1980年代以降，価格競争は促進されたが，バブル崩壊によって終わりを告げた．
　1996年に，規制緩和による競争促進・市場効率化等を目的とした保険業法の改正が実施された．生損保相互参入により業者の多様化が図られたが，一方で，「無配当保険」対「準配当保険」，低解約返戻金型終身保険の開発のように戦前の低料高配競争を連想させる価格競争回避のための製品差別化戦略も見られ，競争促進の効果については評価が難しい．
　以上のように保険規制の自由化が製品差別化戦略の採用により価格競争を緩和し，逆に競争制限的と思われる規制下で価格競争が促進されたのは全くの皮肉であり，生命保険を巡る競争の核心でもある．
　一方で，「経済価値ベースのソルベンシー規制」導入の要否について議論が分かれるところだが，「経済価値ベースのERM経営」を促進すべきだということは論を待たない．ゼロ金利政策が生保経営に与えた影響は甚大であり，資産と負債の評価を経済価値ベースで行い，その差額である純資産の変動を管理するというアプローチは今後とも必須のものである．

◆参考文献

内野逸勢・菅谷幸一（2014），「日本の生命保険業界の現状①〜③」大和総研『金融資本市場』．

公正取引委員会（2003），『新しい市場構造指標を用いた経済分析―生産・出荷集中度データを活用して―』．

菅和聖・倉知善行・福田善之・西岡慎一（2012），「わが国生命保険会社のバランスシート構造と国債投資」『日銀レビュー』2012－J－16．

生命保険協会（2017），『生命保険事業概況（平成28年度版）』．

生命保険文化センター（2015），『平成27年度生命保険に関する全国実態調査』．

茶野努（1997），『国際競争時代の日本の生命保険業』東洋経済新報社．

茶野努（2002），『予定利率引下げ問題と生保業の将来』東洋経済新報社．

茶野努（2009），「ビッグバンは保険市場を競争的・効率的にしたのか」『武蔵大学論集』57－1．

茶野努（2017），「マイナス金利政策が生保に与えた影響」『金融ジャーナル』2017年4月号．

茶野努・大塚忠義（2014），「破綻距離（DD）を用いた1990年代生保破綻分析」『経済学研究』（九州大学）80巻5・6号．

茶野努・安田行宏（2015），『経済価値ベースのERM』中央経済社．

中村亮一（2015），「超長期の金利水準はどのように決定されていくべきなのか―UFR（終局フォワードレート）について―」『基礎研レター』2015-07-13．

水島一也（1974）「日本の産業組織17：生命保険」季刊『中央公論』経営問題春季号，210-244頁．

Cooper, W. W., L. M. Seiford, and K. Tone (2007), *Data Envelopment Analysis: A Comprehensive Text with Models, Applications, References and DEA-Solver Software*, second edition, Springer.

Tsutui, Y., M. Sekiguchi, and T. Chano (2000), "The Premium-Dividend Competition in the Pre－War Japanese Life Insurance Industry: A Game-Theoretic Interpretation", *The Japanese Economic Review*, 51-4.

第6章 損害保険業:販売チャネルの多様化の影響

矢野　聡

1. はじめに

　本章は,1996年以降の規制緩和策により損害保険業界の市場集中度と競争状態がどのように変わり,それが消費者メリットにどのように結び付いたのかを考察する.損害保険業界には,①自動車保険のシェアが大きい,②再保険取引の必要性が高いという特徴がある.この特徴を踏まえつつ,本章ではまず,損害保険の特徴,1996年以降の規制緩和策とそれによる損害保険業界の変化を概観し,規制緩和策の事例として販売チャネルの多様化(通信販売の解禁)を取り上げる.通信販売の解禁については,①代理店型よりも効率的な事業運営を行うことで,②保険料が低廉化するという期待があった一方で,③事故が少ない消費者だけを選別(クリーム・スキミング)する,④保険金支払いが抑制されるという懸念が指摘された[1].本章では,これらの指摘に対して実証を踏まえて評価する.

2. 損害保険の特徴

　本節ではまず損害保険会社の特徴を述べた後,主要種目である自動車保険と

---

1)　本章では誤解がないと思われる限り,通信販売による募集を行う損害保険会社を「通販型」,代理店による募集を行う損害保険会社を「代理店型」と呼ぶ.

火災保険の元受正味保険料の動向，再保険取引の状況について概観する．

(1) 損害保険会社の特徴

損害保険は「基礎書類」と呼ばれる事業方法書（事方書），普通保険約款（約款），保険料及び責任準備金の算出方法書（算方書）で構成される[2]．事方書は契約締結の手続き，保険料・保険金の授受方法などの事務手続きを定める．約款は保険金を支払う対象となる事故を定義する．算方書は保険料率（料率）を算出する根拠を明らかにする．

これらの基礎書類，特に約款と算方書をコピーすれば他社と同様の商品を開発することは容易である．ただし，損害保険会社の開業には免許が必要であり，さらに，基礎書類についても認可の取得が必要であるため，簡単に損害保険会社を開業して保険商品の提供を始められるわけではない．これは，日本では損害保険は公共性が高いことから契約者保護や健全性などが求められるとして，政府による監督が必要であるとされるためである．

1998年の損害保険料率算出団体に関する法律（料団法）改正以前においては，法律に基づいて，損害保険料率算出団体が算方書に相当する保険料率に関する認可を代表して取得していた．こうして認可取得された料率を算定会料率という．加盟各社は算定会料率をそのまま利用できたし，逆に利用を義務付けられていた．また，他の基礎書類も情報収集は容易で，集めた情報をもとにコピー商品も容易に開発できる．そのため，当時は，商品開発力がない中小損害保険会社でも大手損害保険と同様の商品を提供できた．

料団法改正後，算定会料率は純保険料率のアドバイザリー・レート（参考純率）となって利用義務がなくなり，各社個別に料率の認可取得が可能となった[3]．しかし，新商品の市場への供給が始まれば，契約者に交付される書類を入手することで，補償内容に関する情報収集は相変わらず容易で，大手会社が独自商品を開発しても，半年から1年後に他社が追随する状況となった．

補償内容で差別化することが困難であるため，大手会社は代車手配，レッカー

---

2) 生命保険も同様である．
3) 保険料率は保険金額に対する保険料の割合であり，保険金支払いにあてられる「純保険料率」と，保険会社の営業費用にあてられる「付加保険料率」からなる．

派遣，介護サービス紹介などの保険以外のサービスで差別化を図った．中小会社がこれに追随するのは困難であり，これが損害保険会社再編（合併）の要因の1つになったと考えられる．

(2) 市場規模と動向

次に，損害保険の市場規模を，消費者が支払った保険料である元受正味保険料の総額で確認する．まず，規制緩和が始まった1996年以降の推移，資本市場との規模を比較するとともに，主要種目である自動車保険と火災保険について個別に確認する．

図6-1は規制緩和の前後での元受正味保険料の推移を示している．図6-1には全種目に加えて自動車保険と火災保険も示しているが，自動車保険は全種目に対して40～50％近くを占めており，損害保険会社にとって最大の種目である．自動車保険に次ぐシェアを持つのは火災保険だが，全種目に対して20％程度に過ぎず，規模は自動車保険に比べて格段に小さい．

規制緩和が始まった1990年代後半は，少子高齢化で国内市場は縮小すると予想されていた時期である．しかし，実際には2010年まではやや減少気味だが，

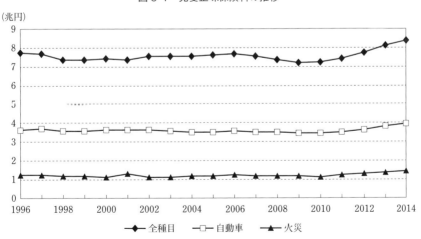

図6-1　元受正味保険料の推移

(出所)『インシュアランス損害保険統計号』(各年度版)をもとに筆者作成．

図6-2 世界の資本市場と損害保険市場の規模比較

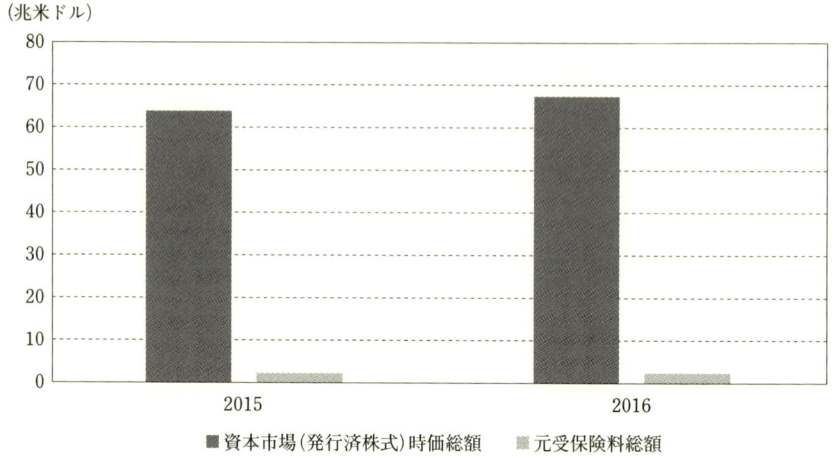

(兆米ドル)

　　　　　　　　　2015　　　　　　　　　2016
　　　■ 資本市場(発行済株式)時価総額　　■ 元受保険料総額

(出所) 国際証券取引所連合，"WFE Annual Statistics Guide 2015, 2016" および Swiss Re, "sigma No.3 2017" をもとに筆者作成．

大きく減少しているわけではなく，むしろ2011年から増加している．少子高齢化は国内市場を縮小させるだけではなく，高齢運転者が起こす死亡事故の全体に占める割合の上昇など，新たなリスクを生み出し，市場を拡大する，あるいは新たな市場をつくり出す作用もあるのではないかと考えられる．

図6-2は損害保険市場が資本市場に対してどの程度の規模を占めるのかを示している．ここでは資本市場時価総額の大きさとして，発行済株式時価総額を採用した．資本市場に比べて損害保険市場は極めて小さい．裏を返せば，巨大地震や台風など，損害保険市場では引き受け切れないような巨大なリスクに対して，資本市場にリスクを分担してもらうことで引受が可能となる可能性がある．資本市場にリスクを移転する手法を「代替的リスク移転（Alternative Risk Transfer：ART）」といい，近年，急速にその技術が発達してきている．これについては後述する．

以下では，自動車保険と火災保険の動向を個別に確認する．

(a) 自動車保険

図6-3は自動車保有台数と自動車保険元受正味保険料の推移を示している．図6-3からわかるように，自動車保有台数は2006年頃からほとんど増えていないどころか，対前年比では減少となっている年もある．1996年は7,000万台，2006年は7,900万台であり，この10年間に13％増えたが，2016年は8,100万台であり，この10年間には2％しか増えていない．

規制緩和が始まった1990年代後半には，自動車販売台数が頭打ち傾向になっており，自動車保険市場も伸び悩むことが予想された．自動車保険は毎年更改が通常であり，販売件数は自動車保有台数の対前年増分より保有台数そのものにほぼリンクすると考えられ，実際，両者は似た動きをしている．しかし，詳細に見ると，1997年から2009年にかけて保有台数は増加しているにもかかわらず，自動車保険元受正味保険料は減少し，逆に2010年以降は保有台数と比較して大幅に増加している．2010年以降の増加は，高齢ドライバーの増加などの要因でリスクが増えており，それに見合う保険料率改定を受けて元受正味

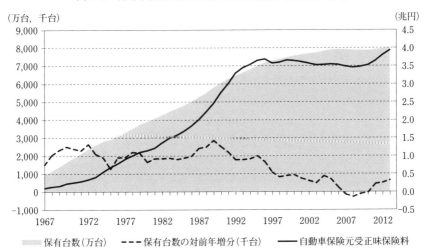

図6-3 自動車保有台数と自動車保険元受正味保険料の推移

(出所) 一般財団法人自動車検査登録情報協会，『インシュアランス損害保険統計号』(各年度版) をもとに筆者作成．

保険料が増加したためと考えられる．自動車保有台数の伸びの鈍化により自動車保険契約数の伸びも鈍化していると見られるが，新たなリスクの発生により収入保険料ベースでは市場が拡大している．この点については，後ほど詳述する．

今後は自動運転車の登場などにより新たなリスクが生じることが考えられる．その対応によっては自動車保険元受正味保険料はさらに増加する可能性がある．

(b) 火災保険

図 6-4 は「人の居住する住宅戸数」と火災保険元受正味保険料の推移を示している．火災保険の対象物件の 75％程度が住宅物件なので，火災保険の需要は住宅戸数の影響を大きく受けると考えられる．近年の人口増加の頭打ちにより住宅戸数が伸びず，火災保険の件数も頭打ちになると予想された．

しかし，実際には，住宅戸数の対前期増は若干の上下を繰り返しているが堅調である．元受正味保険料も，2001 年に住宅の耐震性能を評価して保険料を割り引く制度が導入されたことから，1998 年から 2003 年の間で一時的に減少しているものの，基本的に堅調である．

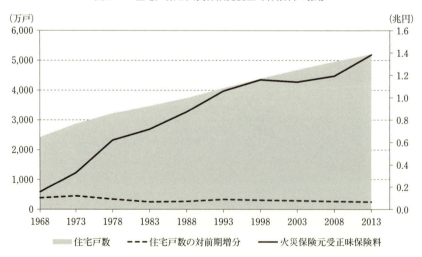

図 6-4　住宅戸数と火災保険元受正味保険料の推移

(出所)　総務省「住宅・土地統計調査」，『インシュアランス損害保険統計号』（各年度版）をもとに筆者作成．

(3) 再保険とリスクの証券化

損害保険には，一般の企業・消費者が損害保険会社にリスクを移転する「元受市場」のほかに，損害保険会社が他社にリスクを移転する「再保険市場」がある．再保険とは「保有する責任の一部または全部を他の保険会社に移転する，保険会社のための保険」である．他社にリスクを移転する行為を出再，逆に他社からリスクを引き受ける行為を受再という．出再，受再する損害保険会社にはさまざまな呼称があるが，本章では前者を元受会社，後者を再保険会社と呼ぶこととする．

再保険により損害保険会社は自社が抱えるリスクを軽減できる．しかし，大災害などが集中して発生すると，再保険市場が資金不足になり，リスクの引き受け手がなくなってしまうことがある．このような事態への対応として，元受保険契約を証券化することで，再保険市場と比べて巨大な資本市場にリスクを移転する ART が存在する．

以下では，元受保険市場にとっての再保険の重要性，再保険市場の独特の慣習，取引実績と ART の取引状況を順に説明する．

(a) 再保険の重要性と出再の目的

大型タンカーや石油コンビナートの火災保険など少頻度・高額リスクの場合，事故時の支払保険金が巨額になり，元受会社1社だけでは支払いに耐えられない可能性がある．また，自動車保険など多頻度・少額リスクであっても，大型台風や大震災などで，たまたま支払いが集中すると，元受会社の財務内容を毀損し，最悪の場合，破綻する可能性がある．元受会社が破綻して保険金が支払われないと困るのは契約者である．もしくは，元受会社が躊躇して全額を引き受けなければ，やはり契約者にデメリットである．そこで，元受会社が出再することによって，事故時の支払い負担を軽減できれば，元受会社の破綻や引受制限を緩和でき，契約者のメリットになる[4]．

元受会社は出再することで，保険業法施行規則によって責任準備金すなわち

---

[4] もちろん再保険会社が破綻することもある．大成火災海上保険の場合，同社が再保険会社として引き受けていた再保険契約で，2001年9月11日に発生した米国同時多発テロ事件での再保険金支払いが巨額に達したために破綻した．再保険会社が破綻すると元受会社は十分な再保険金を得られない．再保険金の未回収分を元受会社が負担しきれない場合は元受会社も破綻する．

負債を減らすことができ，自己資本に対する引受余力が回復する．一方で，引受余力が逼迫している状況で再保険を手配できなければ，元受の新規引受を断ることもある．

しかしながら，リスク・ヘッジに ART を使う場合には，責任準備金を減らせる制度となっていないので，現行制度を前提にすれば再保険は元受会社にとって必要不可欠である．ただし，出再すると負債は減るが，正味収入保険料も減るので，やみくもに出再すると利益が残らない．そのため，元受会社は可能な限りリスクを保有しようとし，その際，何をどれだけ出再するかが各社の引受ノウハウとなる．

(b) 再保険市場の特徴

再保険市場には元受市場とは異なる独特の慣習がある．以下に代表的なものを3つ挙げる．

①市場参加者が限られており信頼関係が強い

元受市場では，保険を引き受ける元受会社が保険料算出のノウハウを持つのに対して，保険を需要する消費者は通常ノウハウを持たない．しかし，再保険市場では，再保険を引き受ける再保険会社も，再保険を需要する元受会社もともに保険料算出のノウハウを持っており，「適正な再保険料」がわかっている．このことを知っている元受会社は，適正料率より安い再保険会社には出再しない．なぜなら，そのような適正料率より安い料率で引き受ける再保険会社は，事故時に再保険金を支払えることを期待できないからである．この結果，保険料算出のノウハウに乏しい企業が再保険市場に参入することは困難となる．

このように，再保険市場は外部からの参入が難しいので，市場参加者が固定的になる．そのため，市場参加者は合理的に「相手方は善人である」すなわち「裏切らない」と考える．もし裏切るとその評判が市場に広まり，市場から排除されてしまうため，合理的な市場参加者は裏切るインセンティブを持たないからである．

再保険会社は対象物件の確認や事故査定を元受会社に口出ししてはいけない慣習となっており，任せきりにしているが，それでも安心して取引ができるのは，再保険市場のこのような特徴に起因するものと考えられる．

②取引相手の事前調査費用が大きいが個々の取引費用は小さい

　元受市場には情報の非対称性があるため，損害保険会社は契約者の「隠された情報」や「隠された行動」，つまり契約者の私的情報となっている事故率やモラルハザードを気にする．この費用は取引の都度発生する．そこで元受会社は取引実績が浅い契約者に対しては，例えば保険料と免責額を適切に組み合わせることでスクリーニングし，無事故であれば次回契約時の保険料を値引くことで，契約者にモラルハザードを起こさないインセンティブを与える．

　一方で，再保険市場での情報の非対称性については，元受会社と再保険会社は「隠された行動」を気にしない．先に述べたように，再保険市場は閉鎖的なので，「合理的な元受会社（再保険会社）は『裏切ると市場から排除されてしまう』と考えるだろう」と再保険会社（元受会社）は考えるからである．そこで，元受会社と再保険会社は非対称情報のうち取引相手の属性，すなわち，隠された情報のみを考慮する．例えば，元受会社は「取引相手（再保険会社）は無理な受再をしていないか？」「財務状況は健全か？」を，再保険会社は「取引相手（元受会社）の引受能力と損害調査能力は十分満足できる水準か？」を考慮する．

　このように，再保険市場で市場参加者が考慮するのは取引相手の信頼性であり，個々の取引対象のリスクではない．そして，一旦信頼した相手との取引で発生する個々の案件に対しては信頼を疑わない．すなわち，再保険市場では取引開始にあたって元受市場よりも綿密に取引相手を調査する一方で，一度取引を開始すると，個々の取引ごとの費用は元受市場よりも小さいと考えられる．これが一つの参入障壁になり，市場は排他的になる．

③取引実績による優遇は保険料よりも引受規模

　元受市場では契約者が無事故の実績を積むと，一般的に保険料が優遇される．一方で，再保険市場では元受会社が取引実績を積んでも再保険料が安くなるわけではない．そもそも，先述のとおり，もともと適正価格だから再保険料を下げる余地がない．そこで，再保険市場では，取引実績を積んだ元受会社に対して再保険会社は引受規模を増やす．逆に，実績がない元受会社は全額を引き受けてもらえない[5]．

---

5) Nakaizumi and Yano（2017）はこのことを理論的に導き出している．

(c) 再保険市場の市場規模

次に，再保険市場の市場規模を確認する．図6-5は日本国内における元受正味保険料に占める支払再保険料の大きさと比率を示している．元受正味保険料のうち出再する割合（出再率）は10%未満である．特に2003年から2007年の間は出再率が低水準となっていたが，これは2001年9月11日に発生した同時多発テロ事件による再保険金支払いが巨額に上り，再保険会社の資産が枯渇したことで再保険の引受が困難な時期であったためと見られている．

図6-6は国内損保の海外再保険市場での取引実績を示している．出再保険料から受再保険料を差し引くと出再超過で，再保険収支は赤字となっており，国内損保が海外再保険市場に頼る構造であることがわかる．

しかし，これは，国内会社が再保険市場で不利な取引を強いられているというより，国内の元受市場が大きいためであると考えられる．表6-1は日本の総保険料と出再額が世界で占める割合を示したものである．世界平均よりも出再割合が小さいことから，日本の損害保険会社は手当たり次第に出再するのではなく，必要なものだけを選別して出再しており，再保険市場を効率的に活用し

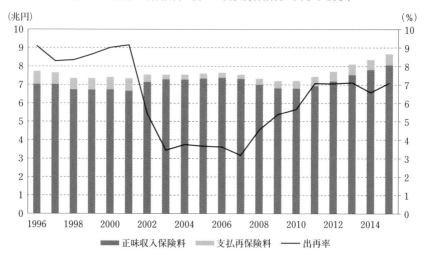

図6-5　元受正味保険料に占める支払再保険料の大きさと比率

（出所）『インシュアランス損害保険統計号』（各年度版）をもとに筆者作成．

2. 損害保険の特徴

図6-6 国内損保の海外再保険市場での取引実績

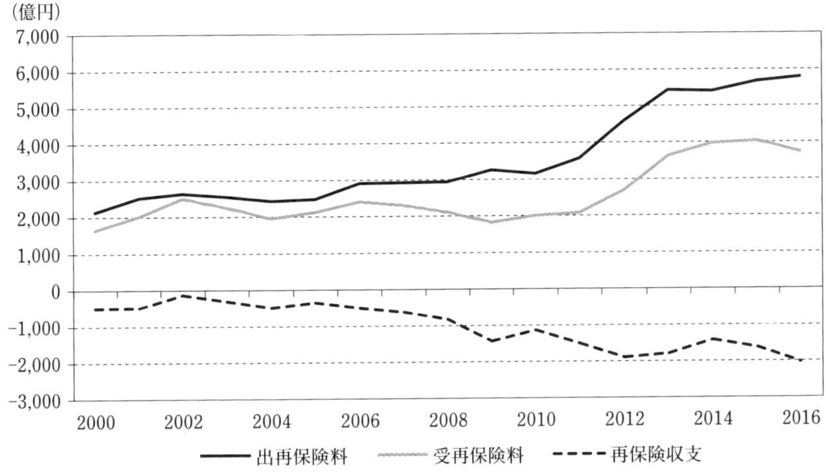

(出所) 日本損害保険協会をもとに筆者作成.

表6-1 日本の総保険料と出再額が世界で占める割合 (2016年)

	世界	日本	世界に占める日本の割合
総保険料	21,150億ドル	1,170億ドル	5.5%
出再額	1,230億ドル	50億ドル	4.0%
出再割合	5.8%	4.2%	
(参考) GDP	752,630億ドル	49,370億ドル	6.6%

(出所) 総保険料は Swiss Re, "sigma No.3 2017", 表7. 世界の出再額は IAIS, "Global Reinsurance Market Report 2016", 31 January 2017, p.59. 日本の出再額は「国内会社の海外への出再額」(日本損害保険協会) を2016年12月30日終値で換算したもの.

ていると考えられる.

(d) 資本市場との関係

損害保険会社は自社が保有しきれないリスクを再保険市場に移転してきたが, 昨今は, 資本市場へのリスク移転手法である ART[6] が発達してきた. 本節では ART の概要を説明する.

---
6) ART については大橋 (2010) が詳しいので参照願いたい.

例えば，大きな地震や台風の大規模災害（Catastrophe：CAT）は発生頻度が小さいものの，一度発生すると規模が大きく，再保険市場を含む保険市場の引き受け能力を超えてしまうことがある．一方で，先述のとおり，資本市場の規模は保険市場よりもはるかに大きく，大規模自然災害の損失額をカバーできる可能性がある．そこで，大規模災害の保険リスクを ART により投資家に移転するのが CAT ボンドである．

CAT ボンドは，大地震や大型台風の発生など事前に取り決めた事象がなければ利息とともに全額償還されるが，事象が発生すればあらかじめ定めたルールに従って償還額を減額する条件付債券である．大規模災害の保険リスクは資本市場の動きとは相関が小さいと考えられるため，CAT ボンドを利用することで，損害保険会社はリスクを投資家に移転でき，投資家は他の証券と相関が小さい証券への投資機会となってリスク分散できるというメリットがある．

ART には，CAT ボンドの他に，天候リスクを取引する「天候デリバティブ」，地震リスクを取引する「地震デリバティブ」や，それらを証券化したものがある．

しかし，元受リスクをそのままカバーするデリバティブや条件付債券をつくることは難しい．ART では事前に取り決めた事象が発生すれば，実際の損害額ではなく，事前に約定した補償金が支払われる．例えば，地震デリバティブであれば，あらかじめ定めた範囲，深さを震源として，あらかじめ定めた規模以上の地震が発生したときに，あらかじめ定めた金額を支払う．したがって，地震の実損害額と，地震デリバティブによる支払額は通常一致しない．実際の損害額と支払額との差を「ベーシス・リスク」と呼び，これは損害保険会社の負担となる．

では，なぜベーシス・リスクが残る ART を損害保険会社は発行するのか．これは，対象となるリスクに関して損害保険会社と投資家との間に存在する情報の非対称性を緩和するためである．仮にベーシス・リスクが存在しなければ，「損害保険会社は発生した事故をまじめに損害査定するだろうか？」と考える投資家は ART に投資しない．投資家が損害保険会社の行動を監視するには多大な費用を要するため，客観的な指標によって機械的に償還額の削減度合いを決めることとした．これがベーシス・リスクが残る原因である．

2. 損害保険の特徴

図 6-7　世界の再保険と ART の市場規模の推移

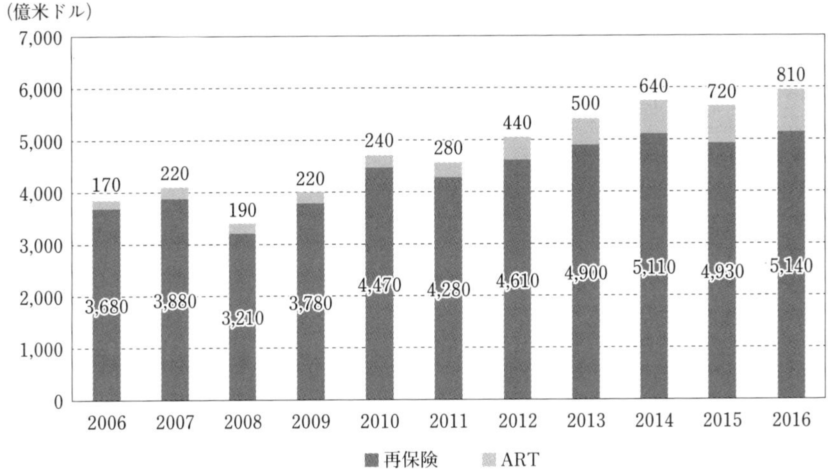

(億米ドル)

年	再保険	ART	合計
2006	3,680	170	
2007	3,880	220	
2008	3,210	190	
2009	3,780	220	
2010	4,470	240	
2011	4,280	280	
2012	4,610	440	
2013	4,900	500	
2014	5,110	640	
2015	4,930	720	
2016	5,140	810	

(出所)　Aon Benfield, "Insurance-Linked Securities", Sep. 2017, p.18 をもとに筆者作成.

ART ではベーシス・リスクを除去できないので，最終的には再保険に頼るしかない状況である．図 6-7 は再保険と ART の市場規模を示している．2012 年以降は ART 取引が急拡大したが，その約半分が担保付再保険である．これは再保険市場での信用を得ていないものの保険リスク分析に長けている投資ファンドなどが，担保の信用力で再保険を引き受ける手法であり，リスク移転手法としては実質的に再保険と同じである．担保付再保険を除く CAT ボンド等は 200 ～ 300 億ドルで安定している．

なお，2008 年と 2011 年に再保険の市場規模が一時的に急減しているが，前者はリーマンショックの影響，後者は東北地方太平洋沖地震，ニュージーランド地震，タイ大洪水などの自然災害の集中発生により，再保険会社の財務が悪化し，引受余力が落ち込んだためである．

3. 規制緩和

損害保険業における規制緩和は，保険料率の自由化，販売チャネルの多様化，参入規制の緩和，早期是正措置と破綻処理制度の新設とともに，自動車賠償責任保険（自賠責）制度の改革がほぼ同時期に相次いで実施された．本節ではこれらを順に説明する．なお，早期是正措置と破綻処理制度については別章で簡単に触れる．

(1) 保険料率の自由化
(a) カルテル料率の廃止と保険商品の一部届出制の導入

損害保険業の料率自由化は，カルテル料率の廃止と保険商品の一部届出制の導入に代表される．公認カルテル料率であった算定会料率が参考純率となったことは先述のとおりである．以下では保険商品の届出制の導入について説明する．

損害保険においては，対象となるリスク特性により商品性が異なる．すなわち，多頻度・少額リスクに対するものと，少頻度・高額リスクに対するものとに大別できる．

まず，一般の個人・法人（マスリテール）向け保険を考える．これは自動車保険，火災保険など大衆物件（マスリスク）を対象とする損害保険である．これらの商品特性は，多頻度・少額リスクを担保するところにある．大数の法則が働きやすいので損害保険会社の収支は比較的に安定する．これらの商品を購入するマスリテールは保険知識に乏しいとされるため，消費者保護の観点から，約款，保険料率などについて認可取得が必要である．

次にプロ向け保険を考える．これは大型タンカーや石油コンビナートなど，事故が発生すると巨額の損失が見込まれるラージリスク（企業物件）を対象とする損害保険である．これらの商品特性は，少頻度・高額リスクを担保するところにある．保険の対象は船舶などで，マスリスクと比べて対象物件が少ないので大数の法則が働きにくく，マスリテール向け保険ほど損害保険会社の収支は安定しない．この商品のもう一つの特性は，対象物件を保有する企業自身が対象物件のリスクを最も把握している，あるいは，彼らは海外の損害保険会社

にもアクセスできるので，国内規制の対象には適さない点である．そのため，取引条件は企業と損害保険会社の間で自由にオーダーメイドで設定できる．

規制緩和により料率の届出制が導入されたものの，このような事情から，届出制の対象は契約者保護に欠ける恐れが少ない企業分野の一部の商品のみとなっている．

(b) **料率自由化にあたっての懸念**

料率自由化の検討に際しては，いくつかの懸念が提起されていた．玉村（2011）は料率自由化のデメリットとして，次の2点を挙げている．

まず，ダンピング競争の懸念である．損害保険には「原価の事後確定性」があるとされる．すなわち，原価である支払保険金は，保険期間経過後にしか確定しないため，保険料率を算出する際の純保険料率も後追いでしか確定できない．このため，損害保険業では，支払保険金や損害調査費を低く見積もっても外部から確認しにくく，ダンピングを行うことが容易である．ダンピング競争により結果的に料率が原価割れになってしまうことで，損害保険会社の経営が不安定になり，保険の安定供給が損なわれる可能性がある．しかし，生命保険と違って損害保険は保険期間が通常1年と短期間であることから，仮にダンピングにより各社の経営が悪化しても，適正な料率に戻すことで，比較的早期に経営を改善できる．実際，料率自由化の後もダンピングが原因で破綻した会社はないことから，結果的にこの懸念は杞憂であったといえる[7]．

次に，高リスク者層が保険を入手できなくなることによる懸念である．この懸念は主に自動車保険を念頭に置いている．料率自由化前は，事故が多い高リスク者と事故が少ない低リスク者の料率差を小さくする手当がなされており，高リスク者にとっては割安，低リスク者にとっては割高な料率となっていた．このため，料率自由化により高リスク者に本来の料率を適用すると保険料が上がり，そのため高リスク者が保険を入手できなくなって，高リスク者の無保険車が増える可能性がある．しかし，実際には，多くの高リスク者が入手できな

---

[7] 2000年に破綻した第一火災海上保険は，バブル経済の崩壊による積立保険の運用難が原因である．2001年に破綻した大成火災海上保険は，先述のとおり巨額の再保険金支払いが原因である．いずれもダンピングによる経営破綻ではない．

くなるほど料率は上がらなかったと見られ，無保険車が増えることによる社会問題は発生しておらず，この懸念も杞憂であったといえるだろう[8]．

(c) 非価格競争と「保険金不払い問題」

しかし，料率自由化による問題が全く発生しなかったわけではない．第1の懸念はダンピングにより損害保険会社が破綻することを想起していたが，損害保険会社は見積りよりも支払保険金が多くなりそうな場合，寛容な損害査定により保険金を支払うことで業績を悪化させたり，破綻することを選ぶのではなく，保険金の支払いを削減することを考えるだろう．これは「保険金不払い問題」として顕在化した．以下では「不払い問題」が発生した経緯と背景を見ていく．

新規参入した通販型による価格競争に対して，既存の代理店型は非価格競争で対応した．すなわち，代理店型は保険料が割高だった低事故率の消費者向けの保険料率を引き下げる競争をせずに，補償内容と付帯サービスを充実させる戦略を採用した．例えば，自動車保険の人身傷害補償などの補償内容の充実，日常賠責，車載身の回り品補償などの特約の増加，レッカー手配，燃料切れ時ガソリン配達，無料代車サービス，修理箇所保証，弁護士費用，医療相談などの付帯サービスの充実を挙げることができる．

損害保険の特徴として説明したとおり，損害保険は商品のコピーが容易であるが，付帯サービスのコピーには提携先の手配など時間を要する．しかし，結局，通販型もこれらに追随し，補償内容にほとんど差がなくなってきた．このため，代理店型もリスク細分化で低リスク者層をつなぎ止める策に転じた．その結果として自動車保険の等級プロテクト，20等級制度などが導入された[9]．

このように通販型も代理店型も価格競争に入ったが，価格競争の中で利益を確保するためには，品質を落とす，すなわち，支払保険金を削減するという選択肢がある．これが顕在化したのが「不払い問題」である．損害保険における

---

[8] 日本では強制加入の自賠責保険があるので，そもそも全く保険を付けない無保険車は存在せず，「無保険車が増える」という批判はあたらない．

[9] 等級プロテクトは，当時は最高であった16等級で事故を起こしても等級が下がらない特約である．20等級制度は，低事故率の消費者に無事故メリットを与えるために16等級超の等級を新設したものである．20等級制度の導入により，等級プロテクトは廃止されている．

「不払い問題」は，2005年2月に行われた金融庁による富士火災海上保険の検査において自動車保険の特約で不適切な不払いが見つかったことを発端に，ほとんどの損害保険会社が自動車保険や医療保険などで付随的な保険金の「不適切な不払い」の他，「支払い漏れ」，「請求勧奨漏れ」，「契約の不備を理由にする支払い拒否」を，火災保険では保険料割引の適用漏れ等を指摘され，業務改善命令や業務停止命令を受けた事案である．

「不払い問題」の背景として，まず，損害保険会社は補償内容，特約と付帯サービスを充実させることで差別化を図ってきたが，それに伴って商品内容が多様化したことが挙げられている．それは，料率表から保険料の手計算ができず，従業員や代理店が情報処理システムの支援なしでは保険料計算や保険金支払い業務を行えないほどだったとされる．また，商品開発を優先するあまり，引受に関する事務とシステムの構築が先行し，保険金支払いに関する事務とシステムの構築は保険金請求が出るまでに対応すればよいとして，後回しにされていたことが指摘されている．

補償内容が多様化して保険金支払い査定が複雑になっているにもかかわらず，特約の請求勧奨などの情報処理システム面での支援が追い付かず，その結果として，一部の特約等で支払いが漏れた．この「不払い問題」を踏まえて，各社は商品の簡素化，消費者への説明ツールの充実などを進めることとなった．

もっとも，「不払い問題」は当時の社会問題となったものの，不払い，支払い漏れの対象が支払保険金の比較的小さな「特約」が中心であったことから，支払保険金はさほど増加せず，損害保険会社の業績に与える影響は大きくはなかった[10]．鴻上（2014）によると，契約者からの請求がないことによる未払いが自動車保険を中心に100万件，支払保険金654億円，1件当たりでは6.5万円であった．これは，損害保険料率算出機構の統計から得られる2010年の自動車保険全体の714万件，19,187億円，1件当たり27万円に比べると，支払保険金は30分の1，1件当たりでは4分の1と少額である．

---

10) 行政処分を受けた会社からすると，業務停止期間中に継続契約を他社に切り替えられた影響が，支払保険金の増加よりも大きかったとのことである．

(2) 販売チャネルの多様化

販売勧誘規制の緩和に際して，「保険募集の取締に関する法律」を1996年改正の保険業法に吸収して一本化した．これは，金融ビッグバンの議論以前から「販売チャネルの効率化」として別に議論されていたものの延長線上にある．主な施策に，銀行窓販の認可，契約締結の代理権を持たない仲立人制度の新設，通信販売の解禁などがある．以下では銀行窓販の認可と仲立人制度の新設について概説し，通信販売の解禁については第5節で説明する．

銀行窓販については2001年以降に種目単位で徐々に緩和された．まず銀行業務との関連性が強く，保険契約者保護の面で問題が小さいと考えられるものから認可されていった．具体的には2001年には専用住宅向け火災保険，海外旅行保険，2002年には積立傷害保険，店舗併用住宅向け火災保険などが認可されることとなった．その後，「適切な弊害防止措置をとることを前提に，全面解禁が適当」との金融審議会の答申を受けて，2005年には自動車保険を除く個人向け損害保険のすべて，2007年には介護・医療分野を対象とする第三分野保険と自動車保険が認可されることとなり，全面解禁となった．

仲立人制度は1996年に導入された．代理店は保険会社の代理として消費者と交渉して契約を成立させるが，仲立人は消費者から委託を受け，最適な保険商品を委託主である消費者に提案するコンサルタントとしての立場であり，契約は保険会社と消費者が直接行う．仲立人は特定の保険会社に属さないことから，中立的な立場から消費者に保険商品をアドバイスできるとして，販売チャネル間での競争促進の期待があった．しかし，登録数は，代理店が2017年度末で約20万に対して2018年2月末で47，取り扱う元受正味保険料も2015年度で471億300万円，全体に占める割合は0.5％に過ぎない．

(3) 参入規制の緩和と持株会社の解禁
(a) 生損保相互参入

参入規制の緩和によって生損保相互参入が実現し，1996年10月から損害保険会社が子会社を設立して生命保険業に，逆に生命保険会社も損害保険業に参入した．しかし，結果としては，損保の生保子会社は生保業界において存在感を示すまでになったものの，生保の損保子会社はほぼ全面撤退となり，損保の

圧勝といってよい結果となった．その要因にはさまざまなものが考えられるが，以下に，代表的なものを4点紹介する．

まず営業面での強みがあった点である．損害保険と生命保険の契約面での違いとして，生命保険は契約が長期間にわたる一方で，損害保険は多くが1年契約となっている．つまり，損害保険商品の販売の主力である代理店は顧客に会う頻度が高いので，生命保険商品などの新商品を提案する機会も比較的多い．

次に，損害調査の発生頻度と調査内容の違いである．生命保険の主力である死亡保険は人の生死を対象として定額の保険金を支払うため，発生頻度は基本的に1契約1回となる．その際には，免責事項に該当しないか否かを調査すればよい．一方，損害保険は，事故が発生するたびに保険金支払いが発生し，損害保険会社はその都度，損害額を算定する必要がある[11]．また，損害額の査定にも技術と経験が必要である[12]．生命保険会社の調査人がこのような高頻度で技術を要する損害調査を行うことは難しく，損害調査を損害保険会社に委託する事例もあった．

第3に，再保険の利用の違いである．生命保険の場合，引受余力の拡充という再保険のニーズは限られている．表6-2を見てわかるとおり，元受保険料では生命保険が損害保険を上回るが，出再保険料では圧倒的に損害保険が多い．再保険取引の必要性が，再保険の利用に慣れていない生命保険会社の損害保険業への参入を困難にしていたと考えられる．

第4に，料率自由化に伴う価格競争を嫌う損害保険会社が，保険以外の付帯サービスの充実を図ったことが，生命保険会社の損害保険業への参入を困難にしたと考えられる．具体的には，先に紹介した自動車保険における付帯サービスのほか，火災保険においては鍵紛失・盗難時の緊急対応，水濡れ応急処置などの付帯サービスがある．これらも生命保険会社にとっては馴染みが薄いものであり，生保の損保子会社の競争力が劣る要因の一つになったと考えられる．

---

11) 2015年度における生命保険の死亡保険金の支払件数が101万件であったのに対し，自動車保険の保険金支払件数は567万件であった．
12) 自動車事故の損害額査定に際しては，今回の事故とは無関係の箇所を修理して保険金請求していないかなどを確認する．このため損害保険業には「アジャスター」という損害調査の技術者がおり，その技能について制度化されている．

表 6-2　生損保の元受保険料と再保険料の実績

	元受保険料	シェア	再保険料	シェア
生命保険	22,320	56%	450	23%
損害保険	17,350	44%	1,520	77%
合計	39,670	100%	1,970	100%

(出所)　柳瀬 (2012). 保険料の単位は1億米ドル.

(b) 金融持株会社

1998年には金融持株会社が認められ，銀行・証券業との相互参入も可能となった．ただし，金融持株会社は保険・銀行の選択制となっており，どちらの分野に進出するかを選ぶ必要がある．保険持株会社は傘下に保険会社と一般事業会社を持つことができるが，銀行持株会社は金融に特化する必要がある．このとき損害保険会社は銀行・証券分野には参入しなかった．その理由は2つ考えられる．

まず，金融持株会社の設立が可能となった時期は，損害保険会社にとっては，第三分野の解禁の時期にあたる．すなわち，損害保険会社は関心を高齢化に伴う介護に向け，医療・介護保険とヘルスケア・介護関連事業への進出を選択した[13]．この点については次節で最近の動向として説明する．

また，収益性の面で見ると，銀行業はリスクが小さいものの薄利である．損害保険会社にとっては，すでに取引実績があるデリバティブ市場での取引に注力することで，銀行・証券業で薄利多売するより効率的に収益をあげられると考え，銀行・証券業に参入するメリットを見出せなかったためでもあると考えられる．

(4) 自動車賠償責任保険（自賠責）制度改革

自賠責制度は，1955年の「自動車損害賠償保障法」施行に伴い始まった対人保険制度であり，2002年に大幅改正が行われた．自賠責制度改革も販売チャネルの効率化と同様，金融ビッグバンの議論とは別に議論されていたものであるが，ほぼ同じ時期に施行されたものである．ここでは制度改革の概要と，政

---

13)　実際，東京海上ホールディングス，SOMPOホールディングスはヘルスケア・介護事業を重点事業と位置付けている．各社ホームページを参照のこと．

府介入の非効率性の実例として，積み立てた保険料の一般会計への流用問題に触れる．

まず自賠責の特徴を任意自動車保険との比較で整理する．自賠責は自動車事故の被害者の被害補償のための保険であり，一種の社会保障としての位置付けである一方，任意保険はあくまでも加害者である加入者の損害賠償責任を担保するものである[14]．また，自賠責は自動車の運行にあたり，登録，車検時の加入が法により強制されており，損害保険会社も契約を申し込まれたら拒否できない一方，任意保険の加入は任意であり，損害保険会社も引受を拒否することができる[15]．

次に，自賠責制度改正の大きなポイントは，政府による受再（政府再保険）の終了である．改正前には自賠責の元受保険料の60％を政府に出再し，40％を元受全社で共同再保険する再保険プールに出再する制度となっていたが，改正後には政府再保険がなくなり，全額を再保険プールに出再することとなった．自賠責制度施行当初には，民間保険会社だけでは資力が不十分であろうとの認識から政府が受再という形で支払保険金の60％を保証していたが，長年の運用を経て，再保険プールも充実してきたことから政府の関与の必要性が薄れてきたという背景がある．

制度改正の趣旨は「民間ができることは民間で」ということだが，それまでの政府の関与により生じていた問題も無視できない．以下で，政府再保険の問題点とその解消について評価する．

問題点の1つ目は「政府が正しい価格設定をできるか？」という点である．政府再保険終了にあたり，約2兆円の剰余金を「保険料等充当交付金」として契約者に還元し，これにより一時的に保険料が安くなった．しかし，これは制度改正前の保険料が誤って割高に設定されていたことを意味しており，割高な保険料を支払っていた前世代から，割安な保険料の恩恵を受けられる現世代への所得移転であり，経済学の文脈では非効率的であると考えられる．

問題点の2つ目は一般会計への流用問題である．自賠責保険料は「自動車安

---

14) 自賠責は，加害者を特定できないときや自賠責に未加入の自動車（無保険車）による被害も補償する．
15) 自賠責は消費者の事故率に無関係に保険料が決まることから内部補助が生じているが，強制加入であるために逆選択は生じない．

全特別会計」に積み立てられていたが，1994年度から1995年度に財政難を理由に運用益約1兆1,200億円が一般会計に繰り入れられた．特別会計に繰り戻す期限は当初は2000年度の予定だったが，財務省は2003年までに約6,900億円を返還したものの，財政状況の悪化を理由にその後の返還が滞っており，2017年時点で元利合計約6,100億円が未返還となっている．

これらの問題により生じていた社会的費用の大きさの把握には実証と試算が必要だが，それを改善した自賠責制度改正は，規制緩和の成果の一つであると考えてよいだろう．

4. 規制緩和後の損害保険業の変化

損害保険業界の概観の最後として，規制緩和による市場参加者とそのシェアの変化，最近の損害保険業界を取り巻く話題と各社の海外進出の動向について見ていく．

(1) 市場参加者の変化

規制緩和前の日本損害保険協会（損保協）加入会社は概ね20社前後で参入・退出はほとんどなく，シェアもほとんど変化がなかった．1996年に参入した生保の損保子会社をはじめ，規制緩和に伴って新たに損保協に加入した会社は18社あったものの，既存の損害保険会社も含めて合併や破綻による減少もあって，2018年初における損保協加入会社は26社となっている．

新規参入会社の内訳は生保子会社が7社で，他は異業種の事業者による設立である．後者は異業種からの参入とはいえ，損害保険のリスクに関して全く知識を持たない初心者ではなく，保険者または被保険者として損害保険取引に経験を持っている．全社が現在も存続しており，ほぼ全面撤退となった生保子会社と対称的である．

次に損害保険会社の合併の状況を見ていく．主な損害保険会社の変遷は図6-8のとおりで，1996年には17社だったのが2016年にはメガ損保と呼ばれる超大手4社に統合されている．これらの会社が合併に至った背景としては，少子化の進行，低成長の長期化，競争の熾烈化といった環境認識のもとで，合

図6-8　主な損害保険会社の合併

1995	1996	1997	1998	1999	2000	2001	2002	2003	2004	2005	2006	2007	2008	2009	2010	2011	2012	2013	2014	2015	2016
大東京火災						あいおい損保									あいおいニッセイ同和損保						
千代田火災																					
同和火災					ニッセイ同和損保																
	ニッセイ損保																				
												アドリック損保									
日産火災						損保ジャパン									損保ジャパン日本興亜						
安田火災																					
	第一ライフ損保																				
大成火災																					
興亜火災						日本興亜損保															
日本火災																					
太陽火災																					
東京海上							東京海上日動														
日動火災																					
三井海上										三井住友海上											
住友海上																					
	三井ライフ損保																				
	スミセイ損保																				

(出所)　筆者作成.

併により活路を見出したいという思惑があったようである[16]．江澤（2009）によると，合併には経営効率化によるシステム，損害調査費用のコスト削減や，異なる親密企業グループに属することでの営業基盤の相互補完によるシナジー効果の期待があるとしている．

(2) シェア，市場占有率の変化

次に規制緩和以降のシェアの推移を元受正味保険料ベースで確認する．図6-9は元受正味保険料のシェア，ハーフィンダール指数（HHI）の推移を示している[17]．ただし，HHIは当該年に存在する会社の元受正味保険料から算出しているが，元受正味保険料のシェアは2015年までに合併した各社が，1996年からすでに合併していたものとして算出している．

---

16)　いずれも各社の合併時における報道発表による．
17)　HHIは市場における競争状態を表す指標の一つで，市場における各企業のシェアの自乗和で定義される．完全独占であれば1，完全競争に近づくと0に近づく．

図 6-9 元受正味保険料のシェアと HHI の推移

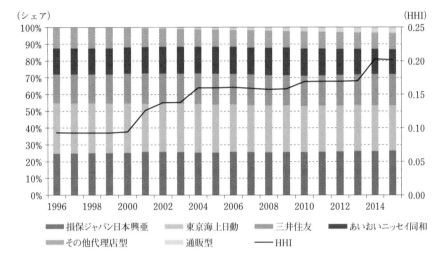

(出所)『インシュアランス損害保険統計号』(各年度版)をもとに筆者作成.

　図 6-9 を見ると，4 メガ損保のシェアは計測期間の初年からさほど変化はないが，大型合併があるごとに HHI は大きくなっており，寡占が進んでいる．通販型のシェアは 2015 年においても 3.3%であり，徐々に増えてはいるが，まだまだ限界的な地位しか得られていない．

(3) 最近の動向

　本節の最後に，最近の動向として，高齢化・人口減少に向けた取り組み，情報処理技術の活用ならびに海外進出の動向を紹介する．

(a) 高齢化・人口減少に向けた取組み

　規制緩和が議論された 1990 年代後半には，同時に社会の高齢化対策が求められ始めた．損害保険各社は 2000 年に始まった公的介護保険制度を補完する位置付けで（民間の）介護保険の取扱いを始めた．しかし，損害保険各社は保険の提供だけにとどまらず，同じタイミングで解禁された持株会社の解禁とともに介護関連事業への進出を強め，あらかじめ設立していた子会社を通じて在

宅介護サービス，介護付有料老人ホームの運営などを行っている．

また，自動車保険に関連しては，若者の自動車離れと高齢運転者の増加により運転者に占める高齢者の割合が大きくなり，それに伴って高齢者が起こす死亡事故の比率が上昇している．30歳未満の若者による死亡件数の減少は著しく，警察庁によると2012年には65歳以上の高齢者による件数が若者を上回っており，運転免許保有者10万人当たりの件数も2016年には若者とほぼ同等となっている．

これに対応して，損害保険会社は自動車保険の「ノンフリート等級別料率制度」を改定することによって，保険収支の改善を図るとともに，高齢ドライバー特有の事故特性を分析して保険料に反映させるなど，踏み込んだ対策にも取り組んでいる[18]．

(b) 情報処理技術（ICT）の活用

近年のICTの急速な進歩により，より複雑な分析を安価に行えるようになっている．損害保険会社もさまざまな分野でICTの活用に取り組んでいる．

引受事務については，事務処理のオンライン化，契約者向けWebサービスの充実などにより，機械化による代理店の効率化を進めている．

保険金支払事務については，火災・地震現場を契約者が自撮り，または，損害保険会社がドローンにより空撮するなどして取得した画像による支払審査を進めることで，従来は現地確認に要していた期間を大幅に短縮し，保険金支払いの効率化・早期化を図っている．

自動車保険では，ドライブレコーダーと連動させることで事故発生時の状況を正確かつ迅速に把握し，保険金支払いの早期化を図っている．また，車載テレマティクス端末から収集した情報から安全運転度を診断してドライバーに還元することで事故の未然防止に役立てるとともに，その情報を保険料に反映さ

---

[18] 自動車保険では，消費者の事故履歴に対応して等級を割り当て，保険料率を増減させている．しかし，等級は十分に細分化されていないため，同じ等級に属する消費者でも，事故率が高い消費者と低い消費者が混在する．2012年から2015年の間に各社のノンフリート等級別料率制度が改定され，同じ等級でも保険料率が割高となる事故有等級が新設された．事故有等級とは，同じ等級でも，事故有で等級ダウンしてその等級となった場合には，割引率が小さくなる，つまり保険料率が高くなる制度である．この制度の導入により，事故率が異なる消費者に対して，改定前には同じ等級に属すれば同じ料率が適用されたのが，改定後には異なる料率を提示できるようになった．

せるなどの取組みが進んでいる．

　また，さまざまな附属書類が必要となる海上保険の引受，保険金支払いについて，ブロックチェーン技術を用いてそれらの書類を電子化して関係者で共有することによって，貿易事務の効率化を図る試みもなされている．

　現代社会における ICT 活用の機会の拡大に伴い，損害保険分野では新たな市場も現れている．喫緊の課題はサイバー攻撃の予防，被害拡大の防止と，万が一の損害賠償への補償である．損害保険会社は予防策やコンティンジェンシープランの策定支援などのコンサルティングを行うとともに，再保険市場の充実に伴い，保険による補償の幅も広げている．また，自動運転車やドローンによる事故時の損害賠償の補償についても新たな市場として注目されている．

(c) 海外進出

　人口減少による国内市場の縮小への対応として，損害保険各社は海外に活路を見出し，M&A による海外進出を進めていった．主な買収実績を表 6-3 に挙げた．

　当初の進出先は中国や東南アジアである．野村（2012）は「国内損害保険市場は成長が見込みにくい一方，アジア等新興国の損害保険市場は今後とも成長が見込めるため，各社とも海外展開を積極化しているものと考えられる」と指摘している．

　しかしながら，大口与信規制が 2012 年に撤廃され，大規模買収の障害がなくなって以降は，成熟したものの市場規模が大きい英米市場の会社が買収の主な対象となり，買収額も大きくなっている[19]．例えば東京海上 HD の買収金額合計 1.8 兆円は合併前の東京海上単独の純資産額とほぼ等しく，合併前の 1 社では買収は容易ではなかったと見られる．海外進出だけが合併の目的ではないだろうが，合併により海外の優良会社の買収が容易になったのは確かであるといえるだろう．

---

[19] 大口与信規制は「10%ルール」とも呼ばれる．特定企業等に対する資金運用の集中を防ぐため，同一企業等に対する投資額は総資産の 10% 以内に規制されていたが，これでは保険会社が規模の大きな保険会社を買収する場合に，この会社の株式保有によって大口与信規制に抵触するおそれがあるとの指摘があった．これに対応するため，保険会社グループとしてリスク管理が適切に行われていれば，保険会社の買収については，大口与信規制の対象外となった．

表6-3 買収案件の例

年	月	買収会社	被買収会社	買収額
2005	4	三井住友海上	明台（台湾）	285億円
2007	6	東京海上日動	アジアジェネラル（シンガポール）	446億円
2008	3	東京海上HD	キルン（英国）	950億円
2008	12	東京海上HD	フィラデルフィア（米国）	4,987億円
2010	5	損保ジャパン	テネット（シンガポール）	62億円
2010	6	損保ジャパン	フィバシゴルタ（トルコ）	281億円
2010	6	三井住友海上	ホンレオン（マレーシア）	254億円
2014	5	損保ジャパン	キャノピアス（英国，後に売却）	1,050億円
2014	5	東京海上HD	デルファイ（米国）	2,050億円
2015	10	東京海上HD	HCC（米国）	9,413億円
2016	2	三井住友海上	アムリン（英国）	6,420億円
2017	3	SOMPOHD	エンデュランス（米国）	6,800億円

（出所）　社団法人日本損害保険協会「保険会社のグループ経営に関する規制の在り方ワーキング・グループ（第2回）資料5」および各社報道資料から著者作成．出資割合が90％超のもののみ記載．現地設立法人を除く．

5. 規制緩和に関する通説と検証・考察

　本節では，規制緩和で注目すべき点として，料率自由化と販売チャネルの多様化を取り上げる．通販型はリスク細分型自動車保険とセットで参入して注目を浴びた．通販型の解禁にあたっては，①代理店型よりも効率的な事業運営を行うことで，②保険料が低廉化するという期待があった一方で，③事故が少ない消費者だけを選別（クリーム・スキミング）する，④対面販売でないことから，保険金支払いが抑制されるという指摘があった[20]．このうち，通説④については，先述のとおり，価格競争の結果，非対面の通販型も対面販売の代理店型もともに保険金不払い問題を惹き起こしており，販売チャネルが対面か非対面かに関係しないことがわかる．そこで，本節では通説①，②，③の妥当性を検討する．

　まず，損害保険の生産物を議論し，生産物の価値，生産量の推移を概観する．次に，価格の推移を概観して，通説②「通販型の参入により保険料が下がる」の妥当性を議論し，通説③「事故が少ない消費者だけを選別（クリーム・スキ

20）　玉村（2011）は損害保険料率の自由化との関連で同様の指摘があることを紹介している．

ミング）する」の可能性について考察する．通説①「通販型は代理店型よりも効率的」かどうかは次節で分析する．

(1) 損害保険の生産物と生産量の推移

損害保険の生産物，生産量には，さまざまなものが採用されている．ここでは，何をもって損害保険の生産物とするかについて最近の潮流を紹介するとともに，生産量の定義を議論する．

まず生産物を議論する．Cummins and Weiss（2013）は，保険が持つ機能として，契約者である保険商品の消費者が支払った保険料の運用，資金余剰主体である消費者から資金不足主体である投資先への金融仲介，消費者の資産価値が変動するリスクのプールを挙げ，それらの複合生産物としては「付加価値」を採用するのが適切であるとしている[21]．特に損害保険は保険料受領から保険金支払いまでの期間が短いことから，リスクプール機能が重要であるとしている．以下で，損害保険のリスクプール機能が生産する「付加価値」について考察する．

損害保険が持つリスクプール機能により，消費者は対価として保険料を支払うことで，資産価値の変動リスクを損害保険会社に移転することができる．そのために消費者が支払える保険料の上限と受け取る保険金の期待価値との差額をリスクプレミアムという[22]．これが損害保険のリスクプール機能が生産する付加価値であると考えることができる．しかし，消費者が支払える保険料の上限を観測することは不可能なので，リスクプレミアムを測ることは困難である．そのため，その代理として，消費者が実際に支払った保険料と受け取った保険金の差額を付加価値，すなわち，生産物とする研究が近年多くを占めている．

次に生産量を議論する．Cummins and Weiss（2013）は，1983年から2011年の間に発表された研究74本のうち，生産量として支払保険金（または給付金）を用いているものが約50％，保険料が15％，支払保険金と支払準備金が12％となっており，最近は生産量の測度として支払保険金を用いる研究が多いと報

---

21) この考え方は，金融仲介機能を持つ銀行の生産物として粗所得を用いるべきであるとした蝋山（1982）の考え方とほぼ同じである．
22) リスクを損害保険会社に移転するために支払える保険料の上限は，消費者のリスク回避度によって決まり，リスク回避度が大きいほど上限は高くなる．

5. 規制緩和に関する通説と検証・考察

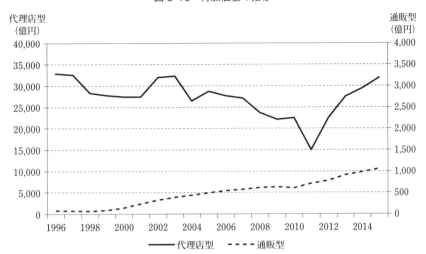

図6-10 付加価値の推移

(出所)『インシュアランス損害保険統計号』(各年度版) より筆者作成. 産業別GDPデフレータを用いて2015年度基準で実質化した.

告している. 以上の考え方を踏まえ, 本節では損害保険の生産物はリスクプール機能の生産物であるとして, 損害保険会社の生産物を付加価値＝正味収入保険料－正味支払保険金, 生産量を正味支払保険金と定義する[23].

ここで収入保険料と支払保険金を元受ベースではなく, 再保険等調整済みの正味ベースとしたのは, 出再分については, 元受会社が生産したものというよりは再保険会社が生産した付加価値であると考えるべきだからである.

損害保険の価格は, 消費者が損害保険会社に移転するリスク, すなわち生産量1単位当たりの付加価値なので, 付加価値÷正味支払保険金と定義される.

ここで, 規制緩和前後以降の付加価値の推移を図6-10で確認する. 通販型においては, ほぼ一貫して増加傾向である. 代理店型においては, 2004年の新潟県中越地震と2011年の東北地方太平洋沖地震により一時的に支払保険金

---

23) 厳密には資金運用, 金融仲介が生み出す付加価値 (資産運用の利ざや) も含めるべきである. 捨象した理由は, 先に述べたように損害保険の主な機能がリスクプール機能であることと, 後に実証する際に必要となる資金調達費用に関する予定利率などのデータを入手できないためである.

が増加したことから付加価値が減少しているが，これらを除くトレンドを眺めると，2009 年まで減少傾向だったが，以降は増加傾向に転じている．

(2) 損害保険の価格の推移とクリーム・スキミングの可能性

次に，損害保険の価格の推移を図 6-11 で確認する．ここでも代理店型の 2004 年と 2011 年は正味収入保険料に大きな変化がないままに支払保険金が大幅に増えたことから，定義により価格は一時的に下落している．

これらを除くトレンドを眺めると，付加価値の推移で確認したのと同様，2009 年までの減少傾向に対して，以降は増加傾向に転じている．通販型は，新規参入が始まった 2000 年前後には代理店型よりも高価格であったが，以降，ほぼ一貫して下落傾向であり，2015 年には代理店型よりも低価格となっている．なお，代理店型，通販型ともに 2002 年から 2009 年にかけて価格が下落する一方で，2010 年以降が上昇に転じているのは，先述のとおり，多くの損害保険会社で元受正味保険料の 40％以上を占める自動車保険における「ノンフリート等級別料率制度」の改定の影響と考えられる．

この実情を踏まえて，通説②「通販型の参入により保険料が下がる」を議論する．先述のとおり，通販型の参入によりさまざまな保険商品の補償範囲が拡がっており，また，保険料率計算の基となる事故率や損害額も変化しているため，単純に保険料の額そのものの推移を追っても意味がない[24]．そこで，本章では，「下がる」と期待されていた保険料は「支払保険金の期待値 1 単位当たりの保険料」であると解することとする．この解釈に従えば，保険料が下がったかどうかは，「保険料÷支払保険金」で確認すればよい．このうち元受会社が寄与しているのは，再保険収支等を控除した正味収入保険料と正味支払保険金なので，これは本章で定義した「価格」が下がったかどうかを確認することと同義である．

以上の議論を前提として通説②「通販型の参入により保険料が下がる」を「価格」によって評価するならば，参入開始当初である 2000 年の通販型は代理店

---

[24] そもそも「通販型の参入により下がる」と期待された「保険料」については定義がなされないまま議論されていた．本来であれば，この指摘がいう「保険料」を定義するところから，丁寧に議論する必要がある．

図6-11 価格の推移

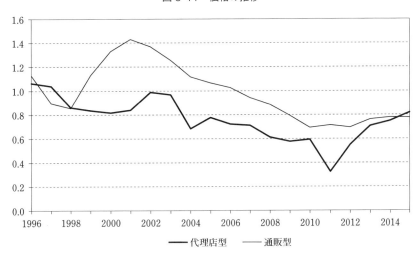

(出所)『インシュアランス損害保険統計号』(各年度版)をもとに筆者作成.

型の1.5倍超と,かなり高価格であったことが注目される.もっとも,その後の価格下落とともに徐々に価格差は縮小し,2012年以降の代理店型の価格上昇もあって,2014年には両者にほぼ差異はなくなった.

では,通説③「事故が少ない消費者だけを選別する」行為,すなわち,クリーム・スキミングはあったのだろうか.参入当初の通販型は代理店型よりも高価格の商品を販売していた.価格の定義により,高価格は受け取る保険金の期待額に比べて支払う保険料が割高であることを意味している.つまり,通販型は,自身が抱えるリスクをできる限り減らしたい,すなわち,保険購入の意欲が大きい消費者を対象としていたものと推測される.

実際,通販型は当初,テレビや新聞雑誌への広告を主な販売促進手法としており,広告に敏感に反応する消費者を選別していたと考えられる.しかし,そのような消費者は保険購入の意欲が大きいけれど,必ずしも事故が少ない消費者であるとは限らない.このように考えると,通販型は消費者を選別していたが,それは通説③が主張する「事故が少ない消費者だけを選別する」のではなく,保険購入の意欲が大きい消費者を選別していたと考えるのが適当であろう.

6. 規制緩和で効率性は向上したか？

本節では，前節で挙げた4つの通説のうち，通説①「通販型は代理店型よりも効率的」かどうかを実証する．本章では確率的フロンティアモデルにより，代理店型と通販型それぞれの生産関数を推定して技術効率性を比較する[25]．

(1) 先行研究

損害保険会社の効率性を扱った実証研究には，規模の経済性と合併による効率性の変化を見ているものが多い．

柳瀬（2007）は，生産物が収入保険料であれば規模の経済性があるとしている．姉崎・本間（2010）は，大手が中堅より費用効率がいいが，その差は縮まっているとして，規制緩和により競争が促進されたと結論付けている．久保（2007a, 2007b）は確率的フロンティアモデルで生産関数を推定し，1990年代初頭から2000年代半ばにかけて生産性の改善が見られるとしている．

Malmquist 指数により効率性変化を計測した研究もある．柳瀬・浅井・冨村（2007）は DEA で生産関数を推定することにより Malmquist 指数を計測し，2000年度以降は生産性の低下が見られるとしているが，茶野（2009）は規制緩和の前後で効率性が改善しているとしている．茶野（2010）では，この計測結果は，規制緩和後に進んだ大規模な合併の影響と見られるとして，DEA による Malmquist 指数の計測に留意が必要であるとしている．そして，確率フロンティアモデルを使って Malmquist 指数を計測したところ，規制緩和の前後を通じて効率性が低下していることを見出している．

本章は茶野（2010）を踏まえ，確率的フロンティアモデルにより，代理店型と通販型それぞれの生産関数を推定して効率性を比較した．

(2) モデル

確率的フロンティアモデルは次の式で定式化される．

---

[25] 確率的フロンティアモデルについては茶野（2010）の説明がわかりやすい．また，サーベイとして Coelli（1996）が有益である．

$$Y_{it} = x_{it}\beta + (v_{it} - u_{it})$$

ここで,Y_{it} は t 期における企業 i の生産量,x_{it} は生産要素投入量,β は推定すべきパラメータである.残差は誤差項 v_{it} と技術非効率 u_{it} から構成される.

v_{it} は $N(0, \sigma_v^2)$ に従い,u_{it} とは独立である.$u_{it}=u_i\exp(-\eta(t-T))>0$, $t=1,2,\cdots,T$ は,$N(0, \sigma_v^2)$ を0で切断した正の部分(切断正規分布)を仮定する.よって,$\eta>0$($\eta<0$)であれば時間とともに u_{it} が小さく(大きく)なる,すなわち技術非効率が小さく(大きく)なる.$\eta=0$ であれば技術非効率に時間的変化はない.$\eta \ne 0$ を仮定するモデルを時間的可変モデル,$\eta=0$ を仮定するモデルを時間的不変モデルと呼ぶ.さらに,$\sigma^2=\sigma_v^2+\sigma_u^2$, $\gamma=\sigma_u^2/(\sigma_v^2+\sigma_u^2)$ と定義する.

生産量として付加価値(Y_{it})を用いる.これは,さまざまなタイプの金融仲介サービスを提供する金融機関の活動規模(生産量)を全体としてとらえる測度としては粗所得が適しているとする蠟山(1982)に則ったものである.

生産要素とその投入量は,労働投入量(L_{it})として従業員数,資本投入量(K_{it})として動産・不動産の額,労働投入量の追加指標(A_{it})として代理店数を用いる.労働投入量の追加指標として代理店数を用いたのは,本来であれば従業員数に加算して分析するべきだが,代理店は法人代理店の場合1店が必ずしも1名とは限らないため,損害保険会社の従業員数に加算するのは適切でないと考えたためである.

その他,コントロール変数として,技術変化を示すタイムトレンド項(T),自動車保険依存率(正味収入保険料に占める自動車保険の比率,$AUTO_{it}$),出再率(1-正味収入保険料÷元受正味保険料,$CEDE_{it}$),正味事業費率(正味事業費÷正味収入保険料,$NOER_{it}$)を用いる.自動車保険依存率,出再率を採用したのは,これまで述べてきたようにこれらの指標の重要性を考えたためで,正味事業費率を採用したのは推定の精度を上げるためである.

分析にあたっては,金額ベースの各変数を産業別GDPデフレータ(金融・保険業)で実質化するとともに,生産要素 L, K, A について,それぞれの平均値 $\bar{L}, \bar{K}, \bar{A}$ で基準化した.推定式は次のとおりである.

$$\ln(Y_{it}) = \beta_0 + \beta_L \ln(L_{it}/\overline{L}) + \beta_K \ln(K_{it}/\overline{K}) + \beta_A \ln(A_{it}/\overline{A}) + \frac{1}{2}\beta_{LL}\left[\ln(L_{it}/\overline{L})\right]^2$$
$$+ \frac{1}{2}\beta_{KK}\left[\ln(K_{it}/\overline{K})\right]^2 + \frac{1}{2}\beta_{AA}\left[\ln(A_{it}/\overline{A})\right]^2 + \beta_{LK}\ln(L_{it}/\overline{L})\ln(K_{it}/\overline{K})$$
$$+ \beta_{LA}\ln(L_{it}/\overline{L})\ln(A_{it}/\overline{A}) + \beta_{KA}\ln(K_{it}/\overline{K})\ln(A_{it}/\overline{A}) + \beta_{LT}\ln(L_{it}/\overline{L})T$$
$$+ \beta_{KT}\ln(K_{it}/\overline{K})T + \beta_{AT}\ln(A_{it}/\overline{A})T + \beta_{AUTO}AUTO_{it} + \beta_{CEDE}CEDE_{it}$$
$$+ \beta_{NOER}NOER_{it} + \beta_T T + \beta_{TT}T^2 + (v_{it} - u_{it})$$

このモデルの時間的可変モデルでは頑健な分析結果を得られなかったため，$\eta=0$（つまり，$u_{it}=u_i$）を仮定する時間的不変モデルを用いた．

(3) データ

出典は『インシュアランス損害保険統計号』2000～2015年である．なお，第一火災は2000年度途中で廃業したので対象外にした．また，ソニー損保の2000年とイーデザイン損保の代理店数0を，対数をとるために小さな値（0.000001）に変換した．記述統計は表6-4のとおりである．

ここで，通販型でも代理店数は必ずしも0ではないことに注意が必要である．代理店を持つ通販型は次のいずれかのパターンである．一つは，契約締結，保険料受領の権限を持たず，単なる顧客紹介を行う「媒介代理店」であり，セゾン自動車，ソニー損保，そんぽ24，三井ダイレクトが該当する．もう一つは，

表6-4 記述統計

（金額の単位は100万円）

	代理店型				通販型			
	平均	標準偏差	最小値	最大値	平均	標準偏差	最小値	最大値
付加価値	140,667	213,894	198	953,223	7,858	8,508	53	47,438
従業員数	3,884	5,391	17	20,392	316	228	35	1,121
動産・不動産	62,146	88,056	4	411,603	159	137	9	540
代理店数	19,900	27,886	14	180,513	637	1,666	0	7,357
自動車依存率	0.343	0.234	-0.002	0.655	0.859	0.232	0.000	1.001
出再率	0.049	0.220	-2.474	0.451	0.083	0.213	-0.090	0.853
正味事業費率	10.424	39.577	0.001	343.842	1.883	10.504	0.015	103.935
観測数	229				98			

（注）金額表示の変数については産業別GDPデフレータ（金融・保険業）を用いて2015年度基準で実質化した．

代理店のWebサイトから委託会社に誘導していて実質的に直販となっているケースで，アクサ損保，SBI損保，au損保が該当する．

(4) 分析結果

推定結果は表6-5のとおりである．モデル1とモデル2は推定式にCEDEを入れるかどうかの違いである．モデル2のCEDEが通販型で有意であるため，以下，モデル2をもとに考察する．

第1に，代理店型も通販型もAUTOの係数が負であることから，正味収入保険料に占める自動車保険の割合が大きいほど，同量の生産要素を投入したと

表6-5 生産関数の推定結果

	モデル1		モデル2	
	代理店型	通販型	代理店型	通販型
β_O	13.154 ***	10.047 ***	13.152 ***	10.286 ***
β_L	0.107	-0.186	0.099	-0.197
β_K	0.581 ***	0.201	0.588 ***	0.242 *
β_A	0.134	0.116 **	0.125	0.071 *
β_{LL}	-0.137	-1.367 ***	-0.122	-1.333 ***
β_{KK}	0.023	-0.175	0.025	-0.126
β_{AA}	-0.029	0.003	-0.023	0.000
β_{LK}	0.002	0.278 **	-0.002	0.413 ***
β_{LA}	-0.047	0.056 *	-0.054	0.027
β_{KA}	0.071 *	-0.045 **	0.073 *	-0.035 **
β_{LT}	-0.010	0.820 ***	-0.016	0.627 ***
β_{KT}	-0.111 ***	-0.244 *	-0.112 ***	-0.174
β_{AT}	0.216 *	-0.066 *	0.222 *	-0.054 *
β_T	-0.273	1.266 ***	-0.295 *	1.062 ***
β_{TT}	0.330 **	-0.819 **	0.355 **	-0.406
β_{AUTO}	-1.162 ***	-0.725	-1.119 ***	-1.015 **
β_{CEDE}			-0.068	-1.569 ***
β_{NOER}	-0.001 **	-0.019 ***	-0.001 *	-0.023 ***
/mu	0.495 **	0.974 ***	0.515 ***	0.954 ***
/lnsigma2	-1.768 ***	-1.191 *	-1.743 ***	-1.332 **
/lgtgamma	1.424 **	1.591 **	1.466 **	1.853 **
L.L.	35.806	-9.153	36.421	7.542

(注) /mu, /lnsigma2 はそれぞれ μ, $\ln(\sigma^2)$ の推定値．/lgtgamma は γ の推定値のロジット．L.L. は最大対数尤度値である．推定値の右にある * は有意水準10%，** は5%，*** は1%で有意であることを示す．

きに生産される付加価値は小さくなる．

　第2に，技術変化を示すタイムトレンド項 T の係数が，代理店型は有意に負，通販型は有意に正である．つまり，代理店型は期間を経過するに従い，生産される付加価値が減少する傾向にあり，通販型は増加する傾向にある．

　第3に，$CEDE$ の係数が，代理店型は有意でない一方，通販型は有意に負である．これは通販型が再保険市場で不利な取引をしているためであると理解される．

　第4に，$NOER$ の係数が，代理店型は有意に正である一方，通販型は有意に負である．通販型は正味事業費を増やすと付加価値が減る，つまり，正味収入保険料が減るか，あるいは正味支払保険金が増える．通常，正味収入保険料を減らすために正味事業費を増やすことはないと考えると，通販型は正味事業費を増やすことで正味支払保険金を増やしている，つまり，事業費の増加は保険金支払いのために用いられていると考えられる．一方，代理店型は正味事業費を増やすと付加価値が増えるが，これは正味収入保険料が増えるか，あるいは正味支払保険金が減ることを意味する．つまり，正味事業費の増加は正味収入保険料を増やすため，あるいは正味支払保険金を減らすために用いられている，と考えられる．このことから，通販型は代理店型よりも「保険金支払いに対して寛容である」と理解できる．

　続いて，各生産要素の平均値ベースでの限界生産性を確認する．推定にあたって各生産要素投入量は平均値で基準化しているので，L, K, A の係数がそれぞれ労働，資本，代理店の限界生産性となる．代理店の限界生産性は通販型のみ有意に正になっている．先に述べたように，通販型の代理店は主に損害保険会社への送客に特化する「媒介代理店」である．Web サイトからの送客を行う代理店もあり，従来の代理店よりも業務範囲が小さく，効率的な送客が可能となっていると見られる．

　なお，各限界生産性は有意に1よりも小さいので，限界生産性は逓減している．また，全生産要素の限界生産性の合計も有意に1より小さいため，規模に関する収穫は代理店型も通販型も逓減する．

(5) 技術効率性の推移

次に，前節で得られた結果をもとに，個社単位での技術効率性を検証する．表6-6は先の推定結果から得られた個社ごとの技術効率性であり，図6-12はそれを参入年ごとにプロットしたものである．

代理店型については，技術効率性が飛び抜けて高い東京海上日動とセコム損保を除くと，各社とも0.343から0.773の範囲にある．一方で，通販型については，やはり技術効率性が飛び抜けて高いソニー損保を除くと，各社は0.176から0.456の範囲にあり，通販型は全般的に技術効率性が低い．これが通説①「通販型は代理店型よりも効率的」の実証結果である．

7. まとめ

1996年以降の規制緩和政策により，損害保険業界は新規参入や経営統合が起こる一方，競争が促進され，その業容は大きく変化した．

新規参入者である通販型企業が設定する価格は規制緩和当初は割高で，保険購入意欲が大きい消費者を選別しているように見えたが，価格は次第に低下するとともに価格差も縮小し，2013年頃には代理店型と差がなくなった．その間，保険の契約条件が細分化し，特約，付帯サービスが充実し，消費者の選択肢が広がった．

損害保険会社にとっては，合併や規制緩和により，海外の優良企業の買収が容易になり経営基盤が充実した．

社会的には自賠責への政府関与をなくすことで，政府関与による非効率が改善した．

景気後退や少子高齢化により保険市場は縮小すると考えられていたが，高齢化による医療・介護のニーズの拡大や自動車事故の増加により，元受正味保険料ベースでの市場が拡大している．また，サイバー攻撃や自動運転車などICTの進化による新たなリスクが保険市場の拡大につながり，各社はそれらにも積極的に対応している．もっとも，保険金不払い問題という，競争に起因すると見られる問題が発生したが，各社とも必要な対応をとっており，問題は収束している．

表6-6 損害保険会社の技術効率性

代理店型			通販型		
会社名	参入年	技術効率性	会社名	参入年	技術効率性
東京海上日動	1879	0.942	セゾン	1982	0.321
損保ジャパン日本興亜	1888	0.773	アクサ	1998	0.357
三井住友	1918	0.671	ソニー	2000	0.905
あいおいニッセイ同和	1918	0.687	三井ダイレクト	2001	0.429
日新	1908	0.369	そんぽ24	2004	0.176
富士	1918	0.528	SBI	2008	0.257
共栄	1942	0.344	イーデザイン	2009	0.432
セコム	1950	0.917	au損保	2011	0.456
朝日	1951	0.585			
大同	1971	0.483			
ジェイアイ	1989	0.757			
日立キャピタル	1994	0.423			
明治安田	1996	0.668			
エイチエス	2007	0.466			
アニコム	2008	0.478			
アイペット	2012	0.343			

(出所) 筆者作成.

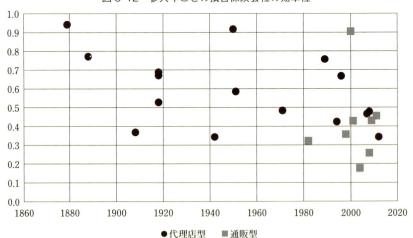

図6-12 参入年ごとの損害保険会社の効率性

●代理店型 　■通販型

(出所) 筆者作成.

経営統合により，メガ損保への市場集中度が高まっている．また，規制緩和当初，新規参入する通販型は，従来からある代理店型よりも効率的であると考えられていたが，実証結果によると，通販型には技術効率性が低い会社が多く，それは期間を経れば改善するとはいえないことが示された．しかし，新規参入会社が引き続き現れていることから参入障壁は小さいと考えられ，このことがメガ損保による寡占の弊害を小さくしていると考えられる．

以上を総括すると，新規参入企業による購入意欲が大きい消費者を選別する行動や保険金不払い問題の発生，市場集中度の高まりなどはあるものの，規制緩和は価格低下という面で消費者メリットの増加に寄与したものと考えられる．

◆参考文献

姉崎正起子・本間哲志（2010），「損害保険の産業組織に関する実証的研究—競争度及び費用効率性の推定と規制の評価—」『金融経済研究』第 30 号．

江澤雅彦「3 メガ損保時代の到来—そのねらいと契約者利益—」『WASEDA ONLINE オピニオン　政治経済』2009 年 4 月 13 日．

大橋和彦（2010），『証券化の知識＜第 2 版＞』日本経済新聞社（日経文庫）．

久保英也（2007a），「確率的フロンティア生産関数による生命保険会社の生産性測定と新しい経営効率指標の提案」『保険学雑誌』第 595 号，117-136 頁．

久保英也（2007b），「日本における保険料率自由化が損害保険業の経営効率に与えた影響—確率的フロンティア生産関数による効率性の計測—」『損害保険研究』第 68 巻第 4 号，29-53 頁．

鴻上喜芳（2014），「損害保険業の課題−近年の危機事例と環境変化を踏まえて−」『長崎県立大学経済学部論集』第 48 巻第 1 号，117-135 頁．

玉村勝彦（2011），『損害保険の知識 第 3 版』日本経済新聞出版社．

茶野努（2009），「ビッグバンは保険市場を競争的・効率的にしたか」『武蔵大学論集』第 57 巻第 1 号．

茶野努（2010），「金融ビッグバンと保険業の効率性—確率的フロンティアモデルによる Malmquist 指数計測の追試—」『生命保険論集』第 172 号，75-92 頁．

野村秀明（2012），「損害保険会社の海外事業展開」『保険学雑誌』第 616 号，5-22 頁．

柳瀬典由（2007），「規制緩和後のわが国損害保険産業の集中度と規模の経済—事業費率関数を用いたパネルデータ分析—」『保険学雑誌』第 597 号．

柳瀬典由（2012），「生命保険会社の商品・販売戦略と生命再保険によるリスク管

理―2001 年度から 2010 年度までのパネルデータ分析―」『生命保険論集』第 178 号, 73-130 頁.

柳瀬典由・浅井義裕・冨村圭（2007），「規制緩和後のわが国損害保険業の再編と効率性・生産性への影響――一連の合併現象は生産性の改善に貢献したか？――」『損害保険研究』第 69 巻第 3 号, 99-125 頁.

蠟山昌一（1982），『日本の金融システム』東洋経済新報社.

Coelli, T. J. (1996) , "A Guide to FRONTIER Version 4.1: A Computer Program for Stochastic Frontier Production and Cost Function Estimation", *CEPA Working Paper* No. 7/96, Department of Econometrics, University of New England, Armidale.

Cummins, J. David and Mary A. Weiss (2013), "Analyzing Firm Performance in the Insurance Industry Using Frontier Efficiency and Productivity Method", *Handbook of Insurance*, Springer Ch.28.

Nakaizumi, T. and S. Yano (2017), "The soft budget constraint problem and hard budget solution of outward reinsurance markets for providing insurance to local economy against natural disaster", *Asia-Pacific Journal of Regional Science*, October 2017, Volume 1, Issue 2, pp.625-637.

第7章 プルーデンス政策：真に有効な政策は何であったか

西畑一哉

1. はじめに

　プルーデンス政策は「信用秩序維持政策」と訳されるが，リーマンショック後「マクロプルーデンス政策」「ミクロプルーデンス政策」という使い分けがよく行われるようになった．「マクロプルーデンス」は「個別の金融機関の健全性確保を目的とするのではなく，金融システム全体の安定を目的とする政策」（宮内（2015））と定義され，リーマンショックをもたらしたのはそれまでのプルーデンス政策が「個別金融機関の健全性確保を目的とした」「ミクロプルーデンス」政策だったためとの考えに基づく主張でもあった[1]．

　こうした概念の整理も重要だが，以下ではまず平成金融危機時やリーマンショック時に実際に用いられたプルーデンス政策をつぶさに観察して，その内実と効果を明らかにしてみたい．

2. 預金取扱金融機関の特性

(1) 預金取扱金融機関のバランスシートの特殊性

　プルーデンス政策は古くから預金取扱金融機関を対象として議論されてきた．

---

[1] マクロプルーデンス政策とミクロプルーデンス政策の視座の区分についてはBorio（2003）による．

268　第7章　プルーデンス政策：真に有効な政策は何であったか

　預金取扱金融機関（以下，金融機関と記す）は，長い歴史を持ち，金融システム全体の中核的な役割を演じてきたが，破綻する際の特性（取付けの発生等）は，金融機関の黎明期から意識されて来た．古典的な金融機関のモデルをもとに金融システムの中核である金融機関の特性を確認しておきたい．

　金融機関は公的資金注入等の措置を受けることもあるなど，他産業に比べ特別扱いされることがある．これは，「金融機関の業務に公共性があるため」とも考えることができるが，むしろ金融機関は破綻に際して預金や市場を通しての悪影響が大きいうえ，負の公共性・負の外部経済効果も大きいため（破綻の際に市場を通さず社会に与える悪影響も大きいため）と考えるべきである．

　図7-1に示したように，金融機関は一般企業に比べ負債サイドに預金という特殊な債務を大量に保有している．数多くの預金者から集めた預金をまとめて融資や有価証券投資に回し，その利鞘で収益を得て経営している．ただ，預金者の金融機関に対する信任が失われると，預金の急速な払出しが発生，資金繰りが悪化して金融機関が破綻することがある．この現象を「（預金）取付け」"bank run"と呼ぶ．一方で，資産サイドの融資はすぐには回収できない．

図7-1　金融機関のバランスシートの特殊性

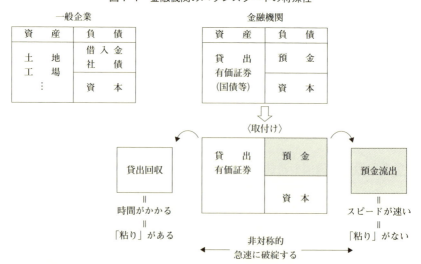

(出所)　筆者作成．

1997・1998年の平成金融危機ピーク時には金融機関の「貸し剥がし」が問題になったが,そうした時期でも融資の回収には早くても1か月以上要するといわれた.資産サイドには「粘性」があり,負債サイドには「粘性」がほとんどない,という金融機関のバランスシートの特殊性が流動性不足で急速に破綻するという金融機関の特性につながっている.

(2) 破綻の波及(システミックリスクの顕現化)

システミックリスクとは,個別の金融機関の支払不能等が,他の金融機関,他の市場,または金融システム全体に波及するリスクのことをいう.

金融システムにおいては,個々の金融機関等が,各種取引や決済ネットワークにおける資金決済を通じて相互に網の目のように結ばれているため,一箇所で起きた支払不能等の影響が,決済システムや市場を通じて,またたく間にドミノ倒しのように波及していく危険性がある(図7-2).

ステップ1:(A)が資金を調達できなくなり,(B)との取引の決済代金10億円を支払えなくなる(取引決済(1)が不履行).

ステップ2:(B)は(A)から支払われる予定の10億円を(C)への支払いにあてる予定であったが,取引決済(1)が不履行となったため,(C)への支払いが行えなくなる(取引決済(2)が不履行)……これが他の金融機関も巻き込んで,延々と続いていく.

図7-2 システミックリスクの一例

(出所) 日本銀行HPをもとに筆者作成.

この破綻の波及は速やかに伝播し,実体経済にも大きな悪影響を与えてきた.預金取扱金融機関は,北部イタリアでルネサンス期に誕生したが,その黎明期から取付け,システミックリスクの発生が記録されている[2].

---

2) Kindleberger and Aliber (2011) によれば,1618年から2010年代まで47回の金融危機が生じており,「金融危機は何度も蘇る多年草(A Hardy Perennial)」との記載がある.

リーマンショック時には「市場型」のシステミックリスクが顕現化した．危機が拡大した要因には，米国のレポ市場の制度的欠陥（クリアリングバンクによる無理な信用供与）もあったが，危機のピーク時に観察された事象は，いわば「市場での取付け」の発生であり，市場における資金が枯渇し，市場参加者の「資金」へのニーズが沸騰した．リーマンショック時の事象も，古典的な金融危機と底流部分で共通しているところがあるといえる[3]．

(3) 金融危機に対処するための「発明」（「中央銀行」と「預金保険」）

システミックリスクの波及を遮断するためには「自身が破綻せず制限なく融資できる存在」があればよいはずである．前掲図7-2において，A銀行のデフォルト分を外部から融資によって穴埋めする存在があれば，B銀行以下へのリスクの伝播は止めることができる．中央銀行は，イングランド銀行の歴史に見られるように，国債管理や戦時の財政ファイナンス等が主業務だったが，銀行券の独占的発行機能の獲得や政府の各種保証等を契機に，事実上破綻しない存在であることが徐々に意識され，その後，最後の貸し手（ラストリゾート）としての中央銀行融資によるシステミックリスクの遮断が実行されるようになった（春井（2013），図7-3）．

無論，中央銀行による融資にはさまざまな制限や弊害があり，特に無担保融資については仮にロスが発生すれば最終的には国民負担増となるが，システミックリスクの拡大を一時的にせよ沈静化させる機能は，やはり有用である．

預金保険は，金融機関の預金にあらかじめ保険を付し，破綻後に保険金を払うことによって，金融機関破綻に伴う預金者の損害を縮小し，ひいては「取付け」の鎮静化を図ろうとする制度である（付保預金額内の預金者は取付けに参加しないことが期待される）．

中央銀行設立が遅れた米国（FRS［連邦準備制度］は1913年設立）では，金融機関破綻の被害を減少させる手段として19世紀初頭から州ごとに預金保険制度が設立されており，大恐慌時の1934年には全国規模のFDIC（連邦預金保険公社）が創設された[4][5]．

---

3) クリアリングバンク（clearing bank）．米国においては主にレポ市場における信用供与，担保の受渡・管理，資金決済等の業務を行う．ニューヨーク銀行，JPモルガンが代表格．

3. 金融機関破綻処理の区分

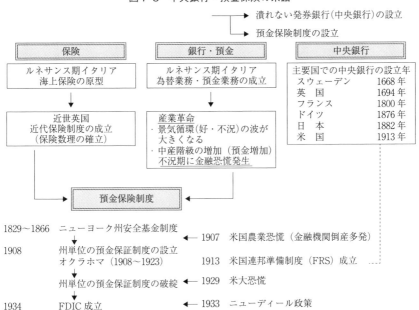

図 7-3 中央銀行・預金保険の系譜

(出所) 筆者作成.

　金融機関は，たとえはよくないかもしれないが，「手順を踏んで丁寧な葬式を出さないと周囲に大きな迷惑を与える」存在であり，そのためにも，金融機関には一般企業に比べ厳格な経営ルールの制定と当局による監督・検査が必要とされているのだといえるだろう．

3. 金融機関破綻処理の区分

　日本における破綻処理には，預金・債権を全額保護する処理と，預金の元本1,000万円と利息までは保護する定額保護の2種類の処理がなされている．
　日本における定額保護の処理は，1971年の預金保険機構設立以降では，

---

4) FRS = Federal Reserve System, 連邦準備制度. 米国の中央銀行システム. 連邦準備制度理事会，連邦公開市場委員会，12の連邦準備銀行から構成される．
5) FDIC = Federal Deposit Insurance Corporation, 連邦預金保険公社. 預金を保護するための預金保険業務を行う米国の公社.

表 7-1　全額保護と定額保護

	全額保護	定額保護
定義	預金・債務（コールローン等）を全額保護	・元本 1,000 万円までと利息は保護 ・それを超える部分は一部カット
預金者の預金名寄せ	不要	必要
裁判所の関与	ほとんどなし →　私的整理扱い	・強力な関与（破綻法制を適用） ・裁判所が処理方針を決定
預金保険機構の役割	金融整理管財人でない場合もある	金融整理管財人 →　役割はより複雑・多岐

（出所）　筆者作成.

2010 年に破綻した日本振興銀行の事例のみである．定額保護では，①破綻法制（日本振興銀行の場合は民事再生法）が適用されるほか，②裁判所の強い関与（事実上裁判所の指揮による処理）があることが特徴である．全額保護に比べ破綻処理，特に最初の 1 週間程度の処理が極めて複雑化するなど，破綻法制上の節目ごとに多大の労力を要する（表 7-1）．

4. 平成金融危機概論

　バブルの崩壊に伴い発生した平成の金融危機（ピークは 1997・1998 年）は，深刻さや規模から，日本における金融危機としては昭和初期の金融恐慌に匹敵するものであった．

　リーマンショック時に日本の金融システムがさほど動揺しなかった背景には，平成金融危機を経て各種の金融インフラが整備された結果であるといえる（決済システムの整備を含む）．そのため，平成金融危機の経緯と対応策をトレースする意味がある．

(1) 平成金融危機の背景

　平成金融危機の原因は，バブル期に上昇した地価・株価等ストック価格がバブル崩壊後に急落したことである．当時金融機関は不動産を担保として不動産業に大量の融資を行っていたため，回収不能額の増大や地価の下落による担保不足によって不良債権が急増し，金融機関の破綻が多発する事態に至った．

4. 平成金融危機概論

平成金融危機における金融機関破綻は，当初信金・信組等の小規模金融機関から始まったが，危機のピークともいえる1997年（北海道拓殖銀行（以下，拓銀と記す）破綻，山一證券廃業），1998年（日本長期信用銀行・日本債券信用銀行国有化）には，大規模金融機関・大手証券会社の破綻が相次ぐ事態に発展した[6]．

平成金融危機の初期の段階では，金融機関の破綻処理を実行する制度・体制が整っていなかった．金融機関破綻処理の実働部隊である預金保険機構は，1996年の法改正までわずか十数名の職員しかおらず，破綻処理実行が事実上不可能であった（1996年の預金保険法改正によって職員数が一気に100名を超え，金融機関の処理が可能になった）．破綻処理に伴い必要となる処理資金も不足し，やむなく当局主導で関連する大手金融機関から資金を拠出させたり，場合によっては「奉加帳方式」によって関連のない金融機関からも資金を集めるといった非合法的手段がとられていた（1996年の預金保険法改正により国による破綻処理資金が確保され，預金・債務の全額保護が開始された）．また，破綻処理法制も不備が目立ち，更生特例法も存在せず，金融機関処理実務において重要な裁判管轄の集中（現在では東京地裁・大阪地裁に集中）も整備されていなかった．

(2) 平成金融危機の推移

平成金融危機の主なイベントや対応施策を表7-2で概要を示した．平成金融危機の1992年から2005年までに181の金融機関が破綻し，資金援助額合計は，19兆円弱にも及んだ．

この時期の金融機関の破綻原因を見ると，そのほとんどが不動産業への融資偏重による不良債権増であるが，規模別に見ると，中小金融機関の場合，有価証券投資の失敗（保有していたアルゼンチン国債のデフォルト等）や不正・不祥事件の顕現化によるものも散見される（表7-3(a)，表7-3(b)）．

[6) 平成金融危機の発端となった平成バブルは，Kindleberger and Aliber（2011）でも過去500年間に世界で発生した10大金融バブルにカウントされている．

274　第7章　プルーデンス政策：真に有効な政策は何であったか

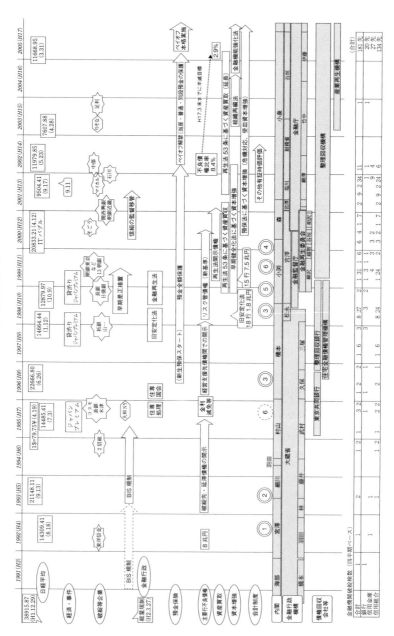

表7-2　平成金融危機経緯表

（出所）預金保険機構「平成金融危機への対応」から抜粋・加工.

表 7-3(a)　平成金融危機時の金融機関の破綻原因

破綻原因区分	全体（足利銀行を除く 180 先）		経営に欠陥あり (117 先，65.0%)	
	先数	割合	先数	割合
貸出債権の不良化	165	91.7%	109	93.2%
不動産関連業種への与信集中	83	46.1%	54	46.2%
その他業種への与信集中	47	26.1%	40	34.2%
景気低迷等	49	27.2%	28	23.9%
有価証券投資等の失敗	50	27.8%	23	19.7%
不正・不祥事件	9	5.0%	4	3.4%

(出所)　預金保険機構「平成金融危機への対応」から抜粋・加工.

表 7-3(b)　平成金融危機時の金融機関の破綻原因（業態別）

種別	先数	平均総資産	貸出債券の不良化				有価証券投資等の失敗	不正・不祥事件
				不動産関連業種への与信集中	その他業種への与信集中	景気低迷等		
信用組合	134	約 1,000 億円	91.8%	44.0%	28.4%	28.4%	29.9%	5.2%
信用金庫	27	約 2,300 億円	85.2%	37.0%	18.5%	37.0%	37.0%	7.4%
銀行	19	約 3.5 兆円	100.0%	73.7%	21.1%	5.3%	0.0%	0.0%

(出所)　預金保険機構「平成金融危機への対応」から抜粋・加工.

(3) 平成金融危機時の政策対応（表 7-4）

平成金融危機においては，その深刻さゆえに，さまざまなプルーデンス政策が用いられた．こうした対応の効果について個別に吟味する．

①共同体的対応

関係金融機関による救済合併や当局主導の奉加帳方式による資金集めは，株主代表訴訟の対象となる可能性が大きいなど法的にも問題があり，また効果も不十分であった．

当初こうした手法を当局が採用した背景には，安宅産業処理の「成功体験」があった可能性があると思われる[7]．

---

7)　1975 年に経営難が表面化した安宅産業の処理では，当局の主導によりメインバンクの住友銀行，準メインバンクの協和銀行がロスを全面的に被る形で実施された．

表 7-4 平成金融危機時の政策対応

			平成金融危機時
共同体的対応 1992～1996年	①	いわゆる金融村の論理に基づく共同体的対応	・当局主導による関係金融機関との救済合併 ・当局主導の奉加帳方式による処理資金集め
金融面での対応 1992～1998年 (基本中央銀行の判断で発動可能)	②	中央銀行によるマーケット対応	・インターバンク金利引下げ ・買オペレーション対象債券等の拡大 ・中央銀行の無担保融資
制度対応 1996～2000年	③	処理可能な預金保険制度の確立	・実務的に金融機関の破綻処理が可能な預金保険制度の確立 ・預金・債務全額保護制度の導入 (住専に対する公的資金注入)
	④	公的資金による金融機関資本注入	・金融機能安定化法による公的資金注入 ・金融早期健全化法による公的資金注入
	⑤	金融機関国有化	・国有化スキームの導入
	⑥	金融機関経営者への責任追及	・金融機関経営者への責任追及
		不良債権の集約・回収	・整理回収機構(RCC)の設立 ・不良債権買取り・回収

(注) 数字は表7-2の○数字に該当.
(出所) 筆者作成.

②中央銀行によるマーケット対応

インターバンク金利の引下げや買オペレーション対象債券等の拡大は,当初,金融機関収益を下支えし,金融機関の資金繰りをサポートすることになったが,抜本的な解決策にはならなかった.

中央銀行の無担保融資は山一證券の自主廃業の際に使用された.流動性供給によるカンフル効果はあるが持続性に問題があり,また回収が不能になると,後日,中央銀行の損失となり,最終的には国庫納付金の減少という形で国の損失につながることになる.

③処理可能な預金保険制度の確立

1996年に預金保険法が改正され,実務的に金融機関の破綻処理が可能な預金保険制度が成立したが,危機対応に関して必要条件を満たしたものの,十分

条件を必ずしも満たしていなかったように考えられる．

この 1996 年預金保険法改正の際に，金融機関の預金・債務の全額保護が導入されたことは危機対応としては重要な整備であった．ただし，後述するように全額保護の導入にもかかわらず，1997 年 11・12 月の全国的な取付け発生を防ぐことはできなかった．

④公的資金による資本注入

1995 年，住専に対し 6,850 億円の公的資金が注入され，不動産業への過剰融資で経営に失敗した金融会社への公的資金による救済だとして，世論の激しい糾弾を受けた．

平成金融危機のピークである 1997 年 11・12 月を経て，金融機関に対する公的資金注入が実施された．1998 年 3 月の金融機能安定化法（以下，安定化法）による資本注入によりジャパンプレミアムの上昇が止まり，日銀短観の貸出判断 DI も下げ止まった（貸し渋りも若干解消したと思われる）．1997 年 11 月からの全国的な取付けも，安定化法による資本注入政策が公表された 1997 年 12 月末には，ほぼ終息している．危機対応政策としては効果があったといえる．

ただ，安定化法による資本注入は，対象金融機関の横並び意識から，資本注入額がほぼ横一線となり，必要のない金融機関にも注入する一方で，多くの不良債権を抱え，多額の資本注入が必要な金融機関には十分な資本注入が行われなかった．一部の銀行が「資本注入を受けるのは経営内容が悪いため」との悪評が立つことを恐れたためで，結果的に都長銀信託全行に対する資本注入が必要となった[8]．

1999 年の金融早期健全化法（以下，健全化法）による資本注入により，ジャパンプレミアムは終息し，日銀短観の貸出判断 DI も上昇トレンドを辿り，預金取付けも終息した．健全化法による資本注入により，日本の金融市場は危機を脱したといえる[9]．

---

[8] 当時都長銀信託の中で財務内容が良好だった東京三菱銀行（当時）を説得し資本注入に応じてもらった経緯がある．

[9] 安定化法・健全化法による資本注入の効果の測定・評価については，中島・相馬（2010）によるパネルテストがなされている．中島・相馬（2010）では安定化法の資本注入にも一定の効果があったとの検証結果となっている．

⑤金融機関国有化

1998年秋，日本長期信用銀行・日本債券信用銀行の一時国有化が実施された．この国有化は，法的には最も強力なスキームであったが，1998年年末にかけて，日銀短観の貸出判断DI回復もなかだるみ，ジャパンプレミアムも再発した．公的資金による資本注入よりもより強力な手段にもかかわらず効果が劣るように観察されるのは，国有化スキームの場合，元の株主の利益が毀損される一方，公的資金注入の場合は元の株主も利益を得，マーケットにプラスのシグナルを送ることになること，国有化スキームの場合当該金融機関の資本レバレッジはあまり改善せず，金融機関貸出意欲の改善には結び付かないこと，等が考えられる．

⑥金融機関経営者への責任追及，不良債権の集約・回収

金融機関経営者，特に破綻した金融機関経営者への刑事・民事の責任追及は金融機関に対する「世論の怒り」を鎮静させる効果を持っている．平成金融危機時においては，住専問題の紛糾時から金融機関経営者責任追及の世論が高まり，その後平成金融危機のピーク時を経て危機の後期に至るまで，刑事・民事両面での責任追及が続いた．この点，公的資金による資金注入との関係で後述する．

(4) 平成金融危機時における取付け（bank run）の発生と原因の検討
(a) 取付け（bank run）の契機

預金等の取付けは，システミックリスクの一形態である．白川（2008）によると，システミックリスクは，「第一は，心理的な連想に伴う預金の取付けである．これはひとつの銀行での預金の支払い不履行という事態が心理的な連想を通じて他の銀行での預金の取付けを引き起こす事態である．第二は，インターバンク市場での直接的な与信の焦付きである．破綻銀行に対して与信を有する貸手銀行は与信の焦付きに伴う損失から自己資本が減少し支払い不能となる可能性がある．第三は，時点ネット決済システムを通じる連鎖的な波及である．時点ネット決済システムはシステム参加者全員が支払いを行うことが前提となっているため，一つの銀行の破綻は，他の銀行に直ちに影響する」としている．システミックリスクの中で，最も古典的な預金の取付けについて，各種の事例を俯瞰する．

(b) 昭和金融恐慌時の取付け

昭和金融恐慌時（1927・1928 年）においては金融機関の破綻に伴う取付け騒ぎが各地で頻発した．当時は現在のような預金保険制度がなく，いうなれば預金を引出す場合の預金者は「早いもの勝ち」であり，昭和金融恐慌時の預金者の取付けに至る行動はある意味合理的なものであったといえる（日本銀行(1969)）．

(c) 合理的根拠の乏しい取付け事例

一方で，合理的根拠に乏しい取付けも生じている．

＜豊川信金事件＞

1973 年に愛知県豊川市で発生した取付け事例．3 人の女子高生の下校途上での会話が発端となった事件で，3 人のうちの 1 人が豊川信金に就職が内定しており，その他 2 人が内定をもらえていない嫉妬からか「信金は危ないとの噂があるよ」と発言し，内定をもらっていた女子高生が帰宅後家族に「信金は危ないとの噂があるよと言われた」と相談．家族がクリーニング店等で話をしたことから噂が広まり，取付けに発展したものである．非合理的行動による取付けであるが，当時のインフレの高進等社会不安の増大が背景にあったと考えられる．

＜佐賀銀行事件＞

2003 年 12 月，クリスマスメールが発端で発生した取付け．1 日で 10 万を超える先にメールが拡散し，取付けに発展したものであり，インターネット時代の取付けの怖さが現実化したものといえる．この事件も非合理的行動による取付けである．

【佐賀銀行事件で流言の発端となったメール】
＞緊急ニュースです！某友人からの情報によると 26 日に○○銀行がつぶれるそうです！！預けている人は明日中に全額おろすことをお薦めします（：-_- ＋
一千万円以下の預金は一応保護されますが，今度いつ○○銀行が復帰するかは不明なので，不安です（・_・｜ 信じるか信じないかは自由ですが，○○は不安なので，明日全額おろすつもりです！○○は，もう○○銀行から撤退したそうですよ！以上，緊急ニュースでした！！素敵なクリスマスを☆彡

(d) 1997 年 11・12 月の取付け

1997 年 11・12 月は平成金融危機のピークであり，破綻処理関係者間で「魔の 11・12 月」と呼ばれている．

1997 年 11 月以前にも平成金融危機では取付けが発生しているが，いずれも単発的であった．例えば，1991 年 8 月の東洋信金破綻では各店舗で取付けが発生している．また，1995 年 8 月の木津信組破綻では，取付けの模様がテレビニュースで報道されたほか，信組職員が取付け騒ぎの際に顧客とのトラブルで重傷を負っている[10]．

こうした散発的な取付けと異なり，1997 年 11・12 月の取付けは，全国的に拡がり，日銀券発行残高が急激に増加するなど，昭和金融恐慌時に匹敵する取付けであった．1997 年 11 月には三洋証券，拓銀，山一證券，徳陽銀行が連続的に破綻した．特に金融市場の中核的役割を果たしていたと見られた拓銀の破綻と山一證券自主廃業が契機になり，全国的な取付けに発展した[11]．

この 1997 年 11・12 月の取付けの特徴の一つは，経営内容が健全な金融機関でも取付けが広範囲に発生したことである[12]．

この前年の 1996 年 6 月には預金保険法の改正により金融機関の預金および債務の全額保護が実現しており，当局も全額保護の旨を積極的に PR していた．つまり 1997 年 11・12 月に取付けに走った預金者行動には合理的根拠はない．

1997 年 11・12 月の取付けの際には対応面で日銀券の配送がネックとなった．金融機関からの預金流出があまりに急であったため，日銀本店から日銀支店へ配送する予定であった日銀券をワンタッチスルーで金融機関に配送するといったことで凌いだこともあった．日銀券の物理的供給が間に合わなくなっていれば，金融機関窓口・ATM からの日銀券払出しが不能となり，日本全体を揺るがすパニックが発生していた可能性がある．あらかじめ日銀政策委員会で意思決定がなされていれば，日銀の無担保融資（特融）はさほど時間をかけずに実

---

[10] 東洋信金は 1991 年 8 月，偽造預金証書を発行しこれを担保に不正融資を実行したことが原因で破綻．木津信組は 1995 年 8 月経営者による情実不正融資が原因で破綻．

[11] 拓銀は 11 月 17 日に破綻．山一證券は 11 月 23 日に自主廃業．

[12] 当時経営内容悪化が伝えられていた足利銀行等で取付けが発生した．一方，経営内容が健全であった中国地方の大手地銀の首脳陣が，拠点の関係で海外に出張中，自行での取付けの連絡を受け，「まさか当行ではありえない」と呟きながら，急遽帰国したといったエピソードが残っている．

行可能であるものの,日銀券の配送という物理的業務が重大なリスクをはらんでいることには留意しておく必要がある.

(e) 取付けの伝播メカニズムとネットワーク理論

金融市場の特性や取付けの伝播メカニズムについて,近年発展の著しい「ネットワーク理論」で説明しようとする考えがある(田邉(2009)).

日銀ネットは日銀当座預金をベースとした金融機関間の相互振替システムであるが,2001年に金融機関破綻に対する脆弱性をカバーするためそれまでの時点ネット決済から即時グロス決済(Real-Time Gross Settlement:RTGS)に移行した(この間の経緯については後述).このシステム変更により副次的に金融機関間で行われる資金取引データが逐一取得できるようになり,金融市場におけるネットワーク理論の当てはめの実証研究が可能となった(日本銀行金融市場局(2003)).また,同様の試みがコール市場についても行われている(今久保・副島(2008)).田邉(2009)はこうした先行研究も踏まえ,金融市場の特性や取付けの伝播メカニズムの分析に発展させたものである[13].

ネットワーク構造とは,多数の要素を含んだ系中につくられる要素間の結び付きからなる構造を指すが,一般的に要素を「ノード」,ノード間の何らかの結び付きを「リンク」と呼んでいる(日本銀行金融市場局(2003)).

田邉(2009)によると,ネットワークにはノードとリンクの組み上げ方等により,「格子」「木」「ランダム」といった形態があるが,金融システムは,種々の特徴から「スケールフリーネットワーク」に属していると考えられる.スケールフリーネットワークの特性からすると「金融システムは,①(単に規模が大きいだけでなく繋がりが多い)ハブの破綻に脆弱である,②継続的な外部からのストレスがあると,ある時点から一連の連鎖が始まる,③信用不安は早いスピードで伝播する可能性がある,という意味でシステミックなリスクに脆弱だと考えられる」.田邉(2009)は,「繋がりの多いハブ(的なノード)」がシステミックリスク発生時に果たす役割の重要性を強調したものとなっている.

---

[13] それまでの時点ネット決済では,金融機関が日銀に持ち込んだ振替指図が一定時点まで蓄えられ,ある時点でネット額のみで決済するので,金融機関相互の振替指図データが詳細には記録されない.一方,RTGS の場合は,金融機関から日銀への振替指図が持ち込まれ次第一つ一つ直ちに実行されるため,個別の振替データがログに残存する.

(f) リーマンショック時の取付け

　2008年のリーマンショック時の取付けは，市場型システミックリスクが顕現化したものといわれている．経緯は後述するが，レポ市場等を伝わって伝播し，資金（現金）に対する強い欲求が発生した．白川（2008）によると，市場参加者の価格認識機能の喪失による市場型システミックリスクの発生であるとしており，「第一に（中略）価格が名目的には立っている場合でも，実際にその価格で直ちに売却したり購入したりすることが難しくなる．極端な場合には，取引が完全にストップする．（中略）第二に，市場取引参加者が取引相手に対する信用リスクを強く意識するようになり，取引相手を選別する動きが広がる．第三に，価格が急激に低下し，ボラティリティが高まる」事態となったとしている．

5. 平成金融危機時1997年11・12月の取付けの経過

　1997年11・12月の取付けがどのような経緯を辿ったかを計数的に把握してみる．取付けの発生状況は，日銀券の発行残高の異常な増加という形で観察できる．預金者が金融機関から日銀券の払出しを行うと，金融機関は手許の日銀券が不足するため，自行の日銀当座預金を取り崩し日銀から日銀券を引き出す．日銀からの日銀券の引き出しは，通常朝一番に集中して行われるので，金融機関の窓口もしくはATMから日銀券が大量に引き出された後，1日か2日のラグを置いて，日銀券発行の急増が観察されるはずである（後述する図7-6等でこの推論が確認されている）[14]．

　一方，取付けのトリガーとなる個々の預金者の意識をトレースすることは難しい．1997年当時，詳細な時系列の世論調査はなされていない．そこで，新聞記事の中に含まれるいくつかのキーワードを時系列で抽出し，預金者心理の代理変数と考え，その計数の変化をサーベイすることとした[15]．

---

[14] 金融機関が日銀から朝に集中的に日銀券を引き出すことを，通常「朝取り」と称している．
[15] 朝日新聞「聞蔵」，日本経済新聞「日経テレコム」を使用．一つの記事内に複数の危機関連ワードが含まれていた場合は1とカウントしている．

5. 平成金融危機時1997年11・12月の取付けの経過

＜新聞記事からのキーワードの抽出＞

代表的一般紙である朝日新聞の「1面」,「経済面」,「社会面」ごとに金融危機に関連すると思われるワード群（金融危機, 破綻（破たん）, 金融ショック）を日次, 月次で抽出した.

金融危機に関連すると思われるワード群の数の推移を見ると, 1995年10月頃に最初の山が来ている. この時期は住専問題で世論が沸騰していた時期と重なる. その後は, 1997年11・12月の拓銀, 山一證券の破綻時期に2回目のピークがあり, 1998年10月と12月の日本長期信用銀行, 日本債券信用銀行の破綻（国有化）時期に3回目のピークを迎えている. 改めて振り返ると当時の実感に合う動きである（図7-4）.

危機のピークであった1997年11・12月にかけての金融危機ワード群と日銀券発行残高前年比の日次データを対比させてみる（図7-5, 7-6）[16].

朝日新聞の危機ワード群と日銀券発行残高前年比の関係を見ると, 危機ワー

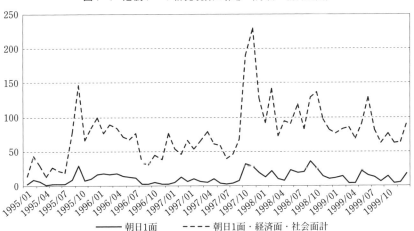

図7-4　危機ワード群発現数の推移（月次・朝日新聞）

（出所）朝日新聞記事をもとに筆者作成.

---

[16] 日銀券発行残高日次データを日銀は公表していない. ただ, 当時日銀は資金需給表を日次で公表しており, この中に日銀券前日比増減額が含まれている（資金需給表は日経金融新聞に掲載）. 例えば1997年10月末の日銀券発行残高（これは公表）をベンチマークとして, 日銀券発行残高を伸ばすと日次の日銀券発行残高データが得られる.

図7-5 危機ワード群発現数の推移（日次・朝日新聞）

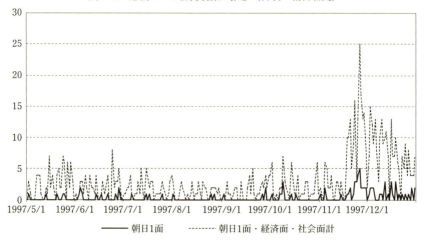

図7-6 1997年11・12月の危機ワード群発現数と日銀券発行残高前年比の推移（日次・朝日新聞）

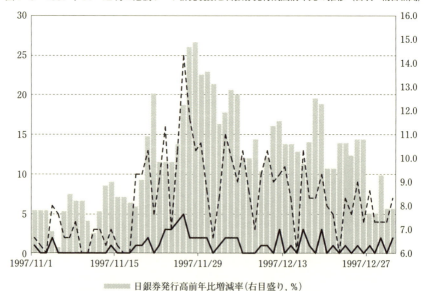

（出所）朝日新聞記事をもとに筆者作成．

5. 平成金融危機時 1997 年 11・12 月の取付けの経過

[1997 年 11 月 1 日〜1997 年 12 月 31 日, 日次ベース]

ラグ 0 日	R2	T	D.W
朝日　1 面	0.16239	3.38204	1.69083
朝日　1 面・経済面・社会面計	0.30005	5.02909	1.72408
ラグ 1 日	R2	T	D.W
朝日　1 面	0.23596	4.26867	1.90787
朝日　1 面・経済面・社会面計	0.51422	7.90276	1.80584

ワード出現数	1 面	1 面・経済面・社会面計
1997 年 5 月 1 日〜1997 年 10 月 31 日平均　a	0.2	1.9
1997 年 11 月 1 日〜1997 年 12 月 31 日平均　b	1.0	6.9
b/a 倍	5.3	3.6
*1997 年 11 月 20 日　c	2.0	13.0
c/a 倍	10.8	6.8
*拓銀破綻時		
**1997 年 11 月 23 日〜1997 年 11 月 28 日平均　d	3.2	14.5
d/a 倍	17.1	7.6
**山一證券破綻時		

[参考:1997 年 5 月 1 日〜1997 年 10 月 31 日, 日次ベース]

ラグ 0 日	R2	T	D.W
朝日　1 面	0.00643	-1.08501	1.85964
朝日　1 面・経済面・社会面計	0.00559	1.01144	1.79213
ラグ 1 日	R2	T	D.W
朝日　1 面	0.00031	0.23700	1.86176
朝日　1 面・経済面・社会面計	0.08406	4.08698	1.80998

(出所)　筆者作成.

ド群については, 1997 年 11 月 17 日の拓銀の破綻時と 11 月 23 日の山一證券自主廃業時で 2 度ジャンプをした後, 11 月 26 日頃にピークを迎えている. 一方, 日銀券発行残高前年比は拓銀破綻の 1 日後の 18〜20 日に最初のジャンプがあり, 山一證券自主廃業後の 24〜28 日に 2 度目のジャンプがある.

朝日新聞の金融危機ワード群と日銀券発行残高前年比を回帰してみると,

(a) 取り付け発生前の半年 (1997 年 5〜10 月) における金融危機ワード群と日銀券発行残高前年比の回帰に比べ, 1997 年 11・12 月の回帰は相関係数がかなり上昇する.

(b) さらに, 先述のラグを考慮して日銀券発行残高を 1 日前倒ししてみると, 回帰のフィットが良くなるという結果となっている.

一般的に，新聞社内で翌日朝刊の1面を編集する際には，編集会議で各部署（政治部・経済部・社会部・文化部等）のチーフが集まり紙面構成を議論・企画しているとのことである．一般紙の政治部や社会部の記者にも金融危機が肌で感じられるようになると，それが新聞1面に反映されるようになる．また，預金者サイドでは普段新聞を詳しく読まない人でも机の上に新聞があれば1面は見ている可能性がある．新聞の1面に危機関連ワードが頻繁に踊るようになり，危機関連のワード数が一定の閾値を超えると，危機意識が急速に醸成され，非合理的な取付けが開始されるとの仮説が一応成り立つと考えられる（図7-6．拓銀破綻の後では朝日1面の危機ワード数が1997年5～10月の平均値の10.8倍，山一證券自主廃業の後は17.1倍となっている．平時の10倍以上の危機ワード数が一つの境界線とも考えられる）．また，危機のピーク時には，メディアの預金者心理に及ぼす影響力も増幅され，預金者の意識と相互に影響し合っているように観察される．

当時，政府・金融当局は「都長銀信託等大手金融機関は潰さない」ことを（公式ではないが）表明していた．拓銀の破綻と山一證券の廃業によって，預金者の政府・金融当局に対する不信感が高まったことも見逃せない．先述のネットワーク理論におけるハブに該当する金融機関等（拓銀・山一證券）が破綻することによって，一気に危機が拡大した可能性がある．すなわち，ネットワーク理論では「金融システム全体の機能は，多くの金融機関が属する比較的規模の小さな領域にある金融機関の相対的に多めの数の破綻よりも，ハブと呼ばれる取引の集中している規模の大きい金融機関の少数の破綻によって損なわれる蓋然性が高いということになる．しかも，現実にはハブ同士の類似性，相関があるため，その傾向はますます強まる．（中略）巨大なネットワークの核となるあるハブ金融機関の破たんを回避するため，あるいは破たんしたとしてもその機能が維持されるよう，いくつかの内外の金融危機において，金融当局は資本注入や一時国有化などによりハブ金融機関の機能停止を回避しようとした．このことは，スケールフリーネットワークを維持する観点に立って，ハブを防御しようと観念できるかもしれない」（田邉（2009），404，405頁）．

危機ワードの抽出数と，日銀券発行残高前年比は，1997年12月24日前後から急速に鎮静化している．政府筋が「金融機関への公的資金注入計画」を表

明したのが，1997年12月23日であり，このことが取付けを終息させたものと思われる．なお，日本経済新聞の危機関連ワード数と日銀券発行残高前年比の関係でも，朝日新聞の場合とほぼ同様の結果が得られている．

6. 公的資金注入の評価と問題点

(1) 政策対応としての公的資金注入の評価

平成金融危機においては，さまざまな危機対応策が実行されたが，公的資金注入が最も効果的であった．例えば，当時顕著であったジャパンプレミアムや日銀短観の貸出判断DIの推移を見ると，安定化法による公的資金注入（1998年3月実施）によって，危機が沈静化し，健全化法による公的資金注入（1999年3月実施）によって，危機を脱していることが観察される（図7-7）[17]．

(2) 公的資金注入の問題点

公的資金注入は平成金融危機においては，有効な政策手段であったと考えられるが，その適用は遅れた．その理由は，公的資金注入に対し世論の強い抵抗があったためである[18]．

平成金融危機の際には，1995年の住専問題時に，住専関連の公的資金注入に対し世論が沸騰し，国会審議も紛糾した．この時期，公的資金注入を認めるためには，破綻した金融機関経営者への責任追及が必要との世論が広範に拡まった．このことにより金融危機がピークに達する1997年末まで「世論の怒り」を恐れ，金融機関経営者に「公的資金注入」への忌避感が蔓延することとなった．

(3)「世論の怒り」を数量的に把握する試み

預金者の危機意識と同様，「世論の怒り」についても数量的に把握できないか，

---

17) ジャパンプレミアムはロンドン市場におけるバークレイズ銀行と東京三菱銀行（当時）の調達金利差＜月末値＞（預金保険機構（2007））．
18) 当時「なぜ金融機関を公的資金で救済するのか（平時は良い処遇を得ているにもかかわらず）」との「世論の怒り」が発生し，政策当局も発動をためらった．こうした「世論の怒り」は昭和初期の金融恐慌時にも同様に発生している（西畑（2012））．

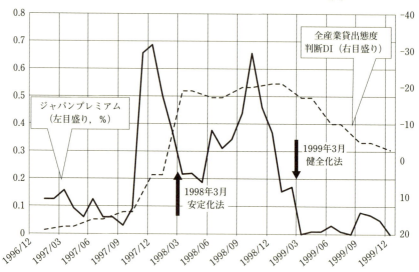

図7-7 ジャパンプレミアムと全産業貸出態度判断DIの推移

(注) 全産業貸出態度判断DIについては，縦軸を反転させて記載．
(出所) 日本銀行および預金保険機構資料をもとに筆者作成．

検討する．危機意識と同様に，新聞記事の「公的資金」等のワード群と新聞記事の「経営者責任」等のワード群を抽出して，この双方のワード群の関連を計測してみた（図7-8，7-9）．

朝日新聞について両ワード群を抽出して時系列データを作成し，住専問題時と1997年11・12月危機時の「公的資金」等のワード群と「経営者責任」等のワード群との関係を観察する．

朝日新聞の「公的資金」群と「経営者責任」群の関係は，住専問題時に比べ，1997年11・12月以降は「公的資金」を許容する方向に少しずつ移動しているように見える（図7-10の95.4～97.3破線の動き．97.4～99.3実線の動き）．

1997年11月時点では平成金融危機の前期における不正融資絡みの経営者責任追及はかなり進んでおり，コスモ信組，木津信組，阪和銀行等の旧経営陣に対しては民事のみならず刑事訴追が実施されていた．1997年11・12月危機時の頃になると，住専問題時と異なり，金融機関経営者に対する責任追及があることが一般世論にも徐々に浸透していたと考えられる．「不正融資等によって

6. 公的資金注入の評価と問題点　　289

図 7-8　公的資金ワード群発現数の推移（朝日新聞）

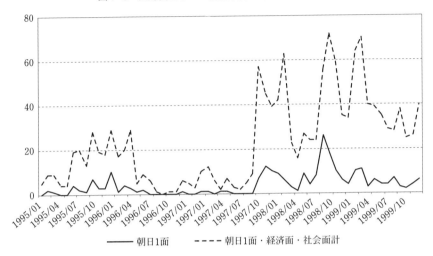

（出所）　朝日新聞記事をもとに筆者作成.

図 7-9　経営責任ワード群発現数の推移（朝日新聞）

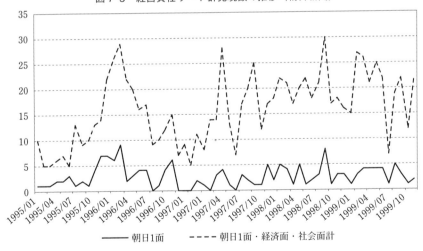

（出所）　朝日新聞記事をもとに筆者作成.

図 7-10 公的資金ワード群発現数と経営責任ワード群発現数の相関（朝日新聞1面）

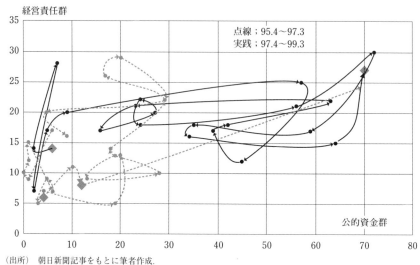

(出所) 朝日新聞記事をもとに筆者作成.

金融機関を破綻させた金融機関経営者は処罰を受ける」という認識が，「公的資金注入」のハードルをある程度下げた可能性がある．すなわち，「きちんと責任追及すれば（もしくは責任追及することが事前にわかっておれば）公的資金注入は十分にフィージブルな手段となりうる」ということではないか[19)][20)].

(4) 公的資金注入論と経営者責任追及論の整理

金融危機時における金融機関経営者に対する責任追及は公的資金注入の「対価」との側面がある．

金融機関経営者に対する責任追及の歴史を戦前からの長期間で捉えてみると，1930 年代の米国大恐慌時においては法的な責任追及はほとんどなされていない（議会による委員会・公聴会等での糾弾はあったが金融機関経営者に対する

---

19) 1997 年 11 月までに，平成金融危機の初期の段階で破綻した金融機関のうち，安全信組，東京協和信組，コスモ信組，木津信組，大阪信組，神奈川県信組，東海信組，阪和銀行の旧経営陣等に対し，刑事訴追が実施されており，この時点で一審有罪判決を受けた者もあった．
20) 当時の新聞社説でも 11・12 月危機時以降は公的資金注入を容認する論調が増えてきている（西畑 (2012)）.

刑事責任追及の形跡はほとんど見られない）．また，日本の戦前の昭和金融恐慌時においても，刑事責任追及は稀である（西畑（2012））．

一方，米国の1980年代S&L破綻時には大量の刑事訴追者を出している．また，日本の平成金融危機においても，民事賠償請求の他，刑事訴追も多数行われている（預金保険機構「預金保険年報」）．

リーマンショック時においては，米国では地銀クラスの経営者は責任追及を受けているケースがある一方，いわゆるマネーセンターバンクや主要な投資銀行の経営者に対する民事・刑事の責任追及は見られない．リーマンショック時には公的資金注入（ベイルアウト）に対する「世論の怒り」が沸騰したが，その後，急速にベイルイン（302ページを参照）への議論が進んだのは，マネーセンターバンク等の主要な金融機関における経営者責任論とベイルアウトとのリンクをデリケートな議論としてわざと避けたためとも推測される．

7. 決済システムの改善

(1) 平成金融危機以前の決済システム

平成金融危機までのわが国の決済システムは「金融機関の破綻がない」ことを前提に構築されていた．金融機関同士の最終的な決済手段である日銀当座預金とそのネットワークシステムである日銀ネットも「手形交換尻」「最終」という時点ネット決済を基本としていた．時点ネット決済は，金融機関が日銀に持ち込んだ振替指図が一定時点まで蓄えられ，ある時点でネット額のみで決済するので資金効率は良いが，時点ネット決済に参加している金融機関のうちで一つでも支払不能が発生すると全体の資金決済がすべて中断する．文字通り「金融機関の破綻がない」ことを前提としているものであった．

(2) 日銀ネットの改善（RTGSへの移行）

平成金融危機の深化を受け，日銀ネットは，時点ネット決済からRTGSに2001年1月移行した．RTGSでは，金融機関から日銀への振替指図が，持ち込まれ次第一つ一つ直ちに実行されるので，不払いがどの金融機関の支払いの失敗であるかが必ず特定され，その他の金融機関を巻き込んだ決済全体を直ち

に停止することがない．時点ネット決済と比較して，システミックリスクの大幅な削減が可能である．ただ，時点ネット決済に比べ資金効率の面で劣るので，日銀ネットでは，2008年10月から必要決済資金を節約できるよう流動性節約機能を付加している．

(3) 全銀システム（全国銀行内国為替制度）の改善

民間決済システムの代表格である全銀システムは，平成金融危機以前は金融機関同士の決済を翌日に行っていた（1993年3月に同日決済化）．このことからも，かつての決済システムが「金融機関の破綻がない」ことを前提にしていたことがわかる．全銀システムではリスク管理策が順次導入され，2011年11月から1億円以上の大口取引の決済方法をRTGS化している．

(4) DVPの導入

DVP（Delivery Versus Payment）は，証券の引渡しとその代金の支払いを同時に実施するものであり，資金を渡したのに取引相手から対価の証券を受け取れない，逆に証券を渡したのに対価の資金を受け取れないという取りはぐれのリスクを回避するものである．日銀ネットの当座預金系と国債系の間で1994年4月からDVPが開始され，その後，社債，CP，株式，投信にも拡大された．また，国際的な取引におけるDVP化も順次進んだ．

(5) 決済システム整備の評価

平成金融危機を契機にわが国では当局主導のもとで，決済リスク削減の取組みが順次進展した．リーマンショック時において，発生した市場リスクが決済システム等を通じて，より拡大することを防止できる環境を整備したことは，一つの成果であったといえる．

決済システムのリスク削減は，正に金融システム全体のインフラ整備といえるものであり，今後とも金融当局，特に中央銀行の重要な責務であり続けると考えられる．

8. リーマンショック

(1) リーマンショックの経緯

　リーマンショックを時系列的に俯瞰するため，経済産業省（2009）に基づき，リーマンショック時の発生事象と米国ソブリンCDS・ダウ平均株価の推移などについて「リーマンショック経緯表」（図7-11），「CDS・株価と金融危機対応策」（図7-12）を作成した[21]。

　これら2つの図に沿ってリーマンショックを概観すると，2008年8月までのトリガー段階と2008年9月以降の伝播・拡散段階に区分される（Bernanke (2012)）。

　トリガー段階では，そもそもの大元の原因であったサブプライムローンの焦付きが増加し，それに伴って組成されていた証券化商品の価格が大幅に下落した。そのため，サブプライム関連の証券に集中投資していた金融機関・投資銀行やシニア・トランシェの保証をしていた保険会社に大きな損失が発生することとなった（翁（2010））。

　こうした状況下，住宅市場の低迷・サブプライムローンの焦付きや金融市場の収縮の影響から，2007年7月には米国でインディマック銀行が，9月には英国でノーザンロック銀行が破綻するに至った[22] [23]。

　2009年9月以降の伝播・拡散段階では，金融マーケット全体の急速な麻痺

---

[21] CDS = Credit Default Swap の略称。企業等の債務不履行に伴うリスクを対象にした金融派生商品。金融市場リスクの変動を測る指標として利用できる。

[22] 米国・インディマック（Indy Mac Bancorp）は2007年7月に破綻。インディマックは住宅資金融資のウェイトが大きくローンの焦付き多発が破綻原因で，破綻時に取付けが発生した。ただ，米国では預金保険の保護天井が高いためか，実際の取付けにおいても，インディマックの店舗を取巻く預金者は極めて平静であった由である。

　英国・ノーザンロック（Northern Rock Bancorp）は住宅ローンへの偏重に加え，資金の多くを市場からの調達に依存していたため，サブプライム問題の発生による資金調達難の影響も受け2007年9月に破綻した。これに伴い，英国ではほぼ140年振りとなる取付けが発生した。預金流出の3分の2がインターネットを経由しての流出であったことが特徴である。

[23] 2007年央以降欧米の金融当局から平成金融危機時における日本のプルーデンス対応についての問い合わせが急増した。英国からは議員を含む調査団が来日し，平成金融危機時の政策対応について，熱心にレクを受け，資料収集を行っていた。

294   第7章　プルーデンス政策：真に有効な政策は何であったか

図7-11　リーマン

	2006（H18）	2007（H19）
経済事件・破綻	6〜10月　米国住宅価格低下	7月　米インディマック銀行破綻 8月　格付け会社によるサブプライム関連商品格下げ 　　　仏BNPパリバ傘下ファンドの償還凍結 9月　英ノーザンロック銀行取付け発生
政策対応		8月　BNPパリバに関しFRB・ECBが緊急資金供給 12月　欧米5中央銀行による資金供給
NYダウ	10847.41 (1.3)	12474.52 (1.3)
FFレート	4.25000 (1.3)	5.25000 (1.2)
CDSレート	82.833 (1.3)	23.340 (1.2)
ロンドンFTSE	5681.50 (1.3)	6310.99 (1.2)
日経平均	16361.54 (1.4)	17353.67 (1.4)
コールレート	0.00150 (1.4)	0.32500 (1.3)
CDSレート	4.583 (1.2)　　グリーンスパン	3.375 (1.4)
米大統領	ブッシュ	
FRB議長		
ECB総裁		
日本内閣	小泉	安倍
日銀総裁	福井	

（出所）　筆者作成.

8. リーマンショック

ショック経緯表

2008 (H20)		2009 (H21)		2010 (H22)	
3月	ベアスターンズ経営危機,3/16JPモルガン・チェースが買収	6/1	GMが連邦破産法第11章の適用を申請		
9/15	リーマン・ブラザーズ破産申請 バンク・オブ・アメリカ,メリルリンチ買収				
3月	欧米5中央銀行による資金供給の拡充	1/16	米政府がバンク・オブ・アメリカに対する支援策(資金注入及び保有資産の政府保証)を発表		
7月	米政府・FRBがファニーメイ,フレディマック支援策を発表	1/21	仏政府が大手金融機関6行への追加資金注入を発表		
9/16	FRB,AIGに資金供給	1/28	英国政府が追加の金融安定化策を発表		
9/18	欧米6中央銀行による資金供給策発表	2/10	米財務省が金融安定化策を発表		
9/21	FRBがゴールドマン・サックス,モルガン・スタンレーの銀行持株会社への転換を承認	2/18	米政府が金融安定化策のうち,住宅所有者への支援を含む住宅対策を発表		
9/29	ベネルクス3ヵ国がフォルティスに公的資金を注入		独金融機関の国有化法案を閣議決定		
9/30	仏,ベルギー,ルクセンブルグの3ヵ国がデクシアに公的資金を注入	2/25	FRBが金融機関に対するストレステスト(健全性審査)の実施を発表		
10/3	米国で緊急経済安定化法が成立	3/5	イングランド銀行が中長期の英国債購入を含む資産買取の実施を発表		
10/7	FRBがコマーシャル・ペーパー買取制度の導入を発表	3/18	FRBが最大3,000億ドル(約29兆円)規模の米国債買取の実施を発表		
10/8	英国政府が銀行部門支援策を発表	4/2	第2回金融・世界経済に関する首脳会合において首脳声明を発表		
10/12	ウェルズ・ファーゴによるワコビアの買収をFRBが承認	5/7	ECBがカバード・ボンド(金融機関が発行する担保付債権)の買取を発表		
10/13	英国政府が大手金融機関3行に総額370億ポンド(約5兆円)の公的資金を発表		FRBが主要19行に対するストレステストの結果を発表		
10/14	米国がG7行動計画実施のための措置(資金注入等)を発表	5/11	独政府が金融機関から不良資産を分離するためのバッド・バンクを創設する案を発表		
10/16	スイス国立銀行,UBSへの支援策を発表	6/17	米政府,金融危機の再発防止に向けた金融規制改革案を発表		
10/19	オランダ政府,INGへの支援策を発表				
10/20	仏政府が,大手金融機関6行に総額105億ユーロ(約1.2兆円)の資金注入を発表				
10/21	独のバイエルン州立銀行が資金注入を政府に申請				
11/3	独のコメルツ銀行が資金注入を政府に申請				
11/23	米政府がシティに対する支援策(資金注入及び保有資産の政府保証)を発表				
11/25	FRBが最大8,000億ドル(約74兆円)の新たな金融市場対策を発表				

2008 (H20)		2009 (H21)		2010 (H22)	
13043.96 (1.2)		9043.69 (1.2)	6547.05 (3.9)	10583.96 (1.4)	
3.50000 (1.2)		0.03125 (1.2)		0.10000 (1.4)	0.000 (2015.7.31)
45.412 (1.30)	70.074 (11.20)	57.703 (1.1)		17.180 (1.13)	
6416.70 (1.2)		4561.79 (1.2)	3512.09 (3.3)	5500.34 (1.4)	
14691.41 (1.4)		9043.12 (1.5)	7054.98 (3.10)	10654.79 (1.4)	
0.52500 (1.3)		0.10500 (1.1)		0.09500 (1.1)	−0.7717 (2016.4.26)
8.750 (1.4)		46.081 (1.5)		68.575 (1.4)	157.209 (2011.10.5)

				オバマ	
	バーナンキ				
	トリシェ				
福田		麻生		鳩山	菅
			白川		

図7-12 CDS・株価と金融危機対応策

NYダウとCDS推移	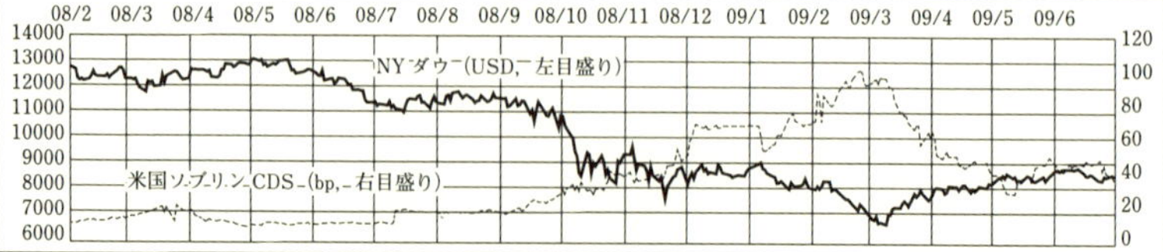 （グラフ：08/2〜09/6のNYダウ（USD、左目盛り）および米国ソブリンCDS（bp、右目盛り）の推移）
経済事件・破綻/対応策等	08.3 欧米5中央銀行資金供給策拡充、ベアスターンズ経営危機（JPモルガン・チェースが救済買収）、FRBがプライマリー・ディーラー向け貸金制度導入／08.7 米政府、FRBがファニーメイ、フレディマック（GSE）支援策発表／08.9 米政府GSE救済策、リーマン・ブラザーズ破綻発表、バンク・オブ・アメリカ（BOA）がメリルリンチ買収、FRBがAIGへ融資、日米欧6中央銀行資金供給策、ゴールドマンとモルガン・スタンレーの銀行持株会社化転換承認、ベルギー・アクシアに公的資金注入／08.10 独コメルツ銀行が資金注入申請、米政府AIGへの支援拡大（資金注入）、米国で緊急経済安定化法成立（9月に下院で否決）、FRBがCP買取制度導入発表、欧米6カ国中央銀行協調利下げ、FRBがウェルズ・ファーゴのワコビア買収承認、英国政府が大手3行に5兆円規模の資金注入、米政府の7行動計画（資金注入等）発表、スイス国立銀行がUBSを支援策発表、オランダ政府がINGへ資金注入発表／08.11 米政府BOAへの資金注入・政府保証発表、米政府がシティへの資金注入、米政府が大手6行に1・2兆円規模の資金注入発表／09.1 72兆円規模の米経済再生・再投資法成立、米政府が住宅対策発表、独金融機関の国有化案閣議決定／09.2 イングランド銀行が中長期英国債等資産買取発表、FRBが29兆円規模の米国債買取実施発表／09.3 第2回金融・世界経済に関する首脳会合において首脳声明発表／09.4 ECBがカバード・ボンド買取等を発表、独政府がバッド・バンク創設案発表／09.6 米政府が金融危機再発防止に向けた金融規制改革案発表
資金注入・国有化	08.09.30 米政府がシティへの資金注入、政府保証発表／08.10.13 仏政府がG7首脳計画・1.2兆円規模の資金注入（等）発表申請／08.10.14 米政府AIGへの支援拡大（資金注入）／08.10.20 独コメルツ銀行が資金注入申請／08.10.21 バイエルン州立銀行が資金注入申請／08.11.03 仏政府が大手6行に／08.11.10 英国政府がG7首脳に5兆円規模の資金注入発表／08.11.23 ベルギー・アクシアに公的資金注入／09.01.16 米政府が大手6行へ追加資金注入、政府保証発表／09.01.21 米政府BOAへ資金注入・政府保証発表／09.02.18 独金融機関の国有化案閣議決定

（出所）筆者作成．

が生じた．投資銀行の多くは証券化投資の資金をレポ市場で調達していたが，証券化商品の価格低下やレポ市場でのヘアカット率（担保証券の市場価格と調達可能額の割合）の上昇で，資金繰りが急速に悪化した．資金繰りに苦しむ投資銀行等の証券化商品の投売りによって資金繰りが更に雪崩を打って悪化した（白川（2008））．

店頭デリバティブ市場は，リーマンショック前は事実上無担保市場であったが，経営の悪化が噂される投資銀行等に対して，証拠金の積増しや資金回収を行う動きが加速度的に生じた．また，レポ市場における最終的な資金供出者であるMMFも信用不安の高まりから証券化商品の投売りをせざるをえない状況に追い込まれた．金融市場を通じて危機が伝播したため，「市場型のシステミックリスク」の発生といわれる．

ちなみに，リーマンショックの展開を日本の朝日新聞のキーワードで観察すると，2008年9月のリーマンの破綻時に急激に危機意識が高まり，その後は鎮静化を辿っている（図7-13）．日本国内においては，リーマンショックの受け止め方は一過性で，金融市場の危機も発生していないことがうかがえる[24]．

(2) 金融危機の背景にあるレギュラトリー・アビトラージ

リーマンショックの進行に際し，金融機関の規制回避行動が金融危機の拡大に繋がった可能性が指摘されている（日本銀行「金融システムレポート」，宮内（2015））．具体的には，米国金融機関の短期ファイナンスは資本賦課が免除されていること，日中信用調達も自己資本賦課が免除されていること，などの規制自体が結果的に危機の進行を推し進めたという主張である．すなわち，宮内（2015）では，「規制や会計制度によって生ずるインセンティブの歪みが，金融機関のレギュラトリー・アビトラージを惹き起こし，結果的にリスクテイクの偏在と不十分な自己資本水準につながった」と述べている．

金融機関・金融市場に新しい規制をかけると，新しいレギュラトリー・アビトラージが発生しリスクの新しい偏在も起き，いうなれば「いたちごっこ」が

---

[24] リーマンショック時における，ネット空間のビッグデータを用いて，海外メディアの報道，市場関係者の反応，各国CDS等の関係を相互に観察することができれば，連関度合いを計測できるはずであるが，今後の課題としたい．

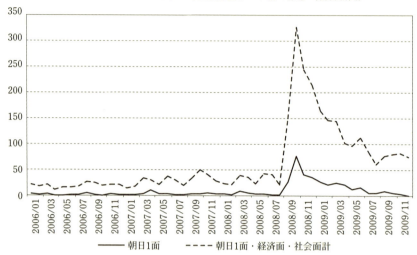

図7-13 リーマンショック時金融危機ワード群の推移（朝日新聞）

(出所) 朝日新聞記事をもとに筆者作成.

延々と続いていくことになる.

(3) 当局の監督・検査能力

リーマンショック時においては，監督当局の監督・検査機能の低下がショックの原因の一つだとして，監督当局に対する批判も多発した．監督当局の監督機能が低下した原因について，金融工学を駆使した技術革新に，金融当局の検査・モニタリング・監督・規制能力が追いつけなくなったからではないか，との見方も指摘された.

グリーンスパン元FRB議長の"The Crisis"（Greenspan (2010)）に「監督・検査当局が金融機関や金融市場の新たな問題を予想する能力に懸念を抱いていた」旨の文章がある．かつての米国の金融当局トップのコメントだけに，それなりに重いものがある.

"The Crisis"におけるグリーンスパンのプルーデンス関連の主張を見ると，まず，米国の金融機関の業務の国際化を受けて，（米国の金融機関の）与信先であるロシアの銀行の信用度を米国の検査官が的確に判断できるだろうか，と

業務の拡大・国際化に伴う監督・検査の限界に言及している．次に，脚注における記述ではあるが，かつてグリーンスパン自身がJPモルガンのボードメンバーであったことに触れ，JPモルガンの時の方が，FRB議長の時よりも，シティやBOA等の取引先の経営情報を詳細に把握することができていた，と記述している．

　監督・検査当局がいかに優れた人材・ノウハウを保持していても，新種商品のリスク偏在のあり方に最初に気づくのは，新種商品を開発し運用する金融機関の担当者・管理責任者・経営者である．監督・検査当局が新しい商品のリスクの偏在を把握し対応するまでには，かなりのタイムラグがあり，また検査等で得られる情報にも自ずと限界があるというのが実感である．監督当局や中央銀行の監督・検査部署は広い意味での官僚組織の一部を構成しており，自ら監督・検査の効果は十分ではないと公言しにくい立場にあるという点も考慮する必要があろう．グリーンスパンの"The Crisis"での発言は引退後の本音が吐露されているのではないかと思える[25]．

(4) リーマンショックに対する政策対応

　リーマンショックに対する当局の政策対応とその効果を平成金融危機時の考察の際に検討した政策メニューと対比して考察してみる．いわゆるトリガー段階では，各国中央銀行による市場金利の引下げと流動性の大規模な供給がなされている．これは平成金融危機の初期段階の政策対応に相似している．また，2008年3月には投資銀行ベア・スターンズが経営危機に陥り，当局の陰からの働きかけもあって，JPモルガン・チェースが救済買収しているが，これも平成金融危機の初期段階で多く見られた当局主導による金融村の共同体的な考えに基づく救済合併と底流するものがある．

　平成金融危機の場合は，平成金融危機がピークを迎える2年前に，住専問題が発生，住専に対する公的資金注入をめぐって，住専と関連金融機関の経営者への責任追及の世論が沸騰した．そうした背景もあって金融危機がピークを迎

---

[25] 日銀考査局（現金融機構局）で金融機関考査（金融機関検査）の企画総括の責任者を経験したことがある．1990年代央の段階でデリバティブ商品のリスク把握を企画し，大手金融機関への立ち入り検査も自ら実践したが，事前に入念に準備しつつも，基本的には検査先の先端金融工学知識を探りながら，リスク偏在のあり方を把握することになった（検査先から教わった部分も大きい）．

える1997年11・12月前に，破綻した金融機関経営者やその融資先の責任者への民事・刑事の責任追及の動きが現実のものとなっていた．

なお，平成金融危機時において金融機関破綻処理を現実的に可能とする預金保険制度が確立されたのは1996年であったが，リーマンショック時の米国ではすでにFDICが金融機関破綻処理可能な実施部隊として存在したものの，欧州においては英国を除いて実質的な破綻処理を遂行できる国は存在しなかった．

2008年9月のリーマン破綻以降は，危機の局面が一気に伝播・拡散の段階に入っているが，この時期には，流動性供給目的での投資銀行の銀行持株会社化と並び公的資金注入が数多く発動された．この緊急措置としての公的資金注入はある程度「効いている」ように観察される（図7-12）．いわば各国の当局が最も効果的と考えた「特効薬」を打ち，金融市場の崩壊を食い止めたといった状況だったと考えられる．

一方，公的資金注入等の政策対応に対し，欧米では「世論の怒り」が沸騰したが，平成金融危機の際とは違い，大規模な金融機関（投資銀行・保険会社を含む）の経営者が刑事・民事訴追を受けることはなかった．平成金融危機とリーマンショックのこの差（経営者責任追及の有無）がその後の処理制度の議論に大きな違いをもたらしたと考えられる．

リーマンというハブ投資銀行を破綻させたことは，収拾に多大のコストをかけることにつながった．正に「金融システム全体の機能は（中略），ハブと呼ばれる取引の集中している規模の大きな金融機関の少数の破綻によって損なわれる蓋然性が高いということになる．（中略）ネットワークの核となるハブ金融機関の破綻を回避するため，あるいは破綻したとしてもその機能が維持されるよう，いくつかの内外の金融危機において，金融当局は資本注入や一時国有化などによりハブ金融機関の機能停止を回避しようとした」（田邉（2009））のである[26]．

---

[26] Kindleberger and Aliber（2011）では，リーマンショックを「避けられた恐慌」としたうえで，米国当局がベア・スターンズに続きフレディマック，ファニーメイを救済したにもかかわらず，市場の重要なプレーヤーであるリーマンを破綻させたことで，当局の方針に対する深い疑念が市場に生じた点を重視している．

(5) マクロプルーデンス政策

リーマンショック後, 金融危機再発抑止のために「マクロプルーデンス政策」が必要との議論が生じた. 市場型のシステミックリスクを抑止するためには, これまでの「ミクロプルーデンス政策」では不十分との指摘である. 主張内容は, これまでの「個別の金融機関の健全性確保を目的とするミクロプルーデンス政策」から「金融システムの安定性確保を目的とするマクロプルーデンス政策」に移行すべきというものであった（日本銀行「金融システムレポート」, Borio (2003)）.

ただ, 危機対応を経験した当局者からすれば, マクロプルーデンス政策とは何かがはっきりしないというのが実感かもしれない. リーマンショック前も各国金融当局のプルーデンス政策の目標は一義的には「金融システムの安定」であり, 個別金融機関救済ではなかったように思える.

宮内 (2015) によれば現時点で「マクロプルーデンス政策」として挙げられているものの一例は以下の通りである.

(a) 可変的自己資本規制（好況期に裁量的に自己資本比率規制の最低基準を引き上げる. 逆に危機時に引き下げる. 金融機関のプロシクリカルな与信行動を抑制する）.

(b) レバレッジ規制（資本・資産比率の最低基準を設定. 好況時のレバレッジの拡大, 流動性リスクの上昇を抑える）.

(c) ダイナミック・プロビジョニング（好況時に貸出の引当を高め, 不況時に取り崩すことで, プロシクリカリティを抑制する）[27].

(6) 公的資金注入は政策としては排除する方向へ

リーマンショック時における AIG, シティ, BOA 等に対する公的資金注入は, 少なくとも「市場の崩壊」を食い止めるという意味では, 大きな効果があったといえる. 事実, 図7-12 を見ると, 大規模な公的資金注入の後, CDS の悪化が一時的ではあるにせよ止まったり, 改善したりしている. 加えて, その後の

---

[27] リーマンショック以前にも, プルーデンス政策の目標は一義的には「金融システム全体の安定」であった. 1990年に日銀内に発足した信用機構局（プルーデンス政策担当）局内では「マクロプルーデンス政策とは何か」との議論が常にされていた記憶がある.

市況回復により，注入資金は注入時に比べ，大幅に嵩上げされて回収されている．

にもかかわらず，リーマンショック後の金融規制の動きを見ると，公的資金注入は政策としては排除される方向にある．これは，各国で沸き上がった「世論の怒り」に対する対応のためである．

平成金融危機の際には，住専問題発生時に「世論の怒り」が沸騰し，その後金融機関経営者に対する責任追及が進んだこともあってか，1997 年 11・12 月の危機のピーク時には，「公的資金注入容認」に世論ベクトルが傾いたように見えた．一方，リーマンショック時においては，2009 年になっても経営者責任を追及する「世論の怒り」は欧米で鎮静化しなかった．危機対応策としての公的資金注入は 2008 年 9 月前後から連続的に発動され，少なくともパニックを加速することを防止したという意味で，相応の効果をあげたと考えられるが，その前後でも主要金融機関・主要投資銀行経営者への責任追及はなされなかった．むしろ，公的資金注入政策を封印することで，議論をスライドさせ，「世論の怒り」を鎮静化しようとする方向に動いたと思える．

(7) ベイルインへ

この「公的資金注入の封印」により，BIS や FSB（金融安定理事会）の議論でも，AIG やシティを最終的に政府が支援したことへの「反省」から，(a) グローバルなシステム上重要な金融機関（G-SIFIs）を選び（世界で 30，日本では 3 メガバンクと野村證券），(b) 一般の金融機関に比し自己資本のさらなる積増しを要求するとともに，(c) 破綻に際して混乱を最小限に抑えるような破綻処理の枠組みの整備を求める方向で議論が進んだ[28)][29)]．

(8) TLAC（総損失吸収能力）規制[30)]

その結果として，FSB において TLAC（総損失吸収能力）規制が策定された．

---

28) FSB = Financial Stability Board，金融システムの安定のための国際協議機関．主要 25 か国・地域の中央銀行，金融監督当局，財務省，BIS，IMF，OECD の代表で構成，事務局はバーゼルの BIS 内に設置．
29) G-SIFIs = Global Systemically Important Financial Institutions，グローバルなシステム上重要な金融機関．

これは，従来のバーゼル規制の自己資本に加え，元本の削減・免除を要求できる債券・預金を資本に含め，金融機関が危機に陥っても公的資金を注入（ベイルアウト）せず，資金を提供した債権者や預金者なども負担を負うことで処理（ベイルイン）しようとするものである．

　この処理は，破綻当初の数日間で，「頭」である持株会社に金融機関全体のロスを集中させて処理を行うとともに，「体」である金融機関本体は存続させる，という考え方である（金融庁（2016））．

　金融市場への大規模な波及を防ぐ目的で，破綻処理開始当初の数日間，主要なデリバティブ商品等についてはデフォルトを停止する措置をとり，数日の間にその債権債務関係を整理・調整する，という手法も付加されている．

　しかしながら破綻処理実務からすれば，この破綻当初数日間の処理は物理的に困難である．デフォルトを停止する数日間に，大量のデリバティブ商品について，相対で債権債務関係を整理・調整するためには，海外の事情も踏まえつつデリバティブ商品等の法的知識を持った膨大な数のスタッフが必要であるし，時間的な制限を考えると実施自体が難しい[31]．

　また，主要なデリバティブ商品等については，デフォルト実行を停止する措置をとるとしても，対象となっている商品とそうでない商品を市場参加者が直ちに正確に判断できるとは限らず，その綻びから国際的な市場伝播型のシステミックリスクが発生する可能性は残る．

　また，後日提起されるかもしれない取引利害関係者からの訴訟に耐えられない可能性もある．

　なお，米国では，破綻処理実施部隊であるFDICが準司法的権限を保有し，裁判所の関与なしに金融機関の破綻処理が可能になっている．この点，米国以外の国では司法当局との調整という負担があることも留意する必要がある．

　一方，欧州各国は事実上大規模な金融機関を破綻処理した経験がないので「机上の空論でかまわない」と考えているのではないか[32]．

---

30)　TLAC = Total loss-Absorbing Capacity.
31)　定額保護下での最初の破綻である日本振興銀行の破綻を経験したが，日本振興銀行の資金量は6,000億円程度で，海外業務を行っていなかったにもかかわらず，破綻当初は，預金保険機構だけで200名以上の職員がほとんど徹夜状態で処理にあたらざるをえなかった．定額保護下でTLAC処理を行うことはマンパワーの面で限界があることは明らかである．

仮に政策当局同士で「G-SIFIs は破綻させない」との暗黙の合意があるとしたら，処理方式の詰めを行ってもあまり意味がなく，G-SIFIs 自身と当局に「長期的な規制疲れ」をもたらすだけである．

なお，欧米と日本とのベイルインの考え方には微妙な違いがあり，日本の場合ベイルアウトを条件付きで容認するようにも見える点は留意しておく必要があろう．

(a) 日本

預金保険法改正（2013 年）により「金融機関等の資産負債の秩序ある処理」方式を導入．

  債務超過に陥っていない金融機関への資本注入（特定第一号措置）
  債務超過に陥っている金融機関の金融システム上重要な取引を引き取った
   受皿金融機関への資本注入（特定第二号措置）

の 2 つの処理を示している．

内容をやや詳細に見ると，事前にベイルイン特約を付した劣後債のベイルインを除けば公的資金注入を前提としているように見える（ただし，特定第二号措置の場合，重要な金融取引を譲渡した後の金融機関については，破綻法制のもとで，債権者に相応の損失負担が課せられる）．

(b) 米国

ドッド・フランク法（2010 年）によりベイルアウトを認めない．2016 年 12 月に FRB が米国における TLAC 規制を公表しており，総じて国際基準よりも厳格な規制枠組みを採用している[33]．

(c) 欧州

BRRD（Bank Recovery and Resolution Directive）および SRM（Single Resolution

---

32) 英国を除く欧州各国は現時点でも金融機関破綻処理を実行できる預金保険制度もしくは代替できる組織を事実上持っていない．
33) ドッド・フランク法，Dodd-Frank Wall Street and Consumer Protection Act. 2010 年 7 月に制定され，金融機関に対する規制強化，リスク取引の制限等を制定．フランク下院金融委員長とドッド上院銀行委員長の名を冠している．

Mechanism）により規定している．

　破綻処理コストは，①ベイルイン適格債務，②破綻処理基金の利用，③その他の公的資金，の順に充当する．特別な場合には，公的資金の使用も認めるが，それは，①無担保劣後債のベイルインがすべて実施され，②破綻処理基金が一定レベル（5％）まで使用された後に限る．

(9) イタリア　モンテ・デイ・パスキ銀行（Banca Monte dei Paschi di Siena，以下モンテパスキ銀行と記載）への公的資金注入

　2017年2月17日イタリア国会は，モンテパスキ銀行など経営難の金融機関に最大200億ユーロの公的資金注入を実施する法案を可決した（モンテパスキ銀行は1472年シエナで創業．現存する世界最古の銀行．資金量イタリア4位）．

　モンテパスキ銀行は，2014年のECBストレステスト（健全性審査）で21億ユーロの自己資本不足が指摘され，2016年末にかけて増資を試みたが，不調に終わり，政府による公的資金注入を実施することになったものである（モンテパスキ銀行分は54億ユーロ）．

　債務超過ではない金融機関への予防的政府支援として，欧州委員会はこれを認めたが，公的資金注入に関する原則を事実上逸脱したものであり，実質的にはベイルアウトそのものといえる[34]．

　イタリアの金融当局によると，モンテパスキ銀行が発行した劣後債の多くを個人投資家が保有していたため，ベイルインが実施されると多数の個人投資家が損失を被り，政治問題化することを防止することが，公的資金注入実施の公式的理由であるとしている．ただ，それは事前にわかっていたことで理由にはならないはずである．また，極めて多数の劣後債保有者の損失負担を具体的にどのようにして実施するのかということが，ベイルインを実施する実務上のネックとなったと考えられる[35]．

　モンテパスキ銀行は資金量ではイタリア4位の銀行だがG-SIFIsではない．モンテパスキ銀行への公的資金注入は，ベイルインが政治上も実務上も機能し

34）　欧州委員会ルールでは，公的資金の使用も認めるが，それは，①無担保劣後債のベイルインがすべて実施され，②破綻処理基金が一定レベル（5％）まで使用された後に限るとなっている．
35）　ベイルイン債はベイルインのリスクがあるため高リターンとなっており購入者はリスクを承知で購入したはずである．

ないことを如実に示したものだといえる．イタリア4位の銀行で実施できなかったベイルイン的破綻処理が，より規模が大きく取引内容も複雑なG-SIFIsで実施できるとは考えにくい．

9. 今後の金融規制の方向性

　イタリア・モンテパスキ銀行への公的資金注入に照らしてみてもG-SIFIsに対するTLAC処理（ベイルイン処理）は事実上不可能であると考えられる．
　レギュラトリー・アビトラージの発生も見逃せない．すなわち，規制自体が金融機関のインセンティブに大きな影響を与え，規制数値をクリアーするため，金融機関は規制の抜け穴を探す行動に出る．
　また，先述したように「監督当局がリスクの所在を危機以前に認識し指摘し改善できる」とのアドホックな前提は無理がある（一種ケインズのハーベイロード原則を無意識に前提としているような論に感じる）．
　宮内（2015）はこの問題について「（金融規制による）レギュラトリー・アビトラージをモニタリングしていくためには，金融機関のミクロのインセンティブ構造をたえず把握しておく必要がある．たとえば，証券化やクレジットデリバティブの取引が拡大している状況では，その背後にある動機，インセンティブ構造について，金融技術，規則，会計制度，市場慣行などの観点から点検することが重要である」と述べている．確かにその通りであるが，監督当局が金融機関のインセンティブ構造について，金融技術，規則，会計制度，市場慣行などの観点から（日々）モニタリングすることは現実的には極めて難しい．リスク偏在を確認するまでのラグや規制を変更するためにかかる時間を考えると，常に後手に回る可能性が高いといえよう．平成金融危機においても認識され，リーマンショック時にも議論されたように，監督・検査当局は，新しい金融商品や新しい金融機関行動によるリスク偏在および総体としてのリスクの顕現化を事前には正確には検知できないと考えられる．
　金融技術は日々革新する．結局，規制・検査・監督手法の精緻化だけでは，リスクの後追いを繰り返すだけである．新しいリスクの偏在を早めに把握できるのは，金融機関で新商品を扱うスタッフとそのライン責任者と経営者なので

はなかろうか．であるならば，金融機関で新商品を扱うラインの担当者・責任者・経営者に「自ら適切なリスクコントロールをするべきだとの強いインセンティブを植え付ける」方が将来のリスク顕現化に着実に対処できるのではないか．

破綻した金融機関の経営陣と最大の損失原因を作ったラインの担当者・責任者に行政罰を付加してはどうか．経営者等は自らリスクコントロールに邁進するはずである．例えば，破綻前10年に遡って対象関係者をリストし，破綻に伴う損失の一定割合を賠償させる．行政刑事罰も付加する．行政罰なので司法当局等の抵抗も少ないのではないか（なお，米国では行政罰の対象範囲ならびに種類が多様であり，S&L危機の際には行政罰を使用しての多様な政策対応がなされている．佐伯 (2011)，神吉 (2011)，西畑 (2012)）．

G-SIFIsには，例えば自己資本が4％を切って低下した場合は，強制的に公的資金注入措置をとり，破綻させない（また，金融機関の経営陣や取締役会等に抵抗できないような法的措置を整備しておく．平成金融危機時のように，金融機関経営者が責任追及を恐れて公的資金注入に抵抗することが考えられるためである）．

ネットワーク理論によると，「ハブ」金融機関の破綻はネットワーク全体に迅速に甚大な損害をもたらす．ハブ金融機関の典型であるG-SIFIsを破綻させることは市場に与える影響等コストが大きすぎる．

公的資金を注入した場合は，G-SIFIsの損失原因を作った業務ラインの担当者・責任者・経営者に，破綻した場合と類似した賠償責任，すなわち自己資本が4％にまで低下した際の資本減額金額の一定割合を負わせ，行政刑事罰も付加することを検討すべきである[36]．

公的資金注入に対する「世論の怒り」は，民事賠償＋行政刑事罰で緩和できる．これで，TBTFに関しての「モラルハザード発生」は，当該金融機関の経営者に関してはかなり抑制できると考えられる[37]．

---

36) そのかわり，現時点でG-SIFIsに課せられている自己資本比率等の規制基準は緩めることとしてはどうか．
37) Too big to fail「大きすぎて潰せない」ことの問題点は，万が一経営に失敗しても，必ず救済されると考え，高い収益を求めて過度なリスクテイクを行うというモラルハザードが発生するためである．自己資本比率が大幅に低下すれば，自己が民事・行政刑事両面の不利益を被る可能性があることがわかっている金融機関経営者は過度なリスクテイクは行わないはずである．

10. まとめ

　日本における 1990 年代の平成金融危機は，規模および影響が甚大なものであったため，さまざまなプルーデンス政策が総動員された．動員された政策の中では，公的資金注入が最も効果的であったように観察されるが，公的資金注入は「世論の怒り」を呼ぶという副作用も持ち合わせている．この「世論の怒り」は，破綻金融機関経営者に対する，刑事・民事の責任追求によって若干和らぐのではないかと考えられる．

　最近，ネットワーク理論を金融市場に当てはめ，金融市場の特性を探ろうとする研究がなされている．ネットワーク理論上の当てはめでは，金融市場はスケールフリーネットワークに属すると考えられるが，ネットワーク中のハブが破綻すると大規模かつ急速にネットワーク全体に破綻の影響が波及するという特徴を持っている．

　平成金融危機のピークであった 1997 年 11・12 月には，拓銀と山一證券の破綻を機に，全国で広範囲に取付けが発生した．金融機関の預金・債務の全額保護が法定されていたのにもかかわらず，取付けが発生した背景には，新聞等メディアの影響に加え，金融市場のハブである拓銀と山一證券が破綻したということが大きく影響したと思われる．

　2008 年のリーマンショック時においては，ハブの一つであったリーマンブラザーズが破綻したことによって，影響が急速に拡大した．各国当局は，中央銀行の与信拡大等とともにハブ金融機関（含む保険会社等）に対する大規模な公的資金注入に踏み切り，危機の鎮静化に努めたが，一方で「世論の怒り」が急激に高まり，その後のプルーデンス政策の検討においては，大規模金融機関の処理に際し公的資金注入を採用しないことを前提に制度設計が進むこととなった．ただ，公的資金注入を前提としない TLAC 規制に基づく処理は日程や実作業面にかなり無理があり，現実的ではない．事実 2017 年のイタリアの大規模銀行であるモンテパスキ銀行の救済にあたっては事実上公的資金注入が用いられた．今後は，公的資金注入を用いつつ，金融機関経営者に対する刑事・民事の制裁を組み合わせることによって，より現実的な処理制度の設計を目指

すべきである．

補 「業界毎の破綻処理」として預金取扱金融機関・貯金金融機関・証券会社・生命保険会社・損害保険会社の破綻処理体制等を掲げた（表7-5）

◆参考文献

朝日新聞（1992〜2001）

稲岡創・二宮拓人・谷口健・清水季子・高安秀樹（2003），「金融機関の資金取引ネットワーク」金融市場局ワーキングペーパーシリーズ 2003-J-2.

今久保圭・副島豊（2008），『コール市場の資金取引ネットワーク』日本銀行金融研究所．

翁百合（2010），『金融危機とプルーデンス政策』日本経済新聞社．

神吉正三（2011），『融資判断における銀行取締役の責任』中央経済社．

金融庁（1999〜2017），「破綻金融機関の処理のために講じた措置の内容等に関する報告（FRC報告）」．

金融庁（2016），「金融システムの安定に資する総損失吸収力（TLAC）に係る枠組み整備の方針について」．

経済産業省（2009），『世界経済の潮流 2009 年』．

佐伯仁志（2011），「経済犯罪に対する制裁について」『法曹時報』53巻，法曹会．

佐藤隆文（2003），『信用秩序政策の再編』日本図書センター．

白川方明（2008），『現代の金融政策』日本経済新聞社．

田邉昌徳（2009），「金融システムの構造と脆弱性」『武蔵野大学政治経済研究所年報』第1号．

中島清貴・相馬利行（2010），「公的資金注入の都銀に対する介入効果：どのように機能し，どのように機能しなかったのか？」一橋大学経済研究所．

西畑一哉（2012），「平成金融危機における責任追及の心理と真理」『信州大学経済学論集』．

西村吉正（2003），『日本の金融制度改革』東洋経済新報社．

日本銀行（1969），『日本金融史資料昭和編第24〜26巻』大蔵省印刷局．

日本銀行「金融システムレポート」・「金融市場レポート」・「決済システムレポート」各号．

日本経済新聞（1992〜2001）

表7-5 業界毎の破綻処理

	預金取扱金融機関	貯金金融機関	証券
対象業種	銀行，信託銀行，信用金庫，信用組合，郵貯，外銀（一部）	農林中金，農協，信農連，信漁連	証券会
所轄官庁 処理実行組織	金融庁・財務省 預金保険機構	都道府県・農水省・金融庁・財務省 農水産業協同組合貯金保険振替	金融庁・ 日本投
1990年以降の破綻	・全額保護下の破綻 181 （足利銀行を含む） ・定額保護下の破綻 1 （日本振興銀行） 計 182	＜貯金保険機構からの資金援助事例＞ 鹿児島市農協（1987年7月）から大原町農協（2002年11月）まで32先．うち農協27，漁協5．	＜営業申請，小川証三洋証山一證以降，
破綻処理 投資家 （預金者） 保護のしくみ	・金融機関の処理方法は，(1)破綻した金融機関の事業を救済金融機関に移管し，その際に救済金融機関に資金援助を行う方式（資金援助方式）と，(2)預金者に直接保険金を支払う方式（保険金支払方式）の2つがある． ・いずれの方式でも預金等が保護される範囲は同じ（1,000万円＋利息）だが，破綻に伴う混乱を最小限に止める等の理由から「資金援助方式」を優先することとされている． ・付預金（預金保険で保護される預金等のこと）以外の「元本1,000万円を超える部分とその利息等」及び「預金保険制度の対象外の預金等」については，破綻した金融機関の財産の状況に応じて支払われるため，一部カットされる可能性がある．	・破綻処理の方法には，保険金を直接各貯金者に支払う方式（保険金支払方式）と，救済農水産業協同組合の信用事業の全部や一部を移管し，資金援助を行う方式（資金援助方式）の2つの方式がある． ・いずれの方式でも，貯金保険制度により貯金等が保護される範囲は同じだが，保険金支払方式は，破産手続きの併用により破綻農水産業協同組合の金融機能が消滅されるのに対して，資金援助方式は破綻農水産業協同組合の一定の金融機能は救済農水産業協同組合に移管され維持される．	・証券から預や債券券会社して管よう，務付け ・万が返還さ日本投してお入が義不測のり顧客が困難にその家の信目的と ・顧客デリバのや信除いて，たりされる．
破綻に伴うシステミックリスク発生の可能性	有	有	下記のたせばの発生①海外保持し②日銀し，コである

（出所）金融庁HP・預金保険機構年報・農水産業協同組合貯金保険機構年報・日本投資者保険基金HP・生命保

10. まとめ 311

	生命保険会社	損害保険会社
…社	生命保険会社	損害保険会社
…財務省 …者保護基金	金融庁・財務省 生命保険契約者保護機構	金融庁・財務省 損害保険契約者保護機構
…停止，廃業，更生法 …破産法申請＞ …券（1997年5月）， …券（1997年11月） …券（1997年11月） …計28証券．	日産生命保険相互会社（1997年4月） 東邦生命保険相互会社（1999年6月） 第百生命保険相互会社（2000年5月） 大正生命保険相互会社（2000年8月） 千代田生命保険相互会社（2000年10月） 協栄生命保険株式会社（2000年10月） 東京生命保険株式会社（2001年3月） 大和生命保険相互会社（2008年10月） 計8社	第一火災海上株式会社（2000年5月） 大成火災海上株式会社（2001年11月） 計2社
…会社が顧客（投資家）…かる有価証券（株式…など）や金銭は，証…自身の資産とは区別…理（分別管理）する…金融商品取引法で定…られている． …一顧客資産が円滑に…れない場合に備えて…資者保護基金が発足…り，全証券会社に加…務付けられている． …事故の発生などによ…資産の円滑な返還…だと認められた場合…損失を補填し，投資…額を維持することを…している． …資産は有価証券店頭…ティブ取引に係るも…用取引の評価益等を…原則として一顧客当…,000万円まで補填	・保険契約の継続 ・救済保険会社が現れた場合 破綻保険会社の保険契約は「救済保険会社」による保険契約の移転，合併，株式取得により，破綻後も継続することができる． ・救済保険会社が現れなかった場合 破綻保険会社の保険契約は，「承継保険会社（保護機構が設立する子会社）」に承継される．もしくは「保護機構」自らが引き受けることにより，破綻後も継続することができる． ・責任準備金の削減 生命保険会社の破綻後も，契約を継続できるが，責任準備金の削減が行われることがある．この場合，高予定利率契約を除き，破綻時点の責任準備金の90％までは原則補償され，残りの10％については更生計画などにより決定されることとなる．	・保険契約の継続 ・救済保険会社が現れた場合 保険契約が「救済保険会社」に移転される場合，「損害保険契約者保護機構」は，破綻後3か月間に生じた事故について，保険金の全額支払を補填する．「損害保険契約者保護機構」は，「救済保険会社」に資金援助を行い，破綻保険会社の保険契約が円滑に引き継がれるようにする． ・救済保険会社が現れなかった場合 「損害保険契約者保護機構」が，破綻保険会社への資金援助を行うことによって，破綻後3か月間に生じた事故について，保険金の全額支払を継続する．その後，「損害保険契約者保護機構」自ら，もしくは「損害保険契約者保護機構」によって子会社として設立された保険会社が，破綻保険会社のすべての保険契約を引き継ぐ． ・疾病・傷害に関する保険等の場合補償割合は90％．残りの10％については更生計画などにより決定されることになる．
…要件のいずれかを満…システミックリスク…の可能性あり．…に金融機関子会社を…ている場合．…に当座預金口座を有…ール市場のメンバー…場合．	基本的にはなし （海外に金融機関子会社を保持している場合は可能性あり．）	基本的にはなし （海外に金融機関子会社を保持している場合は可能性あり．）

…契約保護機構HP・損害保険契約者保護機構HPをもとに筆者作成．

春井久志 (2013), 「セントラルバンキングの歴史的展開—イングランド銀行はいつ中央銀行に変貌したのか—：再考」『証券経済研究』.
松井和夫 (1986), 『現代アメリカ金融資本研究序説』文眞堂.
宮内惇至 (2015), 『金融危機とバーゼル規制の経済学』勁草書房.
山崎廣明 (2000), 『昭和金融恐慌』東洋経済新報社.
預金保険機構『預金保険機構年報』(各年度版).
預金保険機構 (1982), 『預金保険機構10年史』.
預金保険機構『預金保険研究』(各号).
預金保険機構, 預金保険機構 HP.
預金保険機構 (2007), 『平成金融危機への対応』金融財政事情研究会.
　　平成金融危機への対応研究会編　松田昇 (座長), 大野重國, 岸毅, 河野邦明, 鈴木英明, 竹内俊久, 谷川浩道, 玉木伸介, 西垣裕, 西畑一哉, 野口瑞昭, 原和明, 星野博昭, 丸山秀文, 村田樹一.
Bernanke, B. (2013), *The Federal Reserve and the Financial Crisis*, Princeton University Press.
Borio, C. (2003), "Towards a Macroprudential Framework For Financial Supervision and Regulation?", *BIS Working Paper*.
FDIC HP (1997), *History of the Eighties Lesson for the Future FDIC*.
FDIC (1998), *Managing the Crisis The FDIC and RTC Experience*.
Greenspan, A. (2010), "The Crisis", *Brookings Papers on Economic Activity*, Spring.
Kindleberger, C. P. and R. Z. Aliber (2011), *Manias, Panics, and Crashes*, 6th edition, Palgrave Macmillan.

おわりに

　本書の執筆のきっかけは矢野さんとの「再会」にある．最初の出会いはメール．氏が大阪大学大学院国際公共政策学科で取り組んでいた修士論文にコメントをしてほしい，指導教授の蠟山昌一先生からアドバイスされたと書いてあった．1990年代も終わりの頃である．3年ほど前にある研究会で「あのときは」と言われ，はっと当時のことが蘇った．2003年に先生が亡くなれてから12年目の夏であった．再会を機に，先生が取り組まれ，行く末を見ずに亡くなられた金融システム改革は成果をあげているのか論証したいという話になった．
　まず，行政官として経験豊かで，現在は信州大学の経法学部長である山沖先生に相談に上がり，研究会の座長をお引き受け頂いた．その後，日本銀行で実際に破綻処理に携わられた西畑常務理事，地域銀行研究の第一人者の森先生，金融業について数多顕著な研究成果をあげられておられる播磨谷先生，金融審議会等で活躍されている廉主席研究員にメンバーに加わって頂くことになった．研究会では真摯な議論が行われ，論争で疲れたあとは近くの居酒屋での懇親がいつものパターンであった．デフレの権化のような"おかってや"での研究会の後半戦は，西畑さんによる本には決して書けない「面白い」話に始まり，金融研究センターでの共著以来十数年ぶりに一緒に仕事をする廉さんの記憶力に驚かされる昔話等々，和気藹々とした雰囲気であった．
　本書の狙いは，金融システム改革の成否を明らかにすることにある．三輪芳朗（1993）『金融行政改革―「役所ばなれ」のすすめ』が出版されて少し経った頃だと思うが，蠟山先生が寂しい顔をして「俺って御用学者かな？」というような意味のことを呟かれたことがあった．白地に絵を描くならまだしも，既得権益が絡まった金融システムの改革は並大抵のことでは進まない．社会人として数年，荒波に揉まれていた私は，審議会等での利益調整は必要悪ですというようなことを，生意気にも申し上げた気がする．しかしながら，必要悪とはいえ，その調整の結果として，長期的に見て公益が高まったのかは問われなけ

ればならない．

　当時，決済業務は銀行の根幹だといわれていたのに，いまではコンビニで公共料金をはじめ簡単に支払いが行える．株式等もオンライン証券を利用すれば，非常に安い手数料で売買できる．自動車保険もネット損保で他社に比べて安い保険料で加入可能である．生命保険も外務員を通さずに銀行の窓口で購入できる．制度改革・金融革新が進み，20年前と比べれば，利用者の利便性が大いに向上したことは間違いない．

　一方，日本人の預金偏重はあい変わらずの銀行優位で，先生が唱導された市場型間接金融システムへの移行もままならない．フィンテックへの取り組みも中国やシンガポールの後塵を拝しているとの声も聴かれる．地域金融機関は，少子高齢化・人口減少，地域経済の空洞化，マイナス金利政策などにより疲弊している．銀行や代理店が自らの利益を優先する商品を販売しているのではないとの疑念から，生命保険では手数料（付加保険料）開示も話題となった．

　現状，金融システム改革は評価すべき点と残された課題が混在している．その評価を行うことを研究会の目標とした．それを明らかにする方法にも本書の特徴がある．いまやビッグデータの時代で，大量のデータを複雑なモデルを使い分析することがもてはやされている．しかし，蠟山先生はむしろ，図表一枚でも良いから現実的示唆に富む分析を行い，多くの人に理解してもらうことが重要だとおっしゃっていた．前者のような分析をハイパワード・エコノミクス，後者をローパワード・エコノミクスと皮肉まじりに呼ばれていた．分析手法のみが複雑を極め「インプリケーションなき計測」になっては意味がないということを危惧されていたのだと思う．そういう意味で，各章の分析ではできるだけ手法が高度化するのを避け，結論が明確化することを心がけた．この点については読者の評価あるいは叱責を待ちたいところである．

　蠟山先生から直接ご指導頂いた矢野さんと私の呼びかけに応じ，お集まり頂いた山沖先生はじめとする諸先生方に感謝をするとともに，今後の金融システム改革を考えるうえで本書が少しでも役にたつことを期待したい．

平成30年10月末
茶野　努

索　引

数字・アルファベット
4大証券　151, 152
1996年改正保険業法　187
1998年金融システム改革法　188
ADR制度　→　裁判外紛争解決制度
ART　230
CET1　85
CET1比率　86
DEA（Data Envelopment Analysis）→
　包絡分析法
DVP　292
FDIC　270, 271, 303
FRS　270, 271
G-SIBs　76, 89, 90
G-SIFIs　302, 304-307
iDeCo（イデコ）　135
LCR　87
RTGS　→　即時グロス決済
TLAC　302-304, 306, 308

ア　行
アセットマネジメント　163, 165
アームズ・レングス・ルール　4, 36, 41, 45, 61
安定化法　276, 277, 287
安定調達比率（Net Stable Funding Ratio：NSFR）　87, 91
暗黙的な価格カルテル　188
異業種参入に関する規制　41
異業種による銀行業への参入　23
一社専属制　189
イミュナイゼーション（免疫化）　223
イールドカーブ　218
イールドカーブリスク　221

受再　233
営業地盤　140
営業保険料　189
役務取引等収益　122
エージェンシー問題　209
オープンAPI　28, 94-97
オンライン専業証券会社　149, 151, 155, 161, 173

カ　行
海外進出　126
会計ビッグバン　5, 13, 37, 47
確率的フロンティア分析（Stochastic Frontier Analysis：SFA）　169
貸し渋り　6, 25, 26, 66
貸出シェア　110, 112
仮想通貨法　27
カタカナ生保　192
課徴金　9, 24, 34, 42, 51
合併・再編　122
株式会社　201
監督指針（ガイドライン）　44, 60
企業会計審議会　50, 65
技術効率性　263
技術非効率　259
規制判断DI　ii, 29, 41, 42, 44
基礎利益　199
規模の経済性　170, 179, 180
逆ざや問題　24, 66
キャッシュレス　97-99
休眠預金活用法　12, 20, 28
業務分散度指数　144
銀行代理業制度　8, 14, 32, 61, 66
金融安定化フォーラム（FSF）　5, 21, 22

金融安定化理事会　11, 21, 22, 26
金融機関国有化　276, 277
金融規制の質的向上（ベター・レギュレーション）　44, 52
金融再生プログラム　7, 48, 65
金融システム改革法　i, ii, 3, 4, 14, 21-23, 65, 150, 151
金融システム改革連絡協議会　46, 65
金融・資本市場競争力強化プラン　9, 52, 66
金融資本市場・金融産業の活性化等のためのアクションプラン　11, 54, 66
金融商品取引法　8, 10, 12, 15, 16, 24, 27, 37, 47, 165
金融商品販売法　8, 16, 24
金融審議会　23, 45, 46, 48, 50, 52, 54, 56, 58, 62, 63, 65-67
金融制度改革関連法　151
金融庁政務三役指示　54, 62
金融ビッグバン　3, 69, 70, 71, 78, 101
金融分野緊急対応戦略プロジェクトチーム　48, 65
金融持株会社　122
クラウドファンディング　12, 16, 27, 56, 57
クリアリングバンク　270
クリーム・スキミング　227
クーリング・オフ　9, 37, 45, 61
グレーゾーン金利　11, 20, 24, 37, 61, 66
クロプルーデンス　301
経済価値ベース　216
契約者配当　199
決済システム　269
県外進出　126
健全化法　276, 277, 287
公的資金注入　268, 276-278, 286, 287, 290, 291, 299-302, 304-308
効率性　170, 175-177
高齢化　104
護送船団方式　3, 12, 22, 40, 44, 45
コモンエクイティ比率（CET1比率）　91
コーポレートガバナンス・コード　13, 28, 35, 44, 58

根拠法のない共済　25, 50

サ 行
最後の貸し手　270
裁判外紛争解決制度（Alternative Dispute Resolution：ADR）　11, 15, 35, 42, 45, 54, 55
再保険市場　233
サブプライム問題　78, 79
サブプライムローン　79, 80, 82, 293
資金運用利回り　117
自己資本比率規制　12
死差益　199
市場構造・行動・成果（SCP）仮説　200
システミックリスク　iii, 13, 44, 269, 270, 278, 281, 282, 292, 297, 301, 303
時点ネット決済　281, 291, 292
自動車賠償責任保険（自賠責）　246
自動車賠償責任保険審議会　65
ジニ係数　204
支払不能　269
社員配当　199
ジャパンプレミアム　277, 278, 287, 288
終局フォワードレート（UFR）　221
出再　233
純保険料　189
少額短期保険業　8, 17, 25, 34, 50, 51, 189
少額投資非課税制度（NISA）　13, 27, 135
証券子会社　130, 147, 157
証券市場の改革促進プログラム　7, 48, 66
証券市場の構造改革プログラム　7, 48, 66
正味掛金　201
人口減少　104
信用格付業者　10, 15, 26, 35, 43, 45
スチュワードシップ・コード　12, 28, 35, 44, 56
製品差別化　194
セイフティネット融資　27
政府・与党金融再生トータルプラン推進協議会　46, 65
生保窓販　135
責任共有制度　8, 25, 27

索　引

世論の怒り　278, 287, 291, 300, 302, 307, 308
全額保護　271, 272, 277
相互会社　201
即時グロス決済（Real-Time Gross Settlement
　：RTGS）　iii, 44, 281, 291, 292
ソルベンシー（支払い能力）規制　187
ソルベンシーⅡ　216
損害保険料率算出団体に関する法律（料団法）
　188, 228

タ　行

第二地銀　103
第三分野　189, 244
代替的リスク移転　230
代理店型　227
他県進出　125
多時点シェア変動指数（以下，MSV）　206
タンス株券　63
地域銀行　103
地域密着型金融　132
地方銀行　103
中央銀行　270, 271, 276, 292
通販型　227
定額保護　271, 272
ディスクロージャー　7, 12, 22, 37, 46
低料高配競争　201
デュレーション　219
デュレーションギャップ　220
電子記録債権　8, 19, 28, 35, 52
投信子会社　128, 130, 147
投信窓販　103, 135, 137
ドッド・フランク法　304
トランザクションズ・バンキング　131
取付け　278-280, 282, 308
取引情報の保存・報告制度　11, 15, 26, 35, 45

ナ　行

内国会社　192
内部統制報告制度　13
日本版金融ビッグバン　i, ii, 3, 22, 29, 41
日本版SOX法　9, 13, 15, 25, 35, 51

ネット系　193
ネットワーク理論　281, 286, 307, 308
年換算保険料　194

ハ　行

媒介代理店　260, 262
バーゼル規制　12, 21, 26, 45
バーゼル銀行監督委員会　12
バーゼルⅢ　70, 76, 83-85, 87, 89-91
ハーフィンダール指数（HHI）　140, 204, 249
範囲の経済性　170, 182, 183
犯罪収益移転防止法　8, 20, 25
非金利収入　139, 142
費差益　199
フィー・ビジネス　121
フィデューシャリー・デューティー　44,
　129, 168
フィンテック　i-iii, 27, 28, 67, 70, 71, 92-94,
　97, 99, 101
付加価値　254
付加保険料の自由化　189
普通株等Tier1（Common Equity Tier1：
　CET1）　85
振り込め詐欺救済法　8, 20, 25, 60
不良債権問題　i, 3, 12, 21, 22, 23, 24, 29, 44, 48,
　65, 66, 69, 78
プリンシプル・ベースの監督　44
ブロックチェーン　93, 94, 95, 96, 99
ペイオフ解禁　8, 22
平成金融危機　267, 269, 272-278, 280, 287,
　288, 290-293, 299, 300, 302, 306-308
ベイルアウト　291, 303-305
ベイルイン　302-306
ペーパーレス化　11, 16, 28, 35, 44, 49
包絡分析法（Data envelopment analysis：
　DEA）　170, 207
保険金不払い問題　66, 242

マ　行

マイナス金利政策　218
マクロプルーデンス　267, 301

マネー・ロンダリング　22
マネー・ロンダリング対策　25
ミクロプルーデンス　267, 301
無認可共済　25
メガ損保　250
持株会社　122
元受市場　233
モンテパスキ銀行　305, 308

ヤ　行
預金シェア　114
預金保険　270, 293
預金保険機構　271, 273, 275, 287, 291, 303
預金保険制度　271, 276, 279, 300
預金保険年報　291
預金保険法　273, 280, 304
預金保証制度　271
預証率　117
預貸率　117
預貯金シェア　111

ラ　行
ラップビジネス　147
λ（ラムダ）配当　212, 213
リーマンショック　ii, 8, 21, 23, 26, 27, 29, 40, 44, 45, 62, 66, 69, 70, 78-80, 82, 83, 86, 90, 101, 267, 270, 272, 282, 291-295, 297-302
リレーショップバンキング　45, 50

執筆者紹介 （執筆順，＊編者）

山沖　義和（やまおき　よしかず）＊
1958 年生まれ．慶應義塾大学経済学部卒業．財務省・金融庁を経て，現在，信州大学経法学部長（教授）．
専攻分野：金融制度，地域金融，財政．
主著　「地域銀行によるシステム共同化のタイプ別経費削減効果」（『金融経済研究』第 36 号, 2014 年, pp.44-66），日本金融学会；「地域銀行における貸出金利回りに対するリーマンショックの影響」（『金融構造研究』第 34 号，2012 年, pp.1-39），全国地方銀行協会；「地域銀行における貸出金利回りの決定要因とその貸出姿勢」（『信州大学経済学論集』第 63 号, 2011 年, pp.1-20, 信州大学経済学部），ほか．

廉　了（かど　さとる）
1965 年生まれ．東京大学経済学部卒業．三和銀行（現三菱 UFJ 銀行）を経て，現在，三菱 UFJ リサーチ＆コンサルティング調査部主席研究員．専攻分野：内外金融制度，内外金融機関経営．
主著　『銀行激変を読み解く』（日経文庫，2016 年），ほか．

森　祐司（もり　ゆうじ）
1968 年生まれ．早稲田大学大学院経済学研究科博士後期課程単位取得退学．博士（経済学，早稲田大学）．筑波大学第三学群国際関係学類卒業後，（株）大和総研，ペンシルベニア大学ウォートン校，年金シニアプラン総合研究機構等を経て，現在，下関市立大学経済学部教授．専攻分野：地域金融機関，金融論．
主著　『地域銀行の経営行動』（早稲田大学出版部，2014 年）；「下関市を中心とする山口県の金融経済」（難波利光編著『地域の持続可能性―下関からの発信―』学文社，2017 年）；「確定給付型年金の概要―年金資産運用プロセスの概略―」（大和総研編『企業経営と年金マネジメント』東洋経済新報社，2006 年），ほか．

播磨谷　浩三（はりまや　こうぞう）
1968 年生まれ．中央信託銀行（現三井住友信託銀行）勤務を経て，神戸大学大学院経済学研究科博士課程後期課程修了．博士（経済学）．現在，立命館大学経営学部教授．専攻分野：産業組織論，金融論．
主著　"The effects of consolidation on bank cost savings: Evidence from Japanese regional banks"（*Japan and the World Economy*, 46, pp.41-49（単著），2018 年）；"Corporate governance structure and efficiencies of cooperative banks"（*International Journal of Finance and Economics* 22, pp.368-378（共著），2017 年）；「証券業の再編と効率性の検証」（『金融経済研究』第 26 巻, pp.27-40（共著），2008 年），ほか．

茶野　努（ちゃの　つとむ）*
1964 年生まれ．大阪大学大学院国際公共政策研究科博士後期課程修了．住友生命保険相互会社等を経て，現在，武蔵大学経済学部教授．専攻分野：リスクマネジメント論，金融論．
主著　『経済価値ベースの ERM』（（安田行宏氏との共著）中央経済社，2015 年）；『消費者金融サービス業の研究』（日本評論社，2013 年）；『予定利率引下げ問題と生保業の将来』（東洋経済新報社，2002 年），ほか．

矢野　聡（やの　さとる）
1967 年生まれ．大阪大学大学院国際公共政策研究科博士前期課程修了．東京海上日動火災保険を経て，現在，地銀ネットワークサービス勤務．専攻分野：応用経済学，金融論．
主　著　"The soft budget constraint problem and hard budget solution of outward reinsurance markets for providing insurance to local economy against natural disaster" (*Asia-Pacific Journal of Regional Science*, Volume 1, Issue 2, pp.625-637（共著，2017 年），ほか．

西畑　一哉（にしはた　かずや）
1956 年生まれ．大阪大学法学部法学科卒業．日本銀行・預金保険機構を経て，現在，二松學舍大学常任理事．専攻分野：金融論，プルーデンス論．
主著　「諸外国における休眠預金の一元的管理について」（共著，『預金保険研究』7 号，2006 年）；『平成金融危機への対応』（共著，金融財政事情研究会，2007 年）；「平成金融危機における責任追及の心理と真理」（『信州大学経済学論集』2012 年），ほか．

日本版ビッグバン以後の金融機関経営
――金融システム改革法の影響と課題

2019年1月15日　第1版第1刷発行

編著者　山<ruby>沖<rt>おき</rt></ruby>　<ruby>義<rt>よし</rt></ruby><ruby>和<rt>かず</rt></ruby>
　　　　<ruby>茶<rt>ちゃ</rt></ruby>　<ruby>野<rt>の</rt></ruby>　<ruby>努<rt>つとむ</rt></ruby>

発行者　井　村　寿　人

発行所　株式会社　<ruby>勁<rt>けい</rt></ruby><ruby>草<rt>そう</rt></ruby>書房

112-0005 東京都文京区水道2-1-1　振替00150-2-175253
（編集）電話03-3815-5277／FAX03-3814-6968
（営業）電話03-3814-6861／FAX03-3814-6854
日本フィニッシュ・松岳社

Ⓒ YAMAOKI Yoshikazu, CHANO Tsutomu　2019

ISBN978-4-326-50454-1　Printed in Japan

JCOPY ＜(社)出版者著作権管理機構委託出版物＞
本書の無断複写は著作権法上での例外を除き禁じられています。
複写される場合は、そのつど事前に、(社)出版者著作権管理機構
（電話03-3513-6969、FAX03-3513-6979、e-mail:info@jcopy.or.jp）
の許諾を得てください。

＊落丁本・乱丁本はお取替いたします。
http://www.keisoshobo.co.jp

宮内惇至
金融危機とバーゼル規制の経済学　　　　　　　A5 判 4,800 円
リスク管理から見る金融システム　　　　　　　　　50411-4

木下智博
金融危機と対峙する「最後の貸し手」中央銀行　　A5 判 5,500 円
破綻処理を促す新たな発動原則の提言：バジョットを超えて　50447-3

花崎正晴・大瀧雅之・随　清遠 編著
金融システムと金融規制の経済分析　　　　　　A5 判 4,200 円
　　　　　　　　　　　　　　　　　　　　　　　　50383-4

中條誠一
新版　現代の国際金融を学ぶ　　　　　　　　　A5 判 2,600 円
理論・実務・現実問題　　　　　　　　　　　　　　50414-5

ジェームズ・ラム／林　康史・茶野　努 監訳
戦略的リスク管理入門　　　　　　　　　　　　A5 判 6,000 円
　　　　　　　　　　　　　　　　　　　　　　　　50417-6

三重野文晴
金融システム改革と東南アジア　　　　　　　　A5 判 3,600 円
長期趨勢と企業金融の実証分析　　　　　　　　　　54605-3

国宗浩三
IMF 改革と通貨危機の理論　　　　　　　　　　A5 判 3,700 円
アジア通貨危機の宿題　　　　　　　　　　　　　　54604-6

勁草書房

＊表示価格は 2019 年 1 月現在。消費税は含まれておりません。